# 前言

PREFACE

齐射出水技术是指依托水下移动发射平台将多枚导弹在极短的时间内连续弹射出水的过程。单筒多弹密集布置发射方式是指多个发射筒在一个大筒内紧密排列，相邻发射筒之间距离非常小，且每个发射筒都具有发射导弹的能力。此布置方式结合齐射技术，具有攻击扇面大、储弹量多、发射密度高、易于实现饱和攻击等多种独特优势。因此，单筒多弹水下齐射技术将成为提升我国未来作战能力的关键技术之一。

本书以非定常多相流动干扰关键科学问题为基础，主要介绍了水下航行器多体齐射出水流动干扰机理研究。全书共9章：第1章绪论，梳理并总结了国内外关于水下航行器出水的相关研究工作；第2章介绍了多体齐射出水流动干扰高精度数值模拟方法，以及静水压力、发射时序、发射速度等连续可调的多体齐射出水实验测试系统；第3章介绍了齐射出水相似理论及关键控制参数，为后续研究奠定了基础；第4章水下齐射空化水动力干扰研究，从水下空泡稳定性和出水空泡溃灭两个阶段详细介绍了水下齐射流场干扰特性；第5章不同发射参数对空化水动力干扰影响，介绍了空化数、无量纲齐射时间间隔以及发射间距等初始发射参数对空化水动力干扰的影响；第6章水下齐射尾流水动力干扰研究，从尾流精细化演变和尾流干扰机理两个方面进行了详细介绍；第7章不同发射参数对尾流水动力干扰影响，介绍了无量纲齐射时间间隔、齐射次序以及无量纲横流强度等初始发射参数对尾流水动力干扰的影响；第8章波浪环境下齐射出水空化干扰研究，介绍了典型空泡流场演变，并进一步探究了波浪相位、发射间距等参数对齐射出水空化干扰的影响规律；第9章未来研究发展方向展望，从齐射出水过程流固耦合、浮冰环境齐射出水以及通气空泡技术等方面进行了探究。

本书第3、4、5章由施瑶教授撰写，第1、2、9章由潘光教授撰写，第6、7章由高山助理研究员撰写，第8章由任锦毅博士研究生撰写，全书由施瑶教授进行统稿。

本书内容涉及的相关项目获得了国家自然科学基金（项目编号：52171324、U21B2055、U2341285）的资助和支持，在此深表感谢！在撰写本书的过程中，博士研究生鲁杰文给予了帮助，在此深表感谢！

由于笔者水平有限，书中难免存在不足之处，敬请广大读者批评指正。

著　者

2024年11月

现代水中兵器学术著作丛书

# 水下航行器多体齐射出水流场干扰机理

施　瑶　潘光　高　山　任锦毅◎著

西北工業大學出版社

西安

**【内容简介】** 本书以非定常多相流动干扰关键科学问题为基础，主要介绍了水下航行器多体齐射出水流场干扰机理。全书共 9 章：第 1 章梳理了国内外关于齐射出水的相关研究工作；第 2 章建立了多体齐射出水流动干扰高精度数值方法，同时发明了多体齐射出水实验测试系统；第 3 章归纳和讨论了齐射出水相似理论及关键控制参数；第 4～7 章分别研究了水下航行器壁面空化干扰与尾流遭遇干扰的流动机理，分析了不同初始发射参数下两种流动干扰的瞬态流场、溃灭载荷以及运动特性等演变规律；第 8 章研究了波浪环境下齐射出水流动干扰机制；第 9 章对未来研究方向进行了展望。

本书可供兵器科学与技术、水下发射及其相关领域的科研工作者及高等院校相关专业师生阅读参考。

**图书在版编目(CIP)数据**

水下航行器多体齐射出水流场干扰机理/施瑶等著.
西安：西北工业大学出版社，2025.2. -- ISBN 978-7-5612-9811-4

I. U674.941

中国国家版本馆 CIP 数据核字第 20255DR668 号

SHUIXIA HANGXINGQI DUOTI QISHE CHUSHUI LIUCHANG GANRAO JILI

**水下航行器多体齐射出水流场干扰机理**

施瑶　潘光　高山　任锦毅　著

**责任编辑**：朱辰浩　　**策划编辑**：杨　军
**责任校对**：孙　倩　　**装帧设计**：高永斌　李　飞
**出版发行**：西北工业大学出版社
**通信地址**：西安市友谊西路 127 号　　**邮编**：710072
**电　　话**：(029)88493844，88491757
**网　　址**：www.nwpup.com
**印 刷 者**：陕西金和印务有限公司
**开　　本**：787 mm×1 092 mm　1/16
**印　　张**：11.5
**字　　数**：252 千字
**版　　次**：2025 年 2 月第 1 版　　2025 年 2 月第 1 次印刷
**书　　号**：ISBN 978-7-5612-9811-4
**定　　价**：88.00 元

# 序

FOREWORD

齐射出水技术是指依托水下移动发射平台将多枚导弹在极短的时间内连续弹射出水的过程。单筒多弹密集布置发射方式是指多个发射筒在一个大筒内紧密排列，相邻发射筒之间距离非常小，且每个发射筒都具有发射导弹的能力。此布置方式结合齐射技术，具有攻击扇面大、储弹量多、发射密度高、易于实现饱和攻击等多种独特优势。因此，单筒多弹水下齐射技术将成为提升我国未来作战能力的关键技术之一。

西北工业大学航海学院是国内较早开展水中兵器和水下航行器研发的单位之一，积累了大量水下装备研制经验并形成了高效且可靠的技术体系，具备坚实的水下航行器跨介质装备技术研究和设计基础，尤其在航行器出/入水过程中空泡非定常演化、冲击力学特性、流固耦合等方面取得了独具特色的研究成果，同时承担了国家自然科学基金重点、“叶企孙”以及面上、国家级纵向等多项重大科研项目。近年来，该团队在水下航行器多体齐射出水领域进行了全面且深入的研究，相关研究成果已发表于国内外高水平期刊上，获得了学术界的高度认可。基于此，该团队将研究成果撰写成为《水下航行器多体齐射出水流场干扰机理》一书。

该书以水下航行器齐射出水为研究对象，建立了多体齐射出水流动干扰高精度数值方法与多体齐射出水实验测试系统，研究了齐射出水相似理论及关键控制参数，详细分析了不同初始发射参数下壁面和尾流干扰的瞬态流场、溃灭载荷以及运动特性等演变规律，并进一步研究了复杂海洋环境下多体齐射出水流动干扰机制。

该书逻辑完整、层次清晰、内容饱满、细节考究，相关研究成果可为我国新一代水下航行器齐射出水装备研制提供技术支撑，同时还有助于发展其他水下发射相关技术。

宋保维

2024 年 11 月

# 目录

CONTENTS

# 第1章 绪　论

## 1.1　水下齐射技术简介

随着国际局势愈发复杂，局部战争不断，各个国家都在不断加强自身国防能力。我国作为快速发展的工业大国，面对以美国为首的西方国家层层技术封锁，发展自身的国防事业刻不容缓。我国拥有300多万平方千米海域，这说明了发展海军建设的必要性，同时为未来水下相关武器的应用环境提供了较好的地理发射条件。水下发射技术作为导弹类武器的一个重要发展方向，拥有着常规武器无法抗衡的独特优势，其精度高、攻击突然、毁伤能力大；同时，潜艇为其提供了绝好的隐蔽性，尤其是携带核弹头的潜射弹道导弹，具备二次核打击能力，强化了我国的核威慑力量。因此，各国的相关科研人员进行了重点研究，其中导弹水下发射如图1-1和图1-2所示。

图1-1　导弹水下发射示意图

图1-2　导弹出水示意图

然而，随着科学技术飞速发展，强有力的反导系统也随之出现，对潜射弹道导弹的突防能力产生了较大的威胁。水下齐射是指依托水下移动发射平台将多枚导弹在极短的时间内连续弹射出水的过程，如图1-3和图1-4所示。单筒多弹密集布置发射方式是指多个发射筒在一个大筒内紧密排列，相邻发射筒之间距离非常小，且每个发射筒都具有发射导弹的能力[1,2]。此布置方式结合水下齐射技术，具有攻击扇面大、储弹量多、易于实现饱和攻击等多种独特优势。因此，单筒多弹水下齐射技术将成为提升我国未来作战能力的关键技术之一。

图 1-3　单筒七弹发射装置

图 1-4　水下多弹齐射示意图

在水下发射过程中，复杂的水下环境与航行器的运动产生相互作用，往往会引起结构剧烈的冲击与振动，由此带来水下弹道的波动和载荷的突变，给发射安全性带来了许多隐患，因此在水下发射系统的设计过程中，水动力载荷问题的研究就显得尤为重要。航行器水下发射过程包含出筒、水中航行和出水三个阶段，非定常空化多相流是航行器水下发射高速运动过程中主要的流体动力现象。在出筒阶段，航行器在高温高压燃气的推动下加速，附着空泡开始形成，同时由于航行器与发射筒之间存在狭小间隙(其间隙远小于航行器直径，一般小于 5%，这里把航行器在这类狭小流域中的运动称为航行器在极限流域运动，见图 1-5)，所以出筒过程中航行器由极限流域向无界流域运动，涉及极限流域与无界流域耦合作用；在水中航行阶段，航行器周围环境压力不断下降，附着空泡不断发展，并伴随着断裂、脱落及溃灭过程，加之发射条件、波浪、艇速等诸多因素的影响[3-6]，导致航行器表面流场结构出现不对称空泡群脱落和溃灭，使得脱落空泡的溃灭载荷出现较强的随机性和较宽的幅值，对航行器的运动产生较大的影响；在出水阶段，受自由液面的干扰，同时流体介质突变，导致附着空泡发生溃灭，使得航行器所受的力和力矩发生剧烈变化，产生较强的非定常、非线性高频瞬态冲击载荷，并直接作用在航行器结构表面，引起航行器运动姿态及结构发生剧烈变化。

综上所述，在水下发射出水阶段，航行器处在一个极其复杂的流场环境中，涉及空泡与结构壁面、空泡与自由液面等相互耦合作用，特别是在齐射过程中，前一发航行器的周围流场会对后一发航行器产生影响，属于典型的非定常空化多相流动问题。因此，准确掌握出水过程中非定常空泡发展及稳定性、出水空泡溃灭以及航行器运动稳定性等变化规律，对增强航行器姿态稳定性和改善出水品质具有十分重要的参考价值和指导意义，但相关研究尚处于起步阶段。基于此，本书将结合数值模拟技术和实验测试技术，全面开展单筒多航行器出水过程流动干扰特性研究，以期解决此类基础问题，为单筒多弹齐射技术的研究提供理论基础和技术支撑。

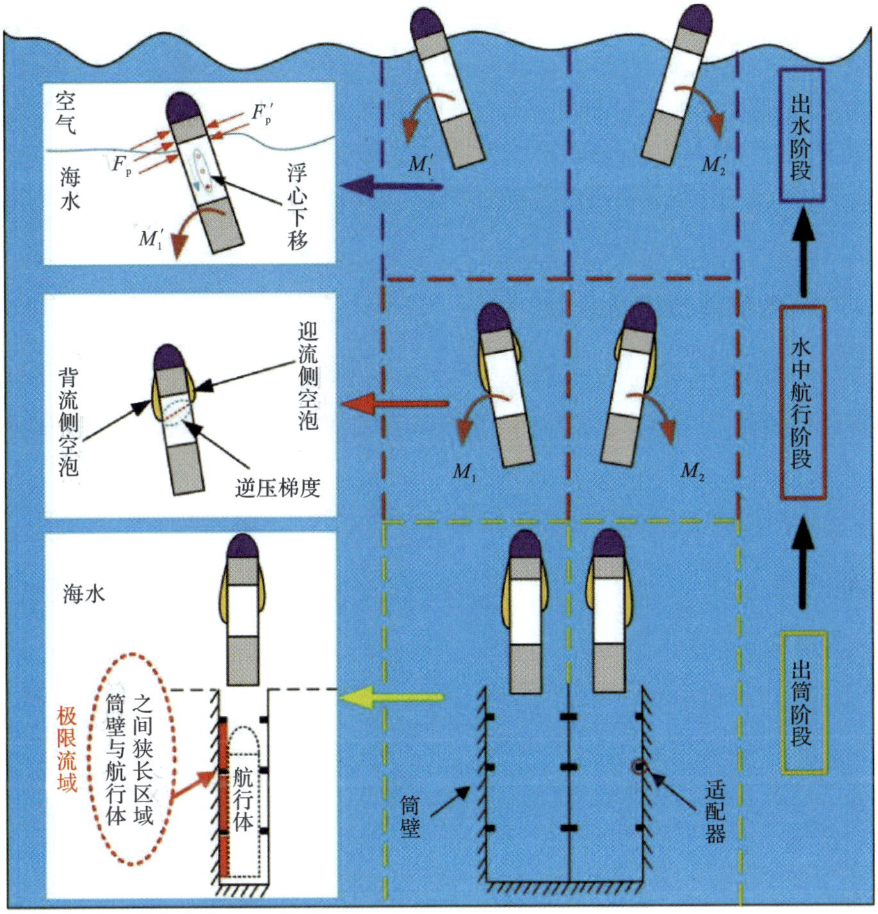


图 1-5　单筒多弹水下齐射过程示意图

## 1.2　非定常空泡方法研究进展

在高速水动力学领域中，空化现象是最经典的难题之一[7, 8]。其中，描述空化现象的无量纲参量是空化数：

$$\sigma=\frac{p_\infty-p_v}{0.5\rho v^2} \tag{1-1}$$

式中：$p_\infty$ 为参考压力；$p_v$ 为当前环境下液体的饱和蒸气压力；$\rho$ 为液体密度；$v$ 为流场速度。

空化数不仅可以用来度量液体流动是否发生空化和空化的剧烈程度，而且空化数也是展开空化现象模拟的重要准则。在空泡的演化过程中，空化数由高到低，空泡按照其形态通常可分为初生空泡、片状空泡、云状空泡以及超空泡等多种[9, 10]。

### 1.2.1　理论研究现状

空泡流理论的研究开始于 19 世纪中期，其中重要的研究成果主要是基于复变函数保角映射的自由流线理论。在此理论基础上，发展出各种修正模型，如映射模型[11]、开放尾流模型[12]、螺旋涡型[13, 14]以及回射流模型[15]等。上述理论研究成果具有极强的假设和较多的限制条件，且主要集中在二维定常流动或是单个空泡。在此基础上，张阿漫等人[16]建立了气泡统一理论，该理论适用于水下爆炸、空泡群等复杂现象，同时该方程考虑到了边界、气泡作用、重力、气泡迁移等影响，并通过相关实验进行了验证，具有极大的应用前景。另外，国内外学者利用数值模拟和实验测试手段对非定常空化流动现象展开系统研究。

### 1.2.2 数值模拟研究现状

空化实验为研究人员提供了直观的流动现象，但不可否认的是，实验测量在湍流能量信息的精确捕捉、空泡脱落与旋涡结构间的耦合作用解析上仍存在一定的缺陷。此外，直接测量剧烈运动的出水过程内部空化流场是非常具有局限性的，考虑传感器精度及布置位置的限制，也会给测量研究带来不可避免的误差。这时数值计算方法的发展无疑为空化研究创造了良好的条件。

在空化模型方面，著名科学家 Rayleigh[17]基于理想无界流理论建立了单空泡运动学动力方程。在此基础上，Plesset[18]考虑了表面张力、流体黏度以及非凝结气体，建立了著名的 Rayleigh-Plesset 方程。Singhal 等人[19]将流场中相间相互作用、脉动压力以及非凝结气体均考虑进来，提出了“全空化模型”。Schnerr 和 Sauer[20]基于 Rayleigh-Plesset 单气泡动力学方程提出了被广泛应用的 Schnerr-Sauer 空化模型，将混合相连续方程与气相体积分数方程联立，得到气相质量变化率与气相体积分数变化率之间的关系。Zwart 等人[21]提出了 Zwart-Gerber-Belamri 空化模型，该模型中相间传质速率采用空泡的质量变化率与半径增长率的比值定义，同时修正了蒸气项的体积分数。

为了评估不同空化模型对空泡动力学特性的预测能力，国内外学者进行了大量数值模拟研究。Li 等人[22]对比了 Schnerr-Sauer 模型和 Z-G-B 模型在三维离心泵稳态空化中预测能力的鲁棒性，发现于已发表的相关成果中用 Singhal 模型在使用较少的迭代步长就可以达到令人满意的结果。薛瑞等人[23]将上述三种空化模型分别在回转体空化流动工作中开展了计算，结果表明，Singhal 模型对背压较为敏感且空泡形态捕捉不明显，而 Z-G-B 模型和 Schnerr-Sauer 模型计算更加稳定且易于收敛。对比来看，Schnerr-Sauer 模型作为 STAR-CCM+软件的缺省选项可以直接使用，而 Singhal 模型和 Z-G-B 模型需要命令流调用。虽然 Singhal 模型具有全面性，却会存在一定的收敛性问题。另外，孙铁志等人[24]在能量方程中通过添加能量源项的方法考虑了汽化潜热的影响，同时将空化模型和湍流模型添加到 CFX 求解器中，形成了计算空化流动问题的基本数值方法。

在湍流模型方面，空泡的形成与溃灭所带来的压力脉动使得空化流动具有高度的不稳定性，并包含了时间和空间上的多尺度湍流耗散，因此除了需要空化模型来求解相变过程外，还必须依赖合适的湍流模型来封闭全部方程[25]。湍流模型关乎着计算精度及涡流运动的捕捉，其选择对建立一种具有普适性的空化计算方法尤为重要。

目前，湍流数值方法主要划分为直接数值模拟(Direct Numerical Simulation，DNS)方法、雷诺平均(Reynolds-Averaged Navier-Stokes，RANS)法和尺度解析模拟(Scale-Resolving Simulation，SRS)方法等三类[26]。尺度解析模拟方法涉及大涡模拟(Large Eddy Simulation，LES)及近年来发展迅速的混合模拟(Hybrid RANS/LES，HRL)方法。DNS 方法直接求解瞬时流场的 Navier-Stokes 方程，流动尺度未经任何简化，理论上消除了各种假设所带来的误差，可以提供精确的解析结果，然而所需网格数量正比于雷诺数的三次幂，涉及复杂湍流问题时计算资源消耗是不可估量的，因此该方法缺乏实际工程意义。

作为工业应用最广泛的湍流数值模拟方法，RANS 方法关注湍流引起的平均流场变化在宏观上的整体效果，通过时均化湍流脉动量的 Reynolds 应力项，有效避免了 DNS 方法的巨额计算量[27]。虽然传统 RANS 双方程模型，如 Standard $k-\varepsilon$ 模型、RNG $k-\varepsilon$ 模型和 $k-\omega$ 模型等，具有良好的经济性和鲁棒性，但必须说明的是，这些模型都是建立在完全不可压的单相流基础之上的。因此，在涉及可压缩的多相流计算时，这种通过时间平均滤除湍流脉动的方法缺陷就会暴露出来，即导致空化过程中对空穴尾缘湍流黏度的高估和对湍流不稳定性的低估，从而产生了高于实际的黏滞阻力，迫使反向射流因动力不足而无法切断上游附着的片状空穴，也就无法准确获得云状空穴的脱落特性[28]。为了提高 RANS 模型对空化流动的预测能力，更好地捕捉空泡运动特性，众多学者提出了相应的改进方案。值得说明的是，无论哪种改进的 RANS 模型，其本质都是对湍流黏度的修正。

随着对湍流认知的加深，在空化流动数值模拟中，求解分辨率可变的湍流模型逐渐得到发展，其主要思路是基于当地流动结构对湍流可求解尺度进行自适应调整，重点解析关注的湍流结构。LES 方法最初由 Smagorinsky 提出，其基本思想是对运动方程进行空间滤波，直接求解大尺度湍流结构，而通过亚格子尺度模型来封闭各向同性的小尺度运动[29]。季斌等人[30, 31]通过采用 WALE 模型研究了绕三维水翼的云空化流场，着重强调了空化流与旋涡之间的周期性相互作用。Lu 等人[32]利用隐式 LES 方法分析了倾斜螺旋桨中的空化流动，发现由于弧度和前缘涡的作用，叶尖区域的空化发展主要受压力和流动的叠加控制。大涡模拟在一定程度上展现出了对空化流场的细节捕捉能力，为了提高近壁面求解尺度的分辨率，往往需要划分极其细小的加密层网格，因此有时需要千万量级的网格数[33]。如何确保计算精度和效率之间的平衡便成了 LES 方法应用的核心点。

考虑到这一点，将 RANS 模型应用于处理近壁面附近的平衡稳定的边界层，同时切换到 LES 模型来求解远离壁面的湍流主区域，从而出现了混合 RANS/LES 方法(HRL)来自然地整合这两种模型的优势。分离涡模拟(Detached Eddy Simulation，DES)[34]是一种流行的混合模型，它通过比较湍流特征长度与局部网格尺寸的关系，来实现 RANS

模型和 LES 模型之间的切换。Sedlar 等人[35]和 Huang 等人[36]均使用 DES 模型模拟水翼周围的云空化，其结果均比传统的 RANS 方程获得了更准确的空腔振荡频率。此外，通过最新的改进型混合涡模拟来捕获空化流动的非定常特征尚待深入研究。此方法是对 DES 方法的改进，但没有显著的网格依赖性，其混合功能使得 RANS 模型和 LES 模型作用区域之间的过渡更加平滑[37, 38]。

### 1.2.3 实验测试研究现状

基于上述限制，实验测试技术成为了研究空化现象的重要手段。实验研究最早始于 20 世纪 40 年代，此后许多研究者基于水洞、水池等装置，对水翼构型中的空化机理展开了大量试验，测试技术是其中的难题和关键。截至目前，学者们主要利用高速摄影技术、动态压力测试技术以及粒子图像测速技术(Particle Image Velocimetry，PIV)等来展现空泡结构的时空演变规律。同时，可附带其他流场测量装置(如光学探针、水听器等)来获得空化流场的气泡含量、噪声等信息，并取得了一系列研究成果。

高速摄影技术被广泛应用于空泡形态的观测中[39-43]。曹彦涛等人[44]利用高速摄像技术拍摄了绕三维扭曲水翼的云空化流场结构，结果表明，径向发散的反向射流和一对侧向射流控制着 U 形空穴的脱落。龙新平等人[45]研究了 3 种不同空化数下的文丘里管中的空化流动现象，并利用图像分析工具归纳了空泡团体积的变化趋势。笔者[46]对不同头型单体出水过程空泡形态演变开展了试验测试研究，研究发现，空泡演变过程基本可以分为四个阶段，即空泡闭合、空泡随动、水膜随动、空泡脱落，如图 1-6 所示。

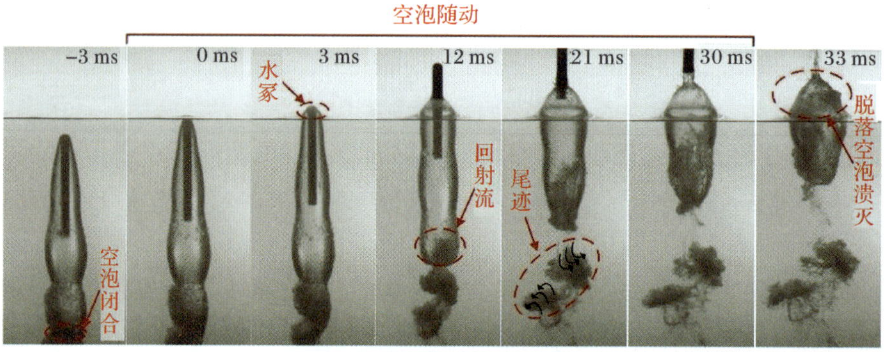


**图 1-6 筒口泄气影响下水下发射流场实验研究**

压力测试方面，主要采用表面压力传感器、探针等技术。Kawanami 等人[47]为了研究附着型空化流动机理及其控制方法，在水翼表面布置了多个压力测点，准确测得了脱落的空化云向下游运动过程中诱发的剧烈压力脉动。黄彪等人[48]利用动态应变式测力系统实验研究了绕平头回转体的非定常空化流动及其动力特性，捕捉到了空泡团断裂和脱落现象的过程和特征频率等。Reuter 等人[49]利用多场同步测量技术对单个空泡发展过程中的流场的速度及空泡的形态进行了同步观测，发现壁面效应对空泡溃灭具有非常强的影响。

在密度测量方面，电阻层析成像测量技术采用非接触式测量方法，可以有效解决普通插入式传感器对流场产生干扰的问题，X 射线成像技术在空化流场中也得到了许多的应用，Makiharju 等人[50]针对高雷诺数空化流场的瞬态密度测量，发展了一种采样频率在 1kHz 以上的 X 射线速度测量装置，得到了楔形体片状空泡内水蒸气体积分数的演变规律。Ganesh 等人[51]利用 X 射线密度测量系统进行了楔形体空化流动实验，才真正从实验角度实现了激波现象的解释。他们发现，空化流场中存在两种脱落机制，这在一定程度上极大丰富了人们对空泡脱落机制的认知。

速度测量方面，由于空泡壁周围介质密度的间断与不均匀性等，测试技术逐步由激光多普勒测速(Laser Doppler Velocimetry，LDV)、粒子图像测速走向了 X 射线、磁共振成像(Magnetic Resonance Imaging，MRI)等，以推动对空化现象的深入认识。Kubota 等人[52]利用激光多普勒测速仪(Laser Doppler Velocimetry，LDV)成功地捕捉到了静止水翼周围的云状空化湍流流动结构，他们发现云团的中心涡量高度集中且含有许多小空泡。Dular 等人[53]结合 PIV 技术和激光诱导荧光技术(Laser Induced Fluorescence，LIF)测定了水翼周围的瞬时速度场和空泡体积分布情况，研究同样发现了闭合空穴尾缘处产生的反向射流，如图 1－7 所示。

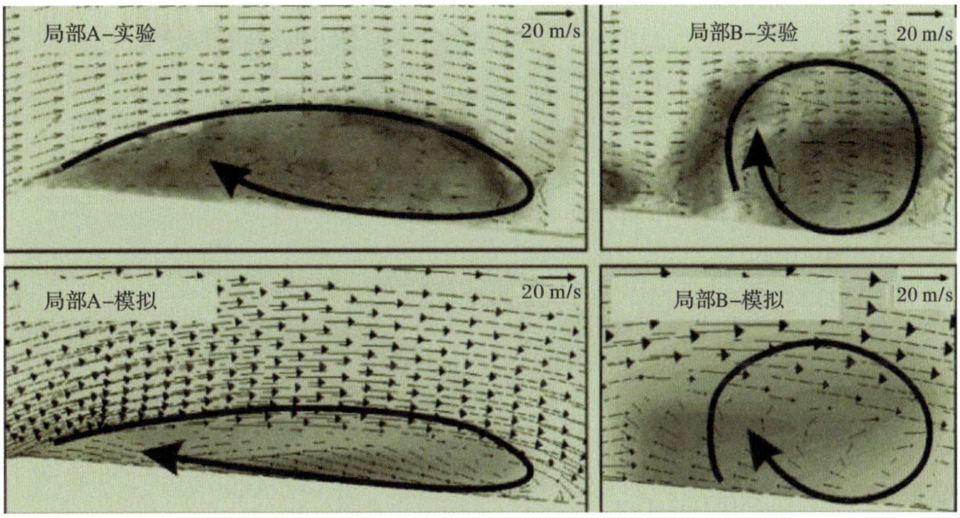


**图 1－7　PIV/PLIF 测量及数值计算得到的速度场与蒸气体积分数分布**

Gopalan 等人[54]采用 PIV 技术对附着型空化的闭合区结构进行了大量观测，获取了速度、涡流等物理量的瞬态及时均分布，其结果表明，闭合区蒸气泡的溃灭是涡量生成的主要原因。Huang 等人[55]利用 PIV 技术对 Clark-Y 水翼空化绕流进行了一系列的实验测量，其工作表明，附着型空化的准周期性生长、发展、脱落、溃灭等过程对涡量的输送具有非常重要的影响。Li 等人[56]、鲁君瑞等人[57]对超空化水翼的空化流场进行了 DPIV 实验测量，研究了在超空化阶段，速度和涡量的时均与瞬时分布。Gopalan 等人[58]采用 DPIV 结合高速摄像观测技术，研究了附着型空穴后部的流场，发现当空穴很薄时，在空穴的尾部没有反向射流生成，脱落的空泡团溃灭造成发卡形空穴涡结构，通过对复杂空穴脱落区域的速度分布和雷诺应力分布分析，发现空泡溃灭影响流场当地的湍流特性。

## 1.3 静水环境下水下发射空泡研究进展

### 1.3.1 关于水下空泡稳定性研究现状

水下发射过程中，载荷的变化规律与空泡的稳定性紧密相关，尤其是当空泡出现断裂、脱落等现象时，载荷变化规律常常具有变化范围大、随机性强等特点，对于发射安全性具有不利影响，而水下空泡稳定性研究一直也是机理和工程研究工作中的重点和难点。基于上述空化研究方法，诸多学者针对水下空泡稳定性问题开展了相关研究，特别是在翼型[59-65]及螺旋桨[66-72]等构型空化流动研究中取得了非常多较好的研究成果。Cheng 等人[73]采用 LES 方法对 NACA66 水翼周围的非定常空泡脱落现象，预测了下游空泡的生长、断裂以及溃灭等现象，同时更好地阐述了空化诱导压力波动与腔体脱落的关系，如图 1－8 所示。

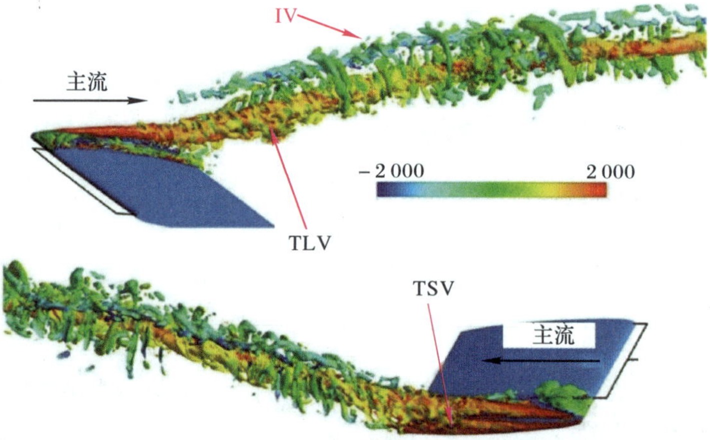


**图 1－8　NACA66 水翼周围的非定常空泡脱落涡结构**

Huang 等人[74]利用修正的 $k-\omega$ SST 湍流模型来考虑局部压缩性对湍流涡流黏度的影响。结果表明，俯仰速率的增大抑制了层流到湍流的转变，延迟了失速，并显著改变了失速后的行为。

相对而言，针对轴对称航行器的非定常空化流动特征和机制的研究工作相互较为少见[75-79]。刘烨等人[80]对三种不同头型回转体在不同空化数和来流攻角条件下肩部空泡典型特征进行了水洞实验研究，建立了初生空化数与空泡发展的特征几何参数。Wei 等人[81]对不同头型轴对称航行器的空化水动力特性进行了研究，为空化特性的头型优化工作奠定了基础。权晓波等人[82]对不同空化数和不同来流攻角下轴对称航行器的空化水动力特性进行了水洞实验，发现来流攻角导致航行器肩部空化不对称发展，对航行器的受力和控制造成了较大的困难。

水下垂直发射过程往往受水深、加减速甚至发射气体等因素的影响，空泡的演变过程更加复杂，空泡稳定性分析更困难。颜开等人[83]重点讨论了航行器出筒、水中航行以及出水非定常多相流场演变机制，阐述了近些年关于出水多相流动研究取得的研究进展。王一伟等人[84, 85]总结了近些年关于高速航行器水下发射过程空化水动力研究进展，对已有的实验测试手段和数值模拟方法进行了归纳，阐述了水下发射空泡不稳定性、溃灭载荷特性、流固耦合特性[86]、主动和被动流动控制[86-89]等重要物理机制，并指出非定常空化流动是具有重大工程应用背景的前沿基础问题。在此基础上，开展了航行器出水非定常多相流演变规律研究，在水下垂直发射实验中观察到一种新的空泡内部现象，空泡脱落从航行器的尾端向头部方向移动，它与通常空泡现象不同，一般难以观察，如图 1－9 所示。在此基础上，提出回射流运动时间和航行器运动时间的比值大小能够作为空泡脱落和空泡状态的判据[90]。另外，张桂勇等人[91]研究了浮冰环境下航行器出水空泡溃灭过程，发现浮冰对出水空泡发展以及受力等均有较大的影响。

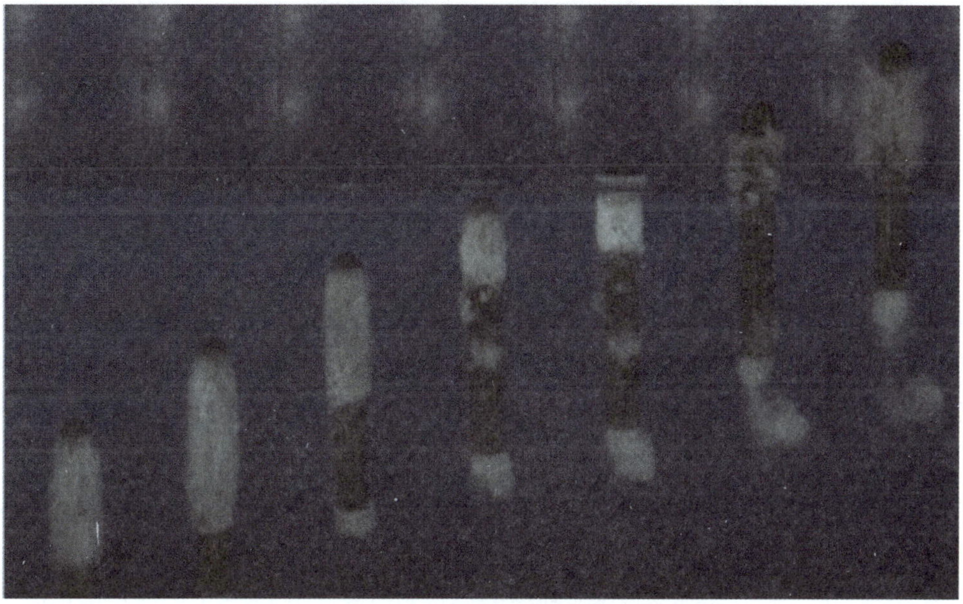

**图 1－9　水下发射非定常空化特性实验相图**

刘涛涛等人[92]针对工程研制过程中迫切需要解决的水动力关键问题，对绕回转体的通气空化多相流流态特征与空泡脱落特性进行了实验与数值计算研究，获得了不同攻角下绕回转体通气空化多相流流态图谱，揭示了绕回转体通气云状空泡的发展过程及其断裂脱落机理，提出了垂直发射状态下绕回转体通气空泡脱落无量纲判定准则及表达式。程少华等人[93]基于空泡独立膨胀原理，建立了横流作用下水下航行器空泡形态的计算模型，获取了航行器迎背流面空泡长度、泡内压力等变化过程，并通过实验验证。笔者[94]利用高速摄像机对不同头型单体出水过程空泡形态演变开展了试验测试研究，当回射流对水膜闭合阶段影响较小时，自由液面上形成的水膜锥角与航行器头部锥角近似一致。

总的来说，由于工程问题的复杂性，大多数工作仍集中于对空泡形态演变的分析和预测，对于稳定性机制的研究仍不深入，很少涉及压力波导致的空泡失稳机制。尤其对多体水下垂直齐射空泡稳定性更是少之又少。

### 1.3.2 关于出水空泡溃灭研究现状

由于出水空泡溃灭载荷脉动压力幅值增大，随机性增强，更多表现为内在不稳定，与水翼等构型在大尺度涡结构运动中导致系统存在不稳定性有较大的差别。在航行器头部出水过程中，空泡与自由液面、空泡与结构表面之间相互耦合作用是最重要的物理过程，而空泡群的溃灭载荷对结构表面的冲击作用，是航行器最重要的载荷来源之一。

目前关于单空泡溃灭过程开展了较为系统的研究。Rayleigh 最早建立了球形气泡模型，以描述单个气泡在无黏流动中的生长、收缩和溃灭过程。Plesset 进一步考虑了黏性力和表面张力的影响，提出了气泡动力学控制方程 Rayleigh-Plesset[95-96] 方程，而后续此理论得到了广泛的应用[97]。此后，张阿漫、姚熊亮等人用边界元积分法对单个空泡溃灭过程进行了数值模拟，并得到了一系列研究成果[98-100]。然而，航行器出水过程涉及大尺度空泡群同步溃灭现象，并与自由液面、结构表面相互耦合作用，导致空泡群溃灭过程与单个空泡溃灭过程有着巨大的差异，已知相关研究报道的数量非常有限。

在水下垂直发射领域中，部分学者基于上述空化数值模拟和试验测试方法，开展了空泡溃灭载荷相关规律的研究。王一伟等人[101]采用数值模拟和实验测试相结合，对水下发射非定常空泡溃灭载荷与结构振动的耦合效应进行了研究。首先分析了空泡溃灭的内在演变机理，并建立了简化的二维物理模型，发现弯曲断裂是结构的主要潜在损伤形式，而固有频率是影响耦合效应的关键性因素。另外，相关学者[102-105]对水下发射非定常空泡溃灭载荷特性也进行了研究。胡影影等人[106]利用 VOF 方法模拟了细长体低速出水时自由液面的变化，研究了弗劳德数、韦伯数等无量纲参数对自由液面演化过程的影响。权晓波等人[107]将航行器出水过程肩空泡溃灭简化为各截面上二维圆型空泡的溃灭过程，分析了空泡溃灭产生压力的机理和影响因素。尤天庆等人[108]通过数值模拟分析了不同头部形状及出水攻角对航行器出水过程流场的影响，发现空泡溃灭过程因头形的不同而略有差别，且当模型带攻角出水时空泡溃灭呈现非对称性。施红辉等人[109]基于高速摄像手段观测了完全超空泡出水过程，建立了超空泡在运动过程中崩溃次数的理论模型，结合数值模拟方法对不同头型和长径比的航行器在出水过程中超空泡的形成、溃灭及其与水平面相互作用的水动力学机理进行了研究。笔者[110,111]采用 IDDES 精细化模拟方法开展了水下发射空化水动力以及溃灭载荷特性数值模拟研究，发现了带攻角状态下航行器出水过程中自由液面附近产生大量的小尺度涡环，出水空泡在介质突变的影响下，与这些涡环相互作用发生了快速溃灭过程。同时，在航行器垂直出水过程中，肩部两侧空泡发生了同步溃灭现象，溃灭冲击载荷直接作用在航行器壁面，如图 1-10 所示。

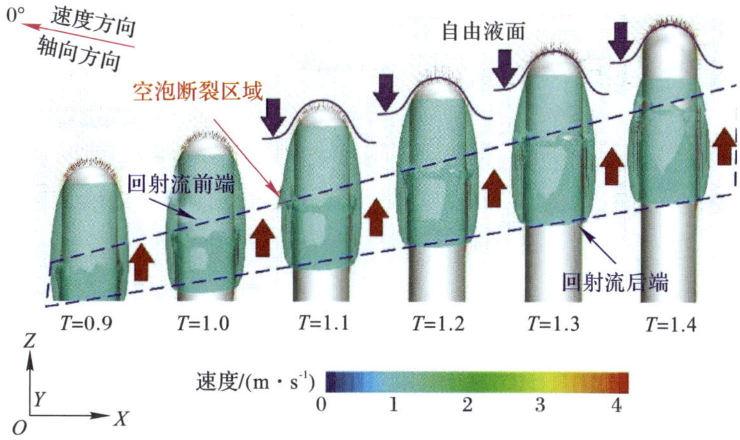


图 1-10　等值面空泡溃灭与速度矢量图

## 1.4　复杂海洋环境下水下发射研究进展

在过去几十年间，数值波浪水池的开发与使用受到了人们的广泛关注。在数值波浪水池技术发展的初期，其计算精度与可靠性难以得到保证，但随着不断地开发与研究，经过与实际水池以及海上波浪实测数据的验证，数值波浪水池的计算可靠性与功能多样性得到了保证与发展，凭借成本低、操作简单、可重复性高等优势，在波浪环境的仿真模拟中发挥了越来越重要的作用。Park 等人[112]基于改进的有限差分格式建立了三位数值波浪水池，对非线性波浪的传播过程及其与静态海洋结构物之间的相互作用特征开展数值模拟，与实验结果对比证明了数值方法的有效性。Hans 等人[113]基于不可压缩条件下的纳维斯托克斯方程，采用 level-set 界面追踪方法，建立了三维数值波浪水池，对竖直圆柱体受到的波浪力与周围的孤立波以及波浪在斜滩上的传播与破碎过程进行了模拟。Fábio 等人[114]基于 CFD(Computational Fluid Dynamics)软件创建数值波浪水槽，对比了多种不同的造波方式，发现活塞造波器提供了更高品质的波浪，在此基础上提出了针对数值波浪水槽边界处反射波现象的多种优化方案，并将优化解与二阶斯托克斯理论波形进行比较，取得了较高的一致性。Tian 等人[115]基于不可压缩条件下的 N-S 方程建立数值波浪水池，对波浪的传播与水动力特性开展计算，引入圆柱模型来研究结构物与波浪之间的相互作用，并与实验结果进行对比以验证数值模型的有效性。Hu 等人[116]基于实验数据，通过有限差分法求解二维 N-S 方程，采用 VOF(Volume of Fluid)方法模拟自由表面流动，在数值波浪水池中对五阶超级游荡波进行了数值模拟，通过对局部压力场与速度场的分布特征进行比对，发现超级游荡波的流场与五阶斯托克斯波具有很高的相似度。Liu 等人[117]建立了基于 HOS(Higher-Order Spectral)方法的增强型新型数值波浪水池用来模拟全域非线性波浪的传播过程，与传统造波方法相比在波浪生成方面具有更高的稳定性与准确性。Peng 等人[118]基于 Open FOAM 开发了三维数值波浪水槽，对实验中可能产生的中尺度波长的波浪传播与破碎过程开展了数值模拟，在边界处采用松弛区域法来进行消波。在此基础上研究了网格尺度、松弛权重以及时间步长等计算参数对波浪生成的影响，通过反射系数、波阻尼和相位畸变率来评估数值波浪水池的精度和性能。谷良贤等人[119]基于切片理论，对水下运载器在规则波与非规则波环境中的载荷情况进行了分析。邹志利等人[120]通过数值仿真、实验与解析方法开展了数值波浪水槽中非线性浅水波的传播特性研究，同时对解析解的适用范围、高次谐波的产生以及三波相互作用进行了讨论。刘加梅等人[121]基于数值水槽造波原理，实现了二维规则波的数值模拟，同时给出了造波板随造波运动振幅、周期及坐标变化的规律。王亚东等人[122]基于 P－M(Pierson-Moskowitzi)谱和 SWOP 方向分布函数建立了非规则波浪模型，并给出了波浪力的计算公式。王巧莎等人[123]基于数值波浪水槽，开展了不同体力加速度下规则波的消波模拟研究，提出了多种阻尼消波函数，并对其适用性进行了讨论。徐青发等人[124]基于波浪理论，对推板造波法产生的一阶波和二阶波进行推导并分离出自由伪谐波，同时根据波浪叠加原理导出了抑制自由伪谐波的二阶造波理论方法。曾诚等人[125]基于开源 Open FOAM 建立了二维数值波浪水槽，对比多种不同造波与消波组合方式，分析了不同波陡下波浪水槽的造波与消波效果，对二阶规则波提出了优化方法。

国内外专家学者们对波浪影响下的航行器出水过程开展了广泛的研究。王瑞臣等人[126]开展了波浪对航行器出水姿态的影响研究，最终发现浅水海浪比深水海浪对航行器出水过程产生的影响更加明显。权晓波等人[127]基于波浪理论得出了二阶 Stokes 波的速度表达式，采用给定入射边界速度分布的方法实现波浪的数值模拟，在此基础上研究了波浪环境对航行器水下发射流场结构的影响规律。结果表明，波浪产生的漩涡会对航行器产生诱导作用，在航行器表面施加一个绕 $z$ 轴的力矩，导致航行器的姿态发生明显的偏转。史崇镔等人[128]开展了波浪环境下跨介质航行器入水过程数值模拟研究，重点关注了航行器的运动姿态以及入水空泡形态，同时发现波浪参数的改变会对航行器入水运动特性造成影响。杨晓光等人[129]基于 VOF 多相流模型与动网格技术，对波浪环境下航行器高速入水过程开展研究，分析了入水角度以及不同波浪参数对航行器轴向载荷的影响规律。杨继峰等人[130,131]基于平面线性波浪理论建立了波浪环境下导弹水中航行的数学运动模型，开展了不同航向及波浪等级对导弹水中运动姿态的影响规律研究；同时，基于数值仿真平台分析了波浪环境下导弹运动过程中的流场速度与压力分布变化，获取了波浪参数对导弹运动姿态的扰动规律。周敬国等人[132]基于波浪理论分析、数值仿真计算的方法开展了海浪环境对水下发射航行器运动特性的影响研究，并在此基础上提出了海浪环境下针对航行器运动特性的控制技术。马亮等人[133]基于动量与动量矩守恒方程建立了波浪环境下导弹水中航行的运动模型，分析了线性波浪对导弹的力学作用形式，开展了不同波浪等级与波浪传播方向下导弹运动姿态的演化发展规律研究。李智生等人[134]基于轴向切片的方法建立了波浪扰动下水下发射航行器的运动数学模型，分析了波浪等级对航行器出水姿态角的影响，结果表明，波浪等级越高，航行器出水时受到的姿态扰动越剧烈。王之海等人[135]采用数值仿真方法建立了长峰非规则数值波浪水池,通过谱分析方法验证了数值波浪水池的计算精度,基于数值波浪水池开展了非规则波浪环境下航行器水下发射数值计算,获取了长峰非规则波浪对航行器运动姿态的影响规律。郭张霞等人[136]基于 Fluent 数值仿真平台开展了波浪环境下平头回转体斜入水的数值计算,获取了回转体头部压强变化规律及诱导气相速度的变化规律,结果表明,回转体在波浪环境下斜入水时产生了非对称的水雾化区,而诱导气相速度在入水过程中达到最大,完全入水后又逐渐衰减。赵庆新等人[137]开展了波浪环境下空投式自主航行器低速入水的数值仿真计算,分析了波峰、波谷等不同波浪相位下的载荷分布情况,提出了波面上水质点的横向运动是导致航行器受力更大的主要原因。马如相等人[138]开展了不同波浪等级下的航行器出水过程运动姿态数值模拟研究,结果表明,波浪海况等级的提高导致航行器受到的扰动增加,出水时的偏转角度不断增大,同时,航行器在顺浪条件下出水受到的扰动相对较小。针对极地浮冰环境下的航行器水下发射过程,蔡晓伟等人[139]利用 ALE 方法建立细长体穿越冰水混合物的出水模型,分析了出水流场,建立了流场的数值预报方法,为后续载荷设计和实验研究提供参考。岳军政等人[140]通过量纲分析确定了出水过程的主要控制参数,利用数值模拟计算不同速度、冰厚、冰层大小情况下的载荷特性,发现航行器头部过载和应力与冰层厚度、航行器速度密切关联。王英霖等人[141]通过 LS - DYNA 软件对高速弹体侵彻冰体过程进行模拟,研究了正侵彻、斜侵彻及速度变化对弹体侵彻冰体的毁伤效能影响,得到了弹体和冰体在相互作用的过程中的动态响应特性曲线。闫允鹤等人[142]基于 CFD-DEM 方法研究了潜艇在碎冰航道上浮出水过程的冰载荷,结果表明,潜艇冰载荷主要集中在摇荡阶段,且冰载荷呈现分段集中的特征。姬贺港等人[143]采用 S - ALE 方法以及黏聚单元冰模型研究了圆柱体结构与冰层的碰撞过程,研究发现,柱体所受冰载荷与流场网格呈正相关,当流场网格为冰体单元的两倍时,计算时间及耦合效果最佳。Zhang 等人[144]利用聚丙烯材料模拟海冰进行航行器出水实验研究,研究发现在有冰环境下,航行器整体受力明显增加,溃灭的空泡会产生飞溅现象。汪春辉等人[145]基于 S - ALE 方法对圆柱体垂直出水破冰进行研究,并进行了实验研究,发现有水环境下结构物与冰层间作用存在水垫效应,且有水环境冰载荷持续时间明显高于无水环境。张建宇[146]对航行器冰环境下的出水空泡和载荷特性进行了研究,发现冰的存在会影响压力趋势,无冰情况下航行器表面应力分布波动大。

## 1.5 多体水下齐射流动干扰研究进展

航行器水下齐射过程涉及多体间运动干扰的水动力学问题,目前公开的有关多体出水运动干扰资料极少,但可以借鉴多细长体在无固壁条件下相互干扰的研究。相关学者对细长体之间的间距、数量以及队形等展开了理论研究、数值计算以及试验测试,并将流动干扰下的多细长体水动力特性与单体进行对比[147-150]。然而,由于水下发射方式的特殊性，上述研究中的干扰特性与航行器出水过程有一定的差距。近些年，相关学者针对多体出入水过程流动干扰现象进行了初步探究。何春涛[151]对两个并联圆柱体入水进行了数值模拟研究，分析了空泡内部轮廓的演变过程，给出了双体入水过程中流动干扰的消失的临界发射间距。宋武超等人[152]基于势流理论和非线性假设，引入二维轴对称入水空泡计算模型和影响函数，给出了双体并联入水过程空泡的三维演化特性。卢佳兴等人[153-155]利用高速摄像技术对双体齐射出水过程开展实验研究，分析了齐射过程航行器间的流体动力干扰和艇速对空泡形态的影响。在此基础上开展了部分齐射出水实验工作[156, 157]。姜翼冲等人[158]采用 VOF 多相流模型和 Realizable $k-\varepsilon$ 湍流模型对双航行器的水下齐射过程进行仿真，发现航行器近壁面区域发生流动分离现象产生的自航行器底部脱落的尾涡是其对于流场结构产生扰动的主要特征。毕凤阳等人[159, 160]围绕水下垂直齐射伴随的多相流动以及运动耦合过程，对齐射过程筒口扰动流场演变进行数值模拟研究，结果表明，首发细长体发射后水倒灌及筒口气泡溢出过程对次发细长体发射时载荷特性产生显著影响。Xu 等人[161]基于嵌套网格技术对两发航行器以不同时序出水过程展开数值模拟研究，分析了首发航行器尾涡时空演变及其对次发航行器周围流场干扰特性，研究表明，反向旋转涡对的出现，对次发航行器的运动姿态产生较大的影响。课题组等人[162]开展了双体齐射过程内侧流域非定常空化干扰特性研究，发现双体肩部空泡形态演变过程由不对称演变为对称状。随着齐射速度的增大，回转体出筒时刻空泡长度不断增大，其质心由内侧向外侧偏移的交点向后推迟。在此基础上，笔者等人[163]开展了不同发射时序下，首发航行器对次发航行器的水动力和弹道的稳定性。结果表明，航行器尾流区域中发现了类似发卡形的涡结构。当次发航行器穿过涡结构内低速条带区域时，其表面压力分布与弹道稳定性有较大的改善作用。当发射时间间隔较大时，次发航行器表面压力分布与运动姿态受干扰程度逐渐减小，直至与首发航行器基本一致。另外，开展了自由尾流涡结构、筒口气泡干扰以及齐射降载增稳（见图 1-11）等工作[164-168]。

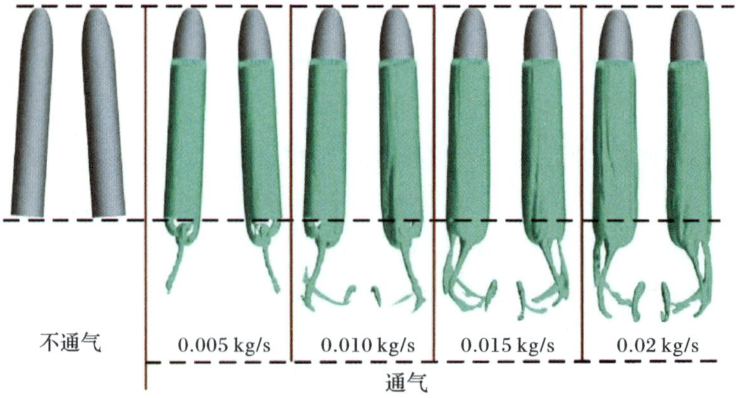


**图 1-11　不同通气量下水下齐射降载增稳**

综上所述，学者们对于单筒多航行器水下齐射的空化数值方法、空化流场精细分析及运动姿态等方面的研究基本处于起步阶段。首先，研究的数值模型主要集中在单发航行器，而且依赖大量的假设和简化近似，且水中航行过程中固定其自由度，难以适应多体齐射过程流动干扰导致的不对称运动、载荷及流场。其次，对于多体水下齐射过程中关键发射参数对齐射过程中多相流场、运动姿态、载荷特性的影响尚未有系统的研究，更没有综合考虑整个水下齐射过程的微观流场和宏观的运动参数及载荷的内在联系和产生机理。最后，水下发射实验的复杂性和混沌性，导致成本较高、工作量大，国内公开报道的成果和文献极少。因此，结果可信度高、构建合理的数值计算方法和实验测试是成功开展水下齐射研究的先决条件。采用数值方法和实验测试结合方法，综合多相流场、运动姿态以及载荷特性是开展单筒多航行器非定常流动干扰分析工作的基本素材和依据。

## 1.6 本书主要研究内容

本书主要针对单筒多弹水下齐射空化流动干扰、尾流遭遇干扰以及复杂海洋环境流动干扰等复杂现象，通过建立水下齐射精细化数值模拟方法，结合机理性实验与数据分析，从而形成规律性认识，促进对单筒多航行体水下齐射水动力干扰、运动姿态稳定性以及溃灭载荷演变机制的理解。全书内容分为 9 章。

第 1 章绪论，梳理并总结国内外关于水下航行器出水的相关研究工作，主要包括非定常空泡方法、静水环境下水下发射空泡、复杂海洋环境下水下发射以及多体水下齐射流动干扰等研究进展。

第 2 章数值模拟与实验方法研究，详细介绍多体齐射出水流动干扰高精度数值方法、多体齐射出水实验测试系统以及数据处理技术，并进一步开展数值模拟算法验证工作。

第 3 章水下齐射相似理论及控制参数研究，建立齐射出水相似理论及关键控制参数分析，并开展关键控制参数影响规律研究，为后续研究奠定基础。

第 4 章水下齐射空化水动力干扰研究，开展典型水下空泡稳定性和出水空泡溃灭特性研究。

第 5 章不同发射参数对空化水动力干扰影响，研究空化数、发射时间间隔以及发射间距对空化水动力干扰的影响规律。

第 6 章水下齐射尾流水动力干扰研究，研究单体水下发射过程尾流演变机理。在此基础上，开展多体水下齐射尾流水动力干扰研究。

第 7 章不同发射参数对尾流水动力干扰影响，研究齐射时间间隔、齐射次序以及横流强度对尾流水动力干扰影响规律。

第 8 章波浪环境下齐射出水空化干扰研究，介绍波浪基础理论，开展波浪环境下典型空泡流场演变，进一步地探究波浪相位、发射间距参数对齐射出水空化干扰影响规律。

第 9 章未来研究发展方向展望，分别从齐射出水过程流固耦合、浮冰环境齐射出水以及通气降载增稳等方向进行后续发展讨论。

# 第2章 数值模拟与实验方法研究

## 2.1 引　　言

航行器水下齐射全过程可近似分为三个阶段，即出筒阶段、水中航行阶段以及出水阶段，其中空化流动干扰是整个过程最为重要的流体动力现象，是研究的重点和难点，它与水下齐射运动过程密切相关。本章首先建立适用于水下齐射空化流动干扰精细化模拟方法和齐射出水实验测试系统，详细介绍几何模型、边界条件以及网格划分等细节，并通过实验验证数值方法的准确性和有效性。在此基础上开展网格和时间步长验证性工作，为后续研究提供有效的数值计算和实验方法。

## 2.2 数值模拟方法

### 2.2.1 控制方程

水下齐射过程涉及气-液-汽三相强耦合的湍流流动现象，其中数值模拟方法基于均质流模型的 Navier-Stokes(N-S)方程。均质流模型将气、汽、液三相混合物看作一种均匀介质，相间没有相对速度，流动参数取三相相应参数的加权平均。该处理方法被广泛应用于各类空化流动模拟，其方法的准确性和适用性均已得到验证。基于此，拟采用该方法处理水下齐射空化流动干扰相关问题。在均质多相流模型中，求解气、汽、液三相的 N-S 方程可以写为

$$\frac{\partial \rho_m}{\partial t}+\frac{\partial}{\partial x_j}(\rho_m u_j)=0 \tag{2-1}$$

混合介质动量方程为

$$\frac{\partial}{\partial t}(\rho_m u_i)+\frac{\partial}{\partial x_j}(\rho_m u_i u_j)=-\frac{\partial p}{\partial x_i}-\rho g_i+\frac{\partial}{\partial x_j}\left[(\mu_m+\mu_t)\left(\frac{\partial u_i}{\partial x_j}+\frac{\partial u_j}{\partial x_i}\right)\right] \tag{2-2}$$

蒸汽相连续性方程为

$$\frac{\partial}{\partial t}(\rho_v \alpha_v)+\frac{\partial}{\partial x_j}(\rho_v \alpha_v u_j)=\dot{m}^- -\dot{m}^+ \tag{2-3}$$

气相连续性方程为

$$\frac{\partial}{\partial t}(\rho_g \alpha_g)+\frac{\partial}{\partial x_j}(\rho_g \alpha_g u_j)=0 \tag{2-4}$$

能量守恒方程为

$$\frac{\partial}{\partial t}(\rho_m T)+\frac{\partial}{\partial x_j}(\rho_m u_j T)=\frac{\partial}{\partial x_j}\left(\frac{k_j}{c_p}\frac{\partial T}{\partial x_j}\right)+S_T \tag{2-5}$$

式中：$S_T$ 代表流体的内热源及由于黏性作用流体机械能转换为热能的部分。

当考虑空化可压缩性时，对于理想气体，须补充一个关联 $p$ 和 $\rho$ 的状态方程：

$$p=\rho_m R_0 T \tag{2-6}$$

方程中混合物的速度为质量平均速度，即

$$u_j=\frac{\alpha_l \rho_l u_{j,l}+\alpha_v \rho_v u_{j,v}+\alpha_g \rho_g u_{j,g}}{\rho_m} \tag{2-7}$$

$\dot{m}^-$ 和 $\dot{m}^+$ 模拟的是水的蒸发和凝结速率，混合介质的密度和黏性系数根据各相的体积分量加权平均获得：

$$\rho_m=\alpha_l \rho_l+\alpha_v \rho_v+\alpha_g \rho_g \tag{2-8}$$

$$\mu_m=\alpha_l \mu_l+\alpha_v \mu_v+\alpha_g \mu_g \tag{2-9}$$

### 2.2.2　湍流模型

空化流动具有明显的三维拟序特征，属于高度非定常湍流流动问题。湍流模型的合理选择对空化流动计算精度有着重要影响。传统 RANS 方法抹平了时间和空间上的脉动信息，容易导致湍流黏度过度预测的问题，因此在一定程度上无法获得真实的湍流流动细节。LES 方程改善了模拟精度，却在涉及高雷诺数主导的壁面流动计算时，需要非常精细的网格以及更小的时间步长，造成消耗的计算资源足以与 DNS 模拟相当，从而难以在工程实践中加大推广。因此，以 LES 方程求解大尺度湍流结构的主流区域，而以 RANS 方程求解以黏性耗散为主的近壁面边界层方法，能够在一定程度上规避两者的局限性。基于此，以水下齐射过程多相湍流复杂流场的模拟对象，兼具 RANS 与 LES 特征的混合模型，它能在有限网格和计算资源消耗的前提下提高计算精度。原始的 DES 模型是一种兼具 RANS 与 LES 特征的混合模型，其采用 RANS 模态求解边界层内流动，采用 LES 模态求解远离壁面区和分离区的流动，但是该模型易产生网格诱发的非物理流动分离，为克服 DES 模型缺陷，DDES 作为 DES 模型的改进版本而被提出[169, 170]。在此基础上，为了更加精准计算出计算域区域内湍流的运动，采用基于 $k-\omega$ SST 发展而来的 IDDES 模型[171]来开展水下垂直发射过程空化模拟研究，因此首先介绍该模型。

基于上述 N-S 方程经过雷诺时均化处理，将会引入未知的雷诺应力项，需要进一步封闭求解，再基于 Boussinesq 假设，最终的方程可以写为

$$\frac{\partial \rho_m}{\partial t}+\frac{\partial}{\partial x_j}(\rho_m \bar{u}_j)=0 \tag{2-10}$$

$$\frac{\partial}{\partial t}(\rho_m \bar{u}_i)+\frac{\partial}{\partial x_j}(\rho_m \bar{u}_i \bar{u}_j)=-\frac{\partial \bar{p}}{\partial x_i}-\rho g_j+\frac{\partial}{\partial x_j}\left[(\mu_m+\mu_t)\left(\frac{\partial \bar{u}_i}{\partial x_j}+\frac{\partial \bar{u}_j}{\partial x_i}\right)\right] \tag{2-11}$$

为了提高对逆压梯度流动的模拟，Menter[172] 提出了 $k-\omega$ SST 模型，而基于该模型发展而来的 DDES 模型中，湍动能 $k$、湍流涡频率 $\omega$ 的输运方程以及湍流黏性 $\mu_t$ 的计算公式可以分别表示为

$$\frac{\partial}{\partial t}(\rho_m k)+\frac{\partial}{\partial x_j}(\rho_m k u_j)=\frac{\partial}{\partial x_j}\left[\left(\mu_m+\frac{\mu_t}{\sigma_k}\right)\frac{\partial k}{\partial x_j}\right]+P_k-\frac{\rho_m k^{3/2}}{l_{\mathrm{DDES}}} \tag{2-12}$$

$$\frac{\partial}{\partial t}(\rho_m \omega)+\frac{\partial}{\partial x_j}(\rho_m u_j \omega)=\frac{\partial}{\partial x_j}\left[\left(\mu_m+\frac{\mu_t}{\sigma_{\omega 3}}\right)\frac{\partial \omega}{\partial x_j}\right]+(1-F_1)2\rho_m \frac{1}{\sigma_{\omega 2}\omega}\frac{\partial k}{\partial x_j}\frac{\partial \omega}{\partial x_j}+$$

$$\alpha_3 \frac{\omega}{k}P_k-\beta_3 \rho_m \omega^2 \tag{2-13}$$

$$\mu_t=\rho_m \frac{a_1 k}{\max(a_1 \omega, SF_2)} \tag{2-14}$$

式中：函数 $F_1$ 与 $F_2$ 分别为

$$F_1=\tanh(\arg_1^4) \tag{2-15}$$

$$\arg_1=\min\left[\max\left(\frac{\sqrt{k}}{\beta' \omega y},\frac{500\upsilon}{\omega y^2}\right),\frac{4\rho_m k}{CD_{kw}\sigma_{\omega 2}y^2}\right] \tag{2-16}$$

$$F_2=\tanh(\arg_2^2) \tag{2-17}$$

$$\arg_2=\max\left(\frac{2\sqrt{k}}{C_\mu \omega y},\frac{500\upsilon}{\omega y^2}\right) \tag{2-18}$$

式中：$y$ 代表距离最近壁面的距离；$\upsilon$ 为运动黏性。

上述计算式(2-12)～式(2-18)中其他未介绍项及模型常数分别为

$$P_k=\min(\mu_t S^2, 10C_\mu \rho_m k\omega) \tag{2-19}$$

模型常数 $\alpha_3$、$\beta_3$、$\sigma_{k3}$ 与 $\sigma_{\omega 3}$ 采用的是 $k-\omega$ 与 $k-\varepsilon$ 模型相对应的模型常数的线性组合，以 $\alpha_3$ 为例：

$$\alpha_3=F_1\alpha_1+(1-F_2)\alpha_2 \tag{2-20}$$

相应的模型系数取值为

$$\alpha_1=5/9,\quad \alpha_2=0.44,\quad \beta_1=0.075,\quad \beta_{21}=0.0828$$

$$\sigma_{k1}=0.85,\quad \sigma_{k2}=1,\quad \sigma_{\omega 1}=2,\quad a_1=0.3$$

DDES 模型的核心思想体现在 DDES 长度尺寸 $l_{\mathrm{DDES}}$ 的计算上，即

$$l_{\mathrm{DDES}}=l_{\mathrm{RANS}}-f_d \max(0, l_{\mathrm{RANS}}-l_{\mathrm{LES}}) \tag{2-21}$$

$$f_d=1-\tanh[(C_{d1}r_d)^{C_{d2}}] \tag{2-22}$$

$$r_d=\frac{\nu_t+\nu}{\kappa^2 y^2\sqrt{0.5(S_{ij}^2+\Omega_{ij}^2)}} \tag{2-23}$$

$$l_{\mathrm{RANS}}=\frac{\sqrt{k}}{C_\mu \omega} \tag{2-24}$$

$$l_{\mathrm{LES}}=C_{\mathrm{DDES}}\Delta \tag{2-25}$$

式中：$\Omega_{ij}$ 为旋转张量；$S_{ij}$ 为变形速度张量；$\Delta$ 为滤波尺寸；其他模型系数取值为 $C_{d1}=20$，$C_{d2}=3$，$\kappa=0.41$，DDES 模型系数 $C_{\mathrm{DDES}}$ 由两个模型系数耦合而成，即

$$C_{\mathrm{DDES}}=C_{\mathrm{DES},k\text{-}\omega}F_1+C_{\mathrm{DES},k\text{-}\varepsilon}(1-F_1) \tag{2-26}$$

式中：$C_{\mathrm{DES},k\text{-}\omega}=0.78$；$C_{\mathrm{DES},k\text{-}\varepsilon}=0.61$。

为了更加精准地计算出计算域区域内湍流的运动，对于基于 Shur[173] 的 DDES 公式中的单位耗散率 $\omega$ 替换为 $\tilde{\omega}$，则基于 SST $k-\omega$ 的 DDES 进一步发展为 IDDES[174]：

$$\tilde{\omega}=\frac{\sqrt{k}}{l_{\mathrm{HYBRID}}f_{\beta^*}\beta^*} \tag{2-27}$$

$$l_{\mathrm{HYBRID}}=\tilde{f}_d(1+f_e)l_{\mathrm{RANS}}+(1-\tilde{f}_d)C_{\mathrm{DES}}\Delta_{\mathrm{IDDES}} \tag{2-28}$$

式中：$f_{\beta^*}$ 为自由剪切修正因子；$\beta^*$ 在 $k-\omega$ 模型系数中给定。

### 2.2.3　空化模型

当液体中特定位置的静压力低于液体的饱和蒸气压时，液体会经历空化的相变。此相变的产生由液体蒸气变成的空化气泡。液体可以溶解一定的气体，但当该溶解度到达极限时，溶解现象将不会发生。当压力或温度变化时，液体会变为过饱和或欠饱和。在过饱和情况下，气泡会在液体中形成并增长；在欠饱和情况下，气泡将收缩并消失。大量的文献研究[175, 176]表明，Schnerr-Sauer 空化模型能够在各种复杂环境下的空化流动模拟中具有普适性和较好的模拟精度，因此后续采用该模型来模拟空化。

Rayleigh-Plesset 模型包括气泡增长加速的影响以及黏性效应和表面张力效应。气泡增长速度 $v_r$ 使用 Rayleigh-Plesset 方程确定：

$$R\frac{\mathrm{d}v_r}{\mathrm{d}t}+\frac{3}{2}{v_r}^2=\frac{p_{\mathrm{sat}}p}{\rho_1}-\frac{2\sigma}{\rho_1 R}-4\frac{\mu_1}{\rho_1 R}v_r \tag{2-29}$$

式中：$p_{\mathrm{sat}}$ 为指定温度的饱和压力；$p$ 为周围液体中的分压；$\sigma$ 为表面张力；$\rho_1$ 为液体密度。

Schnerr-Sauer 空化模型基于 Rayleigh-Plesset(RP)简化方程推导而来，RP 简化方程忽略气泡增长加速的影响、黏性效应和表面张力效应。Schnerr-Sauer 空化模型方程为

$$\left.\begin{aligned}R_{\mathrm{e}}&=\frac{\rho_v\rho_1\alpha_v}{\rho_m}(1-\alpha_v-\alpha_g)\frac{3}{R}\sqrt{\frac{2}{3}\frac{(p_v-p)}{\rho_1}}\\R_{\mathrm{c}}&=-\frac{\rho_v\rho_1}{\rho_m}\alpha_v(1-\alpha_v)\frac{3}{R}\sqrt{\frac{2}{3}\frac{(p-p_v)}{\rho_1}}\end{aligned}\right\} \tag{2-30}$$

$$a_g = f_g \frac{\rho_m}{\rho_g} \tag{2-31}$$

式中：$\alpha_g$ 为不可凝结气体体积分数；$f_g$ 为不可凝结气体质量分数；$R_e$ 为蒸发速率；$R_c$ 为冷凝速率。

假设控制体积内的蒸气相以气泡的形式存在。每个气泡具有相同的半径 $R$。单位密度定义为 $n_0$，对应于每单位体积的气泡数。则有

$$V_v = n_0 V_1 \frac{4}{3}\pi R^3 \tag{2-32}$$

气体的体积分数 $\alpha_v$ 变为

$$\alpha_v = \frac{n_0 \frac{4}{3}\pi R^3}{1 + n_0 \frac{4}{3}\pi R^3} \tag{2-33}$$

气泡半径可以表示为

$$R^3 = \frac{\alpha_v}{n_0 \frac{4}{3}\pi(1-\alpha_v)} \tag{2-34}$$

### 2.2.4 多相流模型

多相流指的是两种及以上组分和相态的连续介质在同一区域中的流动过程，且往往具有明显的交界面。水下发射的过程中涉及水、空气和水蒸气三相流动过程，其中伴随着气液交界面的变形、断裂、合并和破碎现象以及蒸发冷凝等相变过程，使得水下发射非定常空化的研究非常复杂，对数值算法的建立提出了很高的要求。

多相流问题的研究方法主要分为两类，分别是欧拉方法和拉格朗日方法。拉格朗日方法的基本思想是对连续相中离散颗粒的轨迹进行模拟和跟踪，由于跟踪大量离散颗粒的代价很高，所以该方法仅适用于离散相体积分数较小的情形。而欧拉方法的基本思想是关注空间某个点的物理量及其变化，且多相流中的每一相都被视为相互穿插的连续介质，因此引入了相体积分数的概念，用于表示某一相在总体积中所占据的比例。对每一相建立相应的控制方程，在同一时间和空间内，各相体积分数之和为 1。

欧拉方法又主要可分为三种多相流模型，分别是欧拉多相流（EMP）、流体体积方法（VOF）以及混合多相流（MMP）。其中，欧拉多相流（EMP）是最为复杂的多相流模型，该模型在所有相共用一个压力场时对每个相的质量、动量和能量传输方程进行求解，且输运方程的欧拉平均导致各相之间产生额外的相间相互作用，如曳力、升力、相间热传递等，对于这些相间相互作用需要相应的封闭模型。流体体积方法（VOF）可以预测不混溶相交界面的分布和移动，不同相共用一套动量方程，通过给各相流体赋予一个表示其所占的体积分数的变量并求解从而得到相间交界面。混合多相流（MMP）通过将相混合物的质量、动量和能量的输运方程作为一个整体进行求解，并且通过对每个相体积分数的传输方程进行求解来计算各相的分布。表 2-1 对三种典型的多相流模型进行了对比说明。

**表 2－1　三种多相流模型的对比**

| 多相流模型 | 适用范围 |
| --- | --- |
| 欧拉多相流 | 气泡塔、提升器、颗粒悬浮和流化床 |
| 流体体积方法 | 分层流动、自由表面流动、填充、晃动、大气泡在液体中的运动、溃坝后液体的运动、射流破裂的预测(表面张力)以及任何液-气界面的稳态或瞬态跟踪 |
| 混合多相流 | 低负荷颗粒流、气泡流、沉降和旋风分离器 |

根据水下发射相关领域的研究经验，由于水下齐射过程中研究需要准确捕捉筒口气团的膨胀变形和脱落、尾空泡的形成与拉断，以及肩部空化的初生、生长以及溃灭脱落等过程，对相界面形态细节的捕捉有着较高的要求，所以选择流体体积方法多相流模型对水下发射过程进行仿真模拟。

交界面的相分布和位置由体积分数 $\alpha_i$ 的场来描述，相 $i$ 的体积分数定义如下：

$$\alpha_i = \frac{V_i}{V} \tag{2-35}$$

式中：$V_i$ 表示网格单元中相 $i$ 的体积；$V$ 为网格单元的体积。网格单元中所有相的体积分数总和为 1，即

$$\sum_{i=1}^{N} \alpha_i = 1 \tag{2-36}$$

式中：$N$ 为总相数。

在流体体积方法(VOF)模型中，各相的分布由体积分数的输运方程驱动：

$$\frac{\partial}{\partial t}\int_V \alpha_i \mathrm{d}V + \oint_A \alpha_i \boldsymbol{v} \cdot \mathrm{d}\boldsymbol{a} = \int_V \left(S_{\alpha_i} - \frac{\alpha_i}{\rho_i}\frac{D\rho_i}{Dt}\right)\mathrm{d}V - \int_V \frac{1}{\rho_i} \nabla \cdot (\alpha_i \rho_i \boldsymbol{v}_{d,i})\,\mathrm{d}V \tag{2-37}$$

式中：$\boldsymbol{a}$ 为表面矢量；$\boldsymbol{v}$ 为质量平均速度；$\boldsymbol{v}_{d,i}$ 为扩散速度；$S_{\alpha_i}$ 为相的自定义源项。

## 2.2.5　重叠网格技术

由于在仿真研究中涉及潜射航行器在流场内的多自由度运动，所以目前处理运动边界的数值模拟方法主要有三种：首先是基于任意拉格朗日-欧拉(Arbitrary Lagrangian-Eulerian, ALE)算法的贴体网格方法，在这类方法中，计算网格始终贴体且随运动边界的变化而不断更新与调整。由于非结构网格的网格重新生成和自适应变化容易实现，所以这类方法所采用的网格技术主要是非结构网格方法。其次是基于均匀笛卡儿网格的方法，不论运动体外形如何复杂，其计算网格均由均匀笛卡儿网格生成，运动体表面边界上也不会生成相应的贴体网格，因此网格不会随着运动体的变形和运动过程而发生变化。最后是重叠网格方法，又称为嵌套网格技术。在仿真模型建立过程中，其计算网格被分割为多块具有重叠或嵌套部分的子网格，其中贴体网格跟随运动体一起运动。数值仿真计算在各个分块子网格上分别进行，而流场信息的传递在重叠边界上通过插值的方式进行，有利于数值计算。因此重叠网格的网格生成难度大大降低，对于网格生成的质

量要求不高，且对模拟多体耦合运动和大转角运动有着很大优势。

基于前面所述，因此采用了重叠网格技术来模拟水下齐射流动干扰现象，其网格装配主要实现流程为寻点、挖洞和建立插值关系等过程。寻点为寻找物理空间点在网格中的相对位置，通过识别包含该空间点的网格单元，之后确定嵌入关系。挖洞则是将背景网格区域和重叠网格区域进行耦合，在这个过程中，完全取自重叠区域的网格单元被标记为背景区域中的非活动网格单元，并将非活动网格单元从计算域中删除，从而实现挖洞过程。建立插值关系则是在数值计算过程中，重叠网格必须通过插值的方式来实现网格域之间的信息交流，这其中最基本的要求是保证质量、动量和能量的通量的守恒。

## 2.3 实验测试方法

### 2.3.1 实验测试系统

下面自主设计并搭建了艇速(0～2 m/s)、最小发射时序(1 ms)、发射速度(0～40 m/s)以及空气域压力(可实现空气域绝对压力 10～101 kPa、)连续可调的多功能减压三体齐射出水实验测试系统，可实现水下齐射较宽范围空化数(0.2～0.8)研究。该测试系统以减压调节系统、艇速发射系统、时序控制系统、高速摄像采集系统以及防护回收系统为基础，能够在较宽范围内实现水下垂直发射和齐射全过程实验，可用于水下齐射空泡稳定性、空泡溃灭以及运动特性测试等，其中多功能减压三体齐射出水示意图和实验现场如图 2-1 和图 2-2 所示。

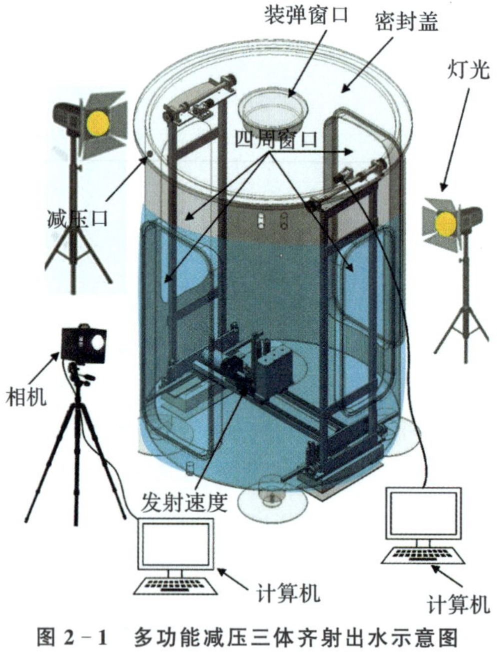


**图 2-1　多功能减压三体齐射出水示意图**

减压调节系统主要由减压水箱和真空泵组成，其中减压系统的主要作用是为了给水下齐射过程高速空化水动力实验研究提供负压环境。整个减压水箱的外径为 2.2 m，高

3 m；整体水深可达 2.8 m，有效水深 2 m；可实现减压至最小绝对压力 10 kPa，完全满足常见的发射速度和发射水深所对应的一般空化数 0.2～0.8；分别由顶部可视窗口、大型圆盘密封盖、圆柱外壳、钢化玻璃窗、底座封头以及四个可调节的支撑底座组成。

**图 2-2　多功能减压三体齐射出水实验现场**

艇速发射系统由控制箱、IP68 防水减速电机、滚动轴承以及移动平台等组成，如图 2-3 所示。通过减速电机控制滚动轴承，带动移动平台在导轨上以一定速度运动。为了进一步减小齐射状态下模型出筒速度误差，防止气路干涉，在发射平台上装有三个独立的高压气室，分别给三个发射筒底部供气，且每个储气瓶最大可实现瞬态 1.5 MPa 供气量，直径为 50 mm 的航行器模型速度可达 40 m/s。

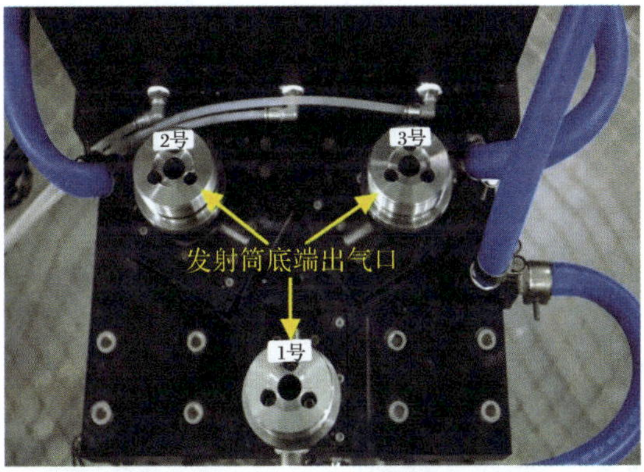


**图 2-3　艇速发射系统部分实物图**

时序控制系统主要用于水下齐射实验的自动控制。当移动发射平台运动至遮挡触发开关时，系统将提前给高速相机触发信号，以保证能够拍摄到整个运动阶段。在短暂延迟后，系统通过控制电磁阀的闭合实现预定时间间隔的连续自动触发，发射完毕后立即自动关闭电机合电磁阀。

高速摄像采集系统由 Phantom 高速摄像机、控制箱以及控制计算机组成，并为其配备了相应的图像数据采集分析软件。本实验中高速摄像机采用的分辨率是 1 152×504，拍摄帧率是 4 000 帧/s。同时,为了获取清晰的照片,光源和照明必不可少。实验中选用 2 盏金贝 EF-220 W BI 高亮摄影灯作为背景光源,其中光照度大于 88 222 lx,以尽可能保证摄像视野清晰明亮,如图 2-4 所示。

图 2-4　发射窗口拍摄实物图

防护回收系统由防护垫、回收网、升降电机、夹具、升降吊车等组成。水箱两侧有两个升降电机,通过皮带轮带动整个发射装置升降至顶端,同时利用排水系统将发射筒内的水排出,从而进行打捞模型并准备下一次实验。

### 2.3.2　实验缩比模型

模型设计过程中,需要明确实验的研究目的和需求,模型的合理设计直接影响了实验数据的可靠性。考虑到模型和发射筒的合理配合,实验采用头部和尾部单独加工的方式,航行器头部、身段和尾端均采用尼龙塑料材质,各段之间进行螺纹连接并采用径向密封的方式,以确保每次实验后模型内部没有渗水现象。航行器与发射筒通过滑动配合,防止发生泄气现象,如图 2-5 所示。筒口的密封在整个水下发射过程中尤为重要,如果筒口密封性不好,将直接影响实验测试结果。通过裁剪合适的锡纸,将筒盖和圆柱形发射筒口螺纹配合将锡纸压实,经过大量实验测试,该方法密封性较好,保证了实验测试结果的准确性,如图 2-6 所示。

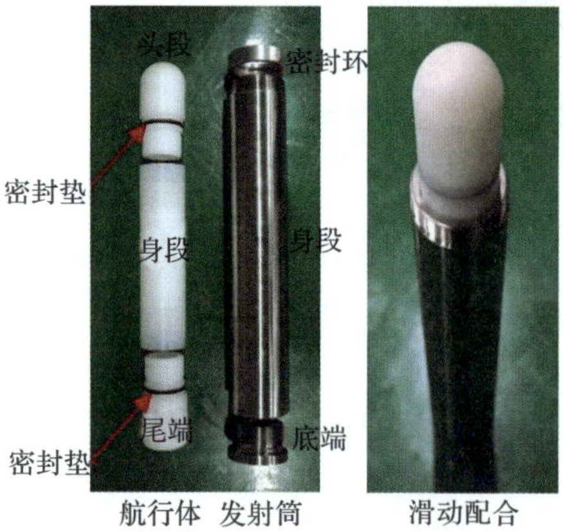


图 2-5　实验模型设计

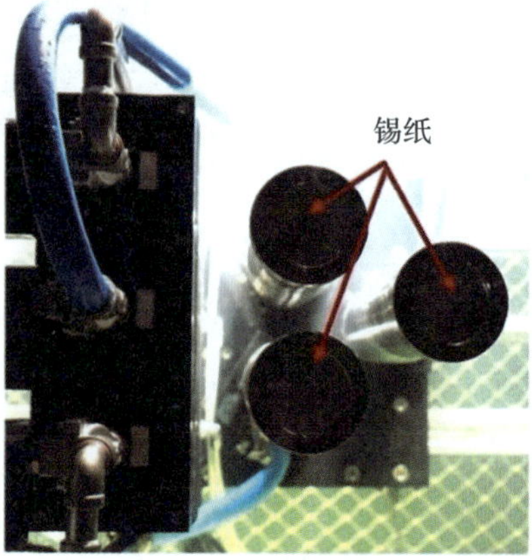


图 2-6　筒口锡纸密封

### 2.3.3　实验流程

减压多体齐射出水空化流动干扰实验时，其主要实验流程如下，如图 2－7 所示：

(1)在开始实验前需全面检查各个系统运行情况是否良好，调节移动发射平台至合适位置，开始往水箱注水至合适位置。

(2)打开顶部可视窗口，开始在顶部进行装弹。在装弹工作中，需要小心将筒口用锡纸进行密封，防止水倒灌进去影响发射实验测试结果。在完成装弹工作后，关闭顶部小窗口，并采用密封垫进行密封，防止减压过程中发生泄气现象。

(3)通过升降和横移电机控制发射平台至水下发射位置。

(4)启动真空泵，对整个装置进行减压，观察负压传感器电子显示器数值。当负压显示器示数达到所需要的压力时，点击“发射按钮”，随即关闭真空泵。

(5)发射完毕后，首先将平台移动至合适位置，通过夹具、回收网等打捞模型，同时打开发射筒底部排水阀，将发射筒内倒灌的水排出筒外，紧接着准备下一次实验。

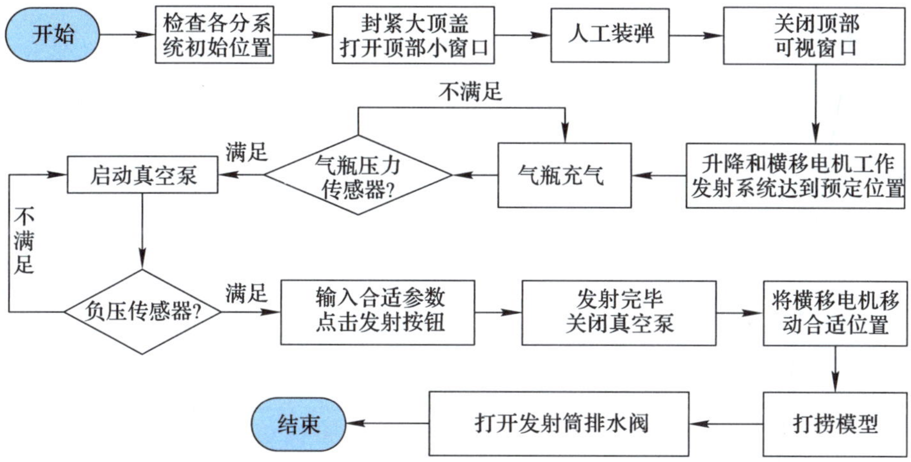


图 2－7　多功能减压多体齐射出水实验流程

## 2.4　数据处理技术

高速摄像机所拍摄到的实验图像数据能够直观定性地反映出水下发射过程中航行器附着空泡的演变过程和运动姿态的变化过程，但是为了定量地表示航行器表面空泡长度的演化以及运动特性，有必要通过数字图像处理方法进行一些后处理。为了准确描述航行器在运动过程中的位置，图 2－8 给出了航行器在水下发射过程中坐标系定义示意图，其中坐标原点位于发射筒筒口中心，$x$ 轴与水平方向重合并指向右侧，$z$ 轴与竖直方向重合并指向上侧，航行器轴线与 $x$ 轴正方向的夹角为航行器运动姿态角。

对实验图像的后处理主要可分为两部分，一部分是对航行器轮廓外形的识别与提取，另一部分是对航行器所处的空间位置和姿态角的计算和捕捉。在图像后处理的过程中这两个部分往往同时进行，其主要处理步骤如下：

(1)根据航行器在整个运动过程中所处于图像中的位置对图像进行区域划分，从而大大减小处理过程中的运算量，同时可以避免其余不必要的背景干扰，提高边缘检测精度和效率。划分的具体原则如下：

$$\left.\begin{aligned} x_{\min}-2D_m \leqslant x_s \leqslant x_{\max}+2D_m \\ y_{\min}-2D_m \leqslant y_s \leqslant y_{\max}+2D_m \end{aligned}\right\} \tag{2-38}$$

式中：$D_m$ 为航行器的直径大小；$x_{\min}$、$x_{\max}$、$y_{\min}$、$y_{\max}$ 分别为水平方向的航行器边缘位置最小值和最大值以及竖直方向的航行器边缘位置最小值和最大值；$x_s$ 为划分图像的宽度；$y_s$ 为划分图像的高度，划分完成后的图像缩小了识别范围，且完整保留了航行器姿态位置信息和空泡形态信息。

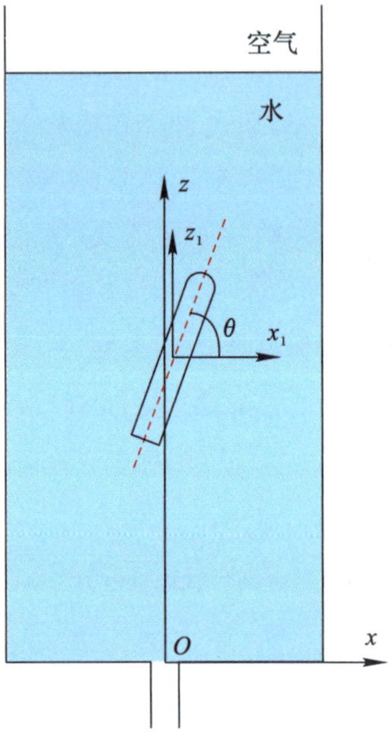


**图 2-8　坐标系示意图**

(2)为了进一步精确捕捉航行器位置，需要对划分完成后的图像进行背景剔除处理，其中具有整数像素坐标的背景图像 $B(x, y)$ 和实验图像 $E(x, y)$ 均有共同的背景，因此可以通过矩阵运算减去实验图像本身的背景得到目标提取图像 $S(x, y)$，从而能够单独保留目标航行器。

(3)将已剔除背景的图像转换为二值图像，通过膨胀腐蚀处理消除微小孔洞和断裂边缘缺陷，利用 medfilt2 中值滤波函数对二值图像进行平滑处理，从而最大程度消除图像的噪声。对处理完成的图像进行边缘检测提取，由于提取完成的边缘层往往含有多层像素点，所以需要进一步使边缘减薄为一层。

(4)利用图像互相关运算，将航行器模板图像与实验图像进行灰度匹配，得到互相关系数矩阵，其中互相关系数矩阵峰值所在位置即为航行器所处位置，此时互相关系数图像中还存在一条类似山岭的峰脊，峰脊所处位置为航行器轴线所在位置，如图 2-9 所示，从而可以得到航行器的姿态角。

(5)由于在水中航行过程中，航行器姿态可能产生大幅度偏转，从而导致互相关运算得不到准确位置，所以需要将模板图像旋转一定预置角度后再与实验图像进行互相关运算，该预置角度由上一时刻下的航行器偏转角度给出，从而得到航行器姿态角随时间的变化数据。由航行器轮廓边缘图像可以得到航行器顶点位置，根据此时航行器的姿态角大小则可以得到航行器的质心位置数据。

(6)为了获得航行器质心在坐标系下的实际位置，在实验图像中，通过对航行器的标定，可测得图像中每个像素点之间的距离与真实距离的比例关系，通过比例关系可以得到质心以及空泡边缘在坐标系下的实际位置。

(7)在实验过程中因为高速摄像机拍摄的实验图像存在有因光线穿过水体和空气间

产生的折射误差，所以需要对提取的边缘散点进行折射校正，校正公式如下：

$$p_{\text{real}}=\frac{d_2}{d_1+d_2}+\frac{d_1}{\sqrt{n^2(d_1+d_2)^2+(n^2-1)p_{\text{measure}}^2}} \tag{2-39}$$

式中：$p_{\text{measure}}$ 是运动体运动深度的测量值；$p_{\text{real}}$ 是运动体运动深度真实值；$d_1$ 是运动体距水箱前壁面的距离；$d_2$ 是镜头距水箱前壁面的距离；$n$ 为折射率，如图 2－10 所示。

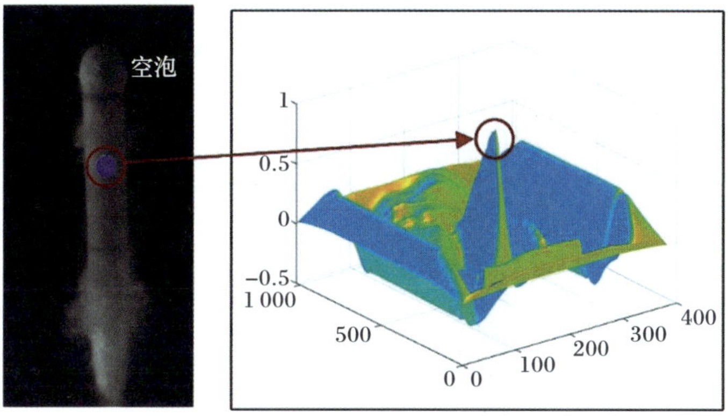


**图 2－9　航行器位置与互相关系数矩阵关系图**

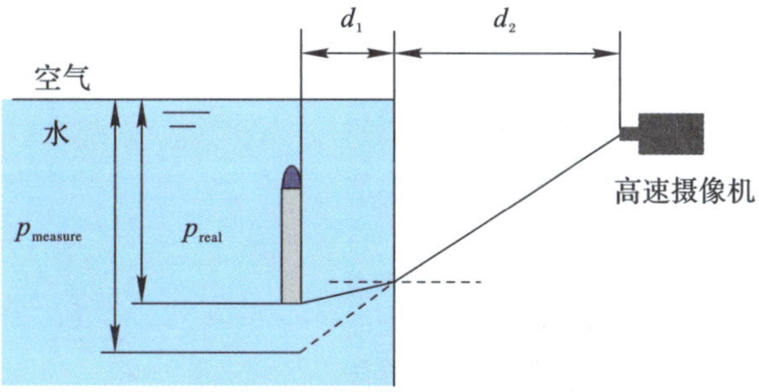


**图 2－10　折射校正图**

## 2.5　数值模拟算法验证

### 2.5.1　计算条件与参数设置

如图 2－11 所示，采用常见的半球头型三维航行器，其中模型直径 $D=50$ mm，长径比 $L/D=6$。航行器的质心距离头部顶点的距离为 $0.5L$，初始发射位置距离水面的深度为 $L$。为了模拟与真实条件下空化数相同，初始发射速度为 5 m/s，调节水面上方的空气域压力 $p_0=4\ 371$ Pa，即空化数为 $\sigma_0=0.331$。计算域的左侧、右侧、前侧、底部和上部均为压力出口边界条件。为了提高计算效率和控制计算量，沿着 $x-z$ 截面取 1/2 的航行器出水流场计算域进行模拟计算，相应地计算域截面位置设置为对称边界。

采用 STAR-CCM 流体计算软件开展网格划分工作。图 2－12 为网格划分细节，其中背景域和重叠域均采用切割体网格，边界层采用拉伸的棱柱层网格。根据改进的分离涡湍流模型的需求，取 $y^+$ 为 5，边界层增长率为 1.2，层数总数为 15 层；背景加密区域和重叠域中基本网格单元大小为 2.5% 倍航行器直径，对背景域中航行器运动区域和水面附近进行网格加密。在此基础上，对航行器肩部空化区域进行网格二次加密，来捕捉非定常空泡发展、断裂以及溃灭等形态演化细节。

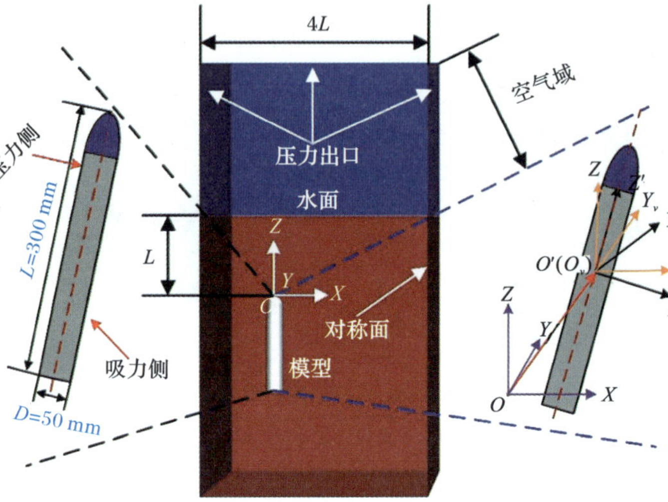


图 2-11 几何模型和边界条件

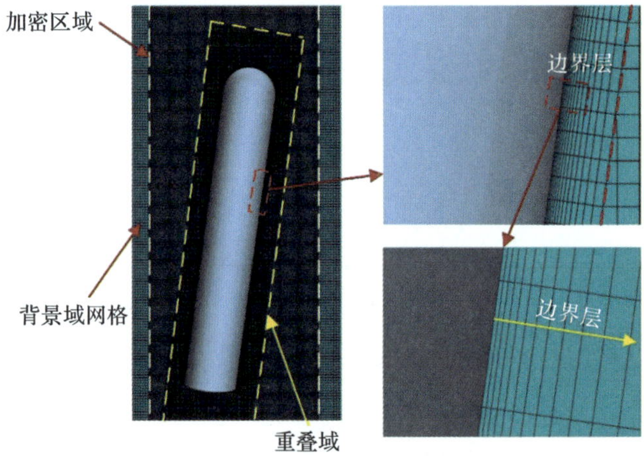


图 2-12 网格划分细节

### 2.5.2 RANS 和 IDDES 模拟结果对比

虽然传统 RANS 双方程模型具有良好的经济性和鲁棒性，但必须说明的是，这些模型都是建立在完全不可压的单相流基础之上的，因此在涉及可压缩的多相流计算时，这种通过时间平均滤除湍流脉动的方法缺陷就会暴露出来，无法准确获得云状空泡内部的回射流运动规律。图 2-13 和图 2-14 分别为 RANS 和 IDDES 模拟初始空化数 $\sigma_0=0.230$ 下水下垂直发射空化流动数值模拟结果，其中 RANS 方法网格总数为 $5.15\times10^6$，IDDES 方法网格总数为 $3.08\times10^7$。

由图 2-13 可知，在未受到流动干扰下，且整个水下发射阶段航行器采用单自由度运动，RANS 模拟下空化流场演变具有一些缺陷，如回射流运动不对称、尾空泡演变不对称以及航行器出水阶段中空泡溃灭未发生明显的喷溅现象。这些现象不仅影响水下航行阶段空化流场的演变，出水空泡溃灭及载荷特性规律也将产生误差。对比之下，基于 IDDES 模型的数值模拟方法，回射流运动、尾空泡演变以及空泡溃灭飞溅现象结果较为理想，如图 2-14 所示，接下来将开展 IDDES 下数值模拟方法验证工作。

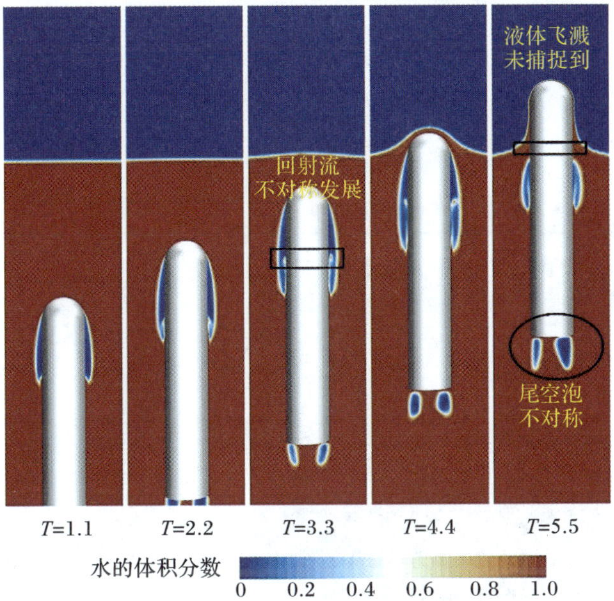


**图 2-13　RANS 模拟下水下发射空化流场演变**

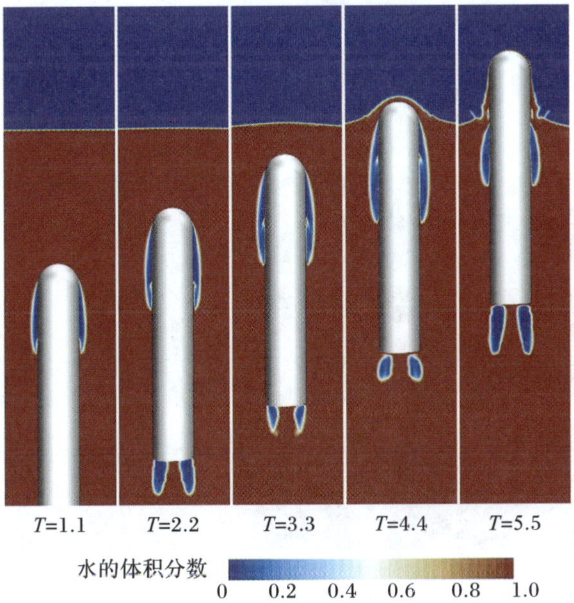


**图 2-14　IDDES 模拟下水下发射空化流场演变**

### 2.5.3 数值模拟方法的验证

下面基于上述多功能减压三体水下齐射实验测试系统、数值模拟计算条件以及参数设置等细节信息，开展了直径 50 mm、长度 300 mm 的半球头型的航行器水下发射空化特性实验以及数值仿真计算，其中初始空化数均保持在 $\sigma_0=0.33$ 左右。对比图 2-15 和图 2-16 可知，实验结果与仿真结果在水下运动轨迹、回射流运动以及空泡发展等过程吻合较好，但在尾空泡演变方面存在一定差异，这主要是因为实验中航行器模型采用高压气体加速推动，所以实验中尾空泡内包含一定的高压气体。通过对高速摄像机拍摄的图像进行数字图像和运动姿态处理，提取航行器的竖直方向运动轨迹以及空泡长度演变。在此基础上，定义空泡长度为 $l$。

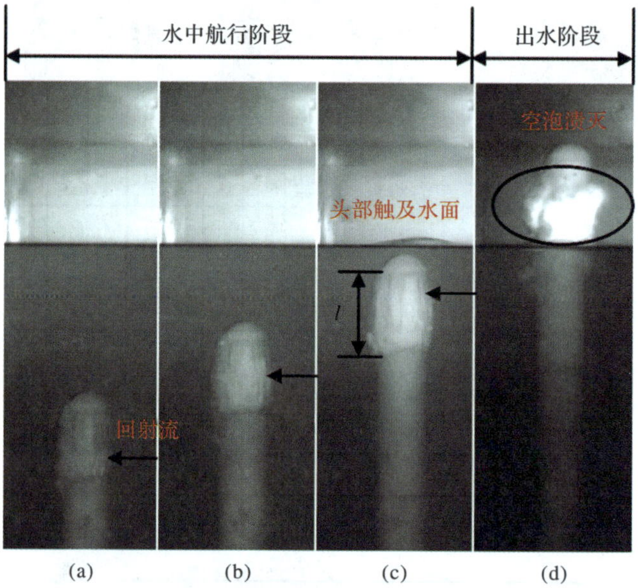


**图 2-15　水下垂直发射空泡形态与运动过程实验测试**

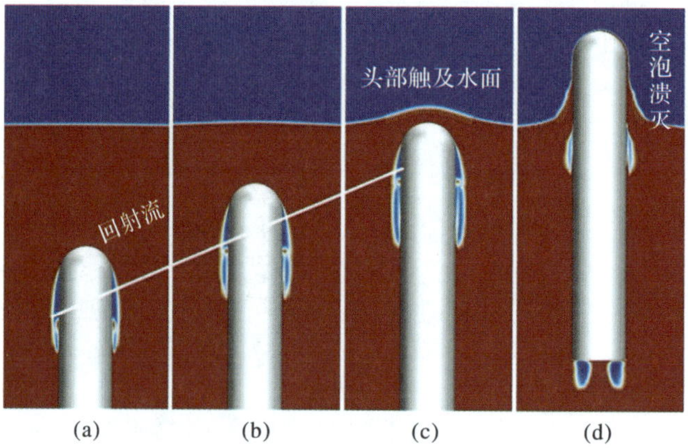


**图 2-16　水下垂直发射空泡形态与运动过程数值模拟**

如图 2-17 和图 2-18 所示，对航行器肩部空泡形态和竖直方向的位移进行对比发现，仿真结果与实验结果的竖直位移曲线吻合良好，其中出水过程运动轨迹最大误差为 7.29%，空泡长度最大误差为 9.52%，误差均在可接受范围内，可以验证所采用的数值算法在航行器运动轨迹以及空泡形态预测方面的准确性。

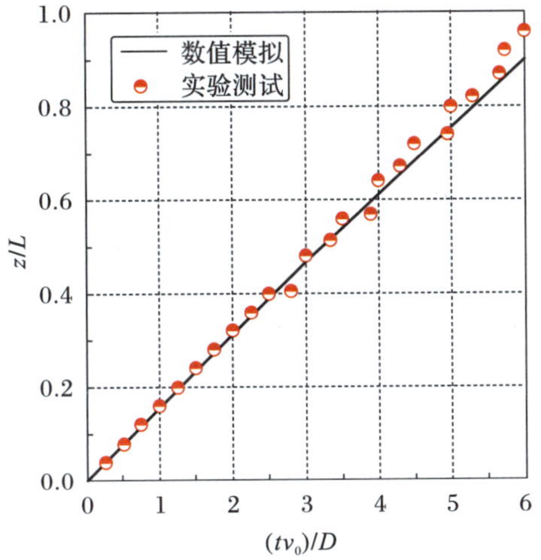


**图 2-17　无量纲竖直方向位移对比**

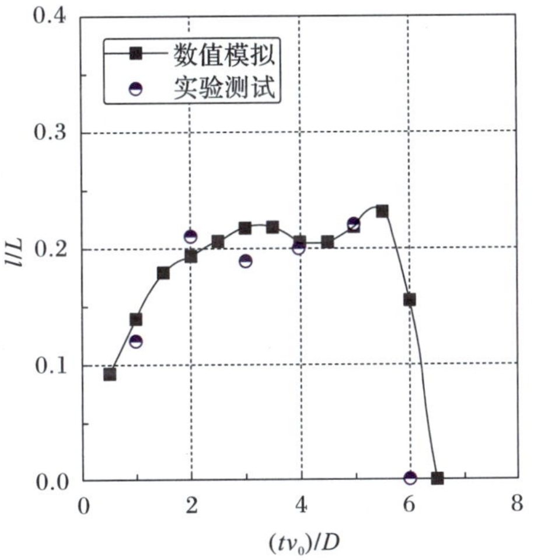


**图 2-18　无量纲空泡长度对比**

第3章

# 水下齐射相似理论及控制参数研究

## 3.1 引　言

科学试验是发展理论的依据优势检验理论的准绳，解决科学和工程技术问题往往离不开试验手段的配合。流体力学中还有许多实际问题，目前尚不能通过解析的方法来解决：一些情况是流动现象的全部机理还不很清楚，难以建立起相应的物理数学模型；另一种情况是虽然已建立了描述流动规律的数学物理方程，但求解偏微分方程组十分困难。因此，只能依靠试验方法去寻求流动过程的规律性。另外，一些新发展的理论和数值计算结果也要有一定的试验数据作为检验。试验总是在某种条件下的流动过程中进行的，如何把特定条件下的试验结果推广到其他类似的流动现象中，从而通过一定量的试验掌握所有相类似流动现象的规律，解决这些问题的理论基础之一就是相似原理和量纲分析。

## 3.2 相似理论

由于在水下发射试验中常常采用的是小尺度缩比模型，为了得到对实际工程有着指导意义的试验数据和基本结论，需要使得模型流动表现出原型流动的现象和性能，所以试验中的缩比模型流动和原型流动之间须保持力学相似关系。其中力学相似包括几何相似、运动相似以及动力相似，当满足了这三种相似关系时，则可以说两个流场力学相似。

### 1. 几何相似

几何相似即缩比模型与实际模型有相似的边界形状。线性尺寸包括物体的长度 $L$、

直径 $D$ 以及空间任意对应点间的线段。因此，有

$$\frac{L_m}{L_p}=\frac{D_m}{D_p}=\cdots=C_L \tag{3-1}$$

式中：下标 p 表示实物，m 表示模型；$C_L$ 称为线性比例系数。因此，对于面积 $A$ 和体积 $V$，有如下关系：

$$\frac{A_m}{A_p}=\left(\frac{L_m}{L_p}\right)^2=C_L^2 \tag{3-2}$$

$$\frac{V_m}{V_p}=\left(\frac{L_m}{L_p}\right)^3=C_L^3 \tag{3-3}$$

### 2. 运动相似

运动相似即模型流动与实物流动的速度场相似。满足几何相似的两个流动中，流动中对应瞬时和对应空间点处流体质点的速度方向相同而大小成同一比例。对应点的速度分别为 $V_p$ 和 $V_m$，则有

$$\frac{V_m}{V_p}=\cdots=C_v \tag{3-4}$$

式中：$C_v$ 称为速度比例系数。其他的运动学比例系数可以由物理量的定义或量纲由 $C_L$ 和 $C_v$ 确定出来，如：

$$C_t=\frac{t_m}{t_p}=\frac{L_m/V_m}{L_p/V_p}=\frac{C_L}{C_v} \tag{3-5}$$

式中：$C_t$ 称为时间比例系数。由此可知，运动相似意味着对应流体质点通过对应空间距离的时间间隔相似。类似地可得

$$C_a=\frac{a_m}{a_p}=\frac{V_m/t_m}{V_p/t_p}=\frac{C_v^2}{C_L} \tag{3-6}$$

式中：$C_a$ 称为加速度比例系数。运动相似，则模型流动与实物流动的流线几何相似。

### 3. 动力相似

动力相似即模型流动与实物流动应受同种外力作用，而且在对应瞬时对应空间点上的同名力方向相同大小成同一比例。

惯性力/重力：

$$\left(\frac{V^2}{Lg}\right)_m=\left(\frac{V^2}{Lg}\right)_p \tag{3-7}$$

惯性力/压力：

$$\left(\frac{\rho V^2}{p}\right)_m=\left(\frac{\rho V^2}{p}\right)_p \tag{3-8}$$

惯性力/摩擦力：

$$\left(\frac{\rho LV}{\mu}\right)_m=\left(\frac{\rho LV}{\mu}\right)_p \tag{3-9}$$

惯性力/表面压力：

$$\left(\frac{\rho L V^2}{\sigma}\right)_{\mathrm{m}}=\left(\frac{\rho L V^2}{\sigma}\right)_{\mathrm{p}} \tag{3-10}$$

显而易见，以上方程式两边均为无量纲量，相似原理中这些无量纲量称为相似准则或相似则数。其中：$Fr=\frac{V^2}{Lg}$，简称弗劳德准则或弗劳德数($Fr$)，它表示惯性力与重力之比；$Re=\frac{\rho VL}{\mu}$，简称雷诺准则或雷诺数($Re$)，它表示惯性力与黏性力之比；$Ma=\frac{V}{a}$，简称马赫准则或马赫数($Ma$)，它表示惯性力与弹性力之比；$Eu=\frac{p}{\rho V^2}$，简称欧拉准则或欧拉数($Eu$)，它表示压力与惯性力之比；$We=\frac{\rho L V^2}{\sigma}$，简称韦伯准则或韦伯数($We$)，它表示惯性力与表面张力之比。因此，如果同时有重力、压力、摩擦力、表面张力、惯性力作用在流体质点上，要使两个流动动力相似，则应保证在对应点上 $Fr$、$Re$、$Ma$、$Eu$、$We$ 分别相等。

以上三种相似条件是有联系的，几何相似是运动相似和动力相似的前提和依据，动力相似是决定两种流动运动相似的主导因素，运动相似则是几何相似和动力相似的表象。三种相似是密切相关的一个整体，如果满足几何相似、运动相似和动力相似，则说两个流场力学相似。

## 3.3 齐射出水总体参数归纳与量纲分析

研究表明，大涡模拟(LES)为了至少能够分辨 80％的湍流能量，所需要的网格量与雷诺数的关系为 $N_{xyz}\sim Re^{1.76}\ln Re$。采用的分离涡模型只是在边界层处网格的需求略小于 LES 模型，但所需要网格数量的量级与 LES 基本相同。实际发射中，如果原尺度模型直径为 2 m，速度为 30～45 m/s 的比例($Re\approx 6\times 10^7\sim 8\times 10^7$)，那么模拟实际发射出水空化效应时，出水时刻空化数范围是 $\sigma=0.213\sim 0.479$，改进的分离涡模型所需要的网格量为 $N_{xyz}>10^{13}$。利用目前计算机的可用资源是难以实现的。然而，通过缩比准则，采用一个几何相似的模型，同时保证关键的相似参数，从而推至原模型，是解决当前存在问题的关键。

航行器水下齐射过程中，一般按照等温条件考虑，不考虑能量和温度的影响。以空泡长度作为因变量，可以有如下表达式：

$$L=f(t,\Delta t,\rho_w,\rho_v,\rho_a,v,\mu,H,p_\infty,p_v,g,D_0,\Delta D,T_s,N) \tag{3-11}$$

式中：$N$ 为气核的体积密度数，单位是 $1/\mathrm{m}^3$。

由于水蒸气和空气的密度相对液态水小 3 个量级甚至更多，同时压力的作用主要体现在压力差 $p_\infty-p_0$ 方面，所以忽略上述 3 个密度、压力项。在基本物理参数航行器直径 $D$、液态水密度 $\rho_w$ 和航行器初始发射速度 $v_0$ 下，式(3-11)可化成无量纲形式，可以得到

$$\frac{L}{D}=f\left(\frac{tv_0}{D},\frac{\Delta t v_0}{D},\frac{\rho_w v_0 D}{\mu},\frac{H}{D},\frac{p_\infty-p_v}{\frac{1}{2}\rho_w {v_0}^2},\frac{gH}{{v_0}^2},\frac{\Delta D}{D},\frac{\rho_w {v_0}^2 D}{T_s},N^{1/3}D\right) \tag{3-12}$$

式(3-12)中除了无量纲时间间隔$(\Delta t v_0)/D$、无量纲深度$H/D$、无量纲横向间距$\Delta D/D$，还有6个无量纲参数，分别如下：

(1) 斯特罗哈数$St=\dfrac{tv_0}{D}$，描述出水流动的非定常特性。

(2) 空化数$\sigma=\dfrac{p_\infty-p_v}{0.5\rho_w v^2}$，描述背景压力与饱和蒸气压之差与来流动压的关系，表征流场中发生空化现象的难易程度。

(3) 弗劳德数$Fr=\dfrac{gH}{{v_0}^2}$，描述重力的作用，包括水深对压力的影响。

(4) 韦伯数$We=\dfrac{\rho_w v^2 D}{T_s}$，描述表面张力的作用。

(5)气核数$\overline{n}=N^{1/3}D$，描述流场中气核的数量，与水质等因素相关。当气核数较大时，流场中易于发生空化。

(6) 雷诺数$Re=\dfrac{\rho_w vD}{\mu}$，描述惯性力与黏性力之比。

一般情况下，保持上述6个无量纲参数(斯特罗哈数$St$、空化数$\sigma$、弗劳德数$Fr$、韦伯数$We$、气核数$\overline{n}$以及雷诺数$Re$)一致，就可以保证空化流场的相似性。但是在航行器水下发射实际工程研究中，由于不同缩比实验均采用水作为流场介质，所以温度、密度以及含盐量等介质的物性参数均难以调节，在尺度和速度等参数进行缩比调整后，并不能满足所有相似准则数的完全相等。为此，在实际的模型设计和工程实验中，一般保证弗劳德数和空化数相似。我们假设缩比尺比为$\lambda$，则几何缩比关系为$\dfrac{D_{\mathrm{p}}}{D_{\mathrm{m}}}=\lambda$，进一步地，$\dfrac{v_{\mathrm{p}}}{v_{\mathrm{m}}}=\sqrt{\lambda}$，$\dfrac{t_{\mathrm{p}}}{t_{\mathrm{m}}}=\sqrt{\lambda}$，$\dfrac{p_{\mathrm{p},\infty}-p_{\mathrm{p},v}}{p_{\mathrm{m},\infty}-p_{\mathrm{m},v}}=\dfrac{\lambda(p_{\mathrm{p},\infty}-p_{\mathrm{p},v})}{p_{\mathrm{m},\infty}-p_{\mathrm{m},v}}=\lambda$，其中，下标p表示原型尺度，m表示缩比模型尺度。因此，为了保证模型实验获取相同规律的真实有效性，在水下垂直发射或齐射工程领域的高速空化水动力学相关问题中改变大气压力是必要的。

当液态水的物理性质相同时，雷诺数和弗劳德数不能同时满足相同。由于水下垂直发射过程中重力效应不可忽略，所以相比之下优先保证了弗劳德数相同；气核数由于气核含量的不可控也导致难以相似；同时由于水的表面张力系数相对较小，常温下为$10^{-2}$量级，对流效应远远大于表面张力效应，所以韦伯数的影响也可不考虑。综上所述可知，水下齐射工程需要重点关注的参量包括空化数$\sigma$、弗劳德数$Fr$、无量纲深度$H/D$、无量纲时间间隔$(\Delta t v_0)/D$、无量纲横向间距$\Delta D/D$。

## 3.4　关键控制参数影响规律分析

### 3.4.1　空化可压缩性的影响

为了进一步定量评估空化可压缩性对水下发射中流场演变规律的影响，本节主要开展空化可压缩性对比工作，其中初始发射速度 $v_0=6$ m/s，调节水面上方的空气域压力 $p_0=4\ 371$ Pa，即空化数 $\sigma_0=0.230$。值得注意的是，为了方便分析，对发射时间进行无量纲化，即 $T=(tv)/D$。图 3-1 给出了空化不可压缩和可压缩下出水过程空泡形态对比图。总体来看，考虑空化可压缩和不可压缩下航行器肩部空腔结构的发展大致相同。比较 A 区域和 B 区域空泡形态演化过程可以发现，空泡均自上而下发生了溃灭现象，溃灭形态也近似相同。

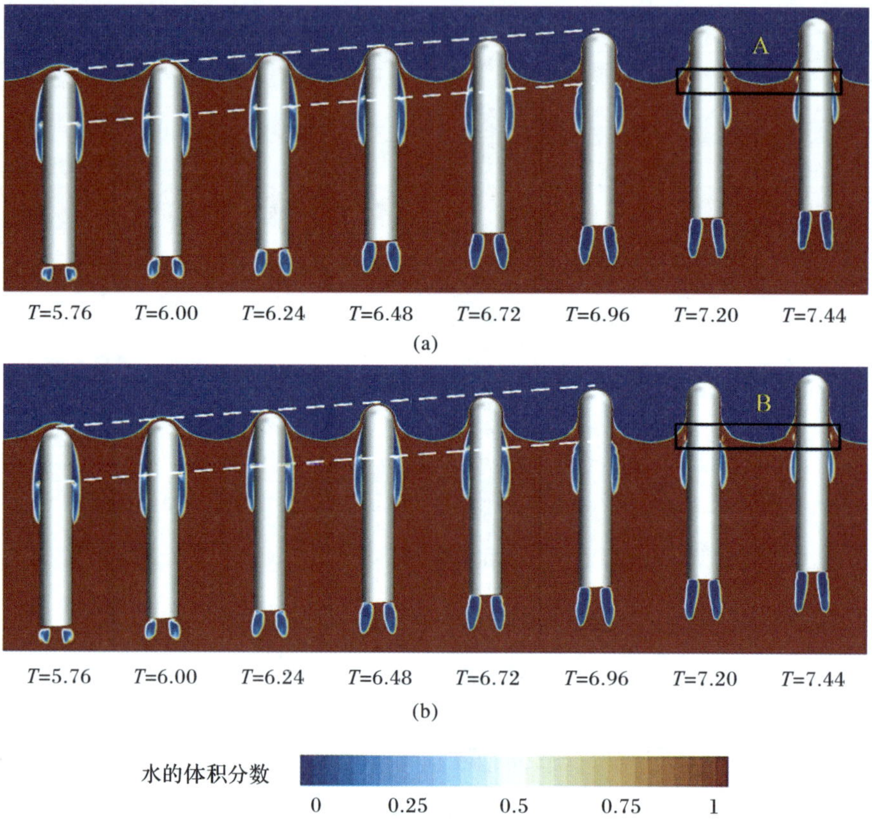


**图 3-1 出水过程空泡形态对比**

(a)不可压缩；(b)可压缩

在水下发射过程中，航行器表面的空化水动力演变规律对水下发射空化效应的研究是极其重要的，特别是在出水阶段由空泡结构形态所主导的脉动压力特性。在非定常空化实验中，因为实际条件限制难以在航行器表面布置多个压力传感器，所以导致脉动压力测量非常困难。然而在数值模拟中，可以在模型表面布置大量的监测点，记录每个时间步长不同监测点的压力演变曲线。结合上述分析可知，是否考虑空化区域的可压缩性对空泡结构形态演变影响较小。为了进一步分析空化可压缩性对空泡溃灭载荷的影响规律，在航行器表面布置多个监测点来监测表面压力演变规律。图 3-2(a)(b)分别是无攻角状态下和攻角状态下监测点分布图。在航行器表面两侧分别等间距布置了 32 个探针，共计 64 个监测点，并按照顺序进行了编号，相邻监测点之间的轴向间距约为 0.029 6 倍航行器长度(如监测点 1 和监测点 2)。

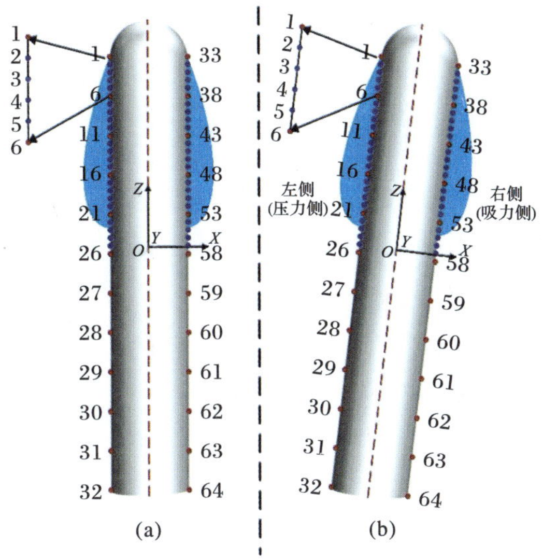


**图 3-2　航行器表面监测点分布**

(a)无攻角状态;(b)攻角状态

图 3-3(a)(b)分别为可压缩和不可压缩下空化区域开始生成及发展阶段脉动压力演变曲线。初始阶段由于航行器肩部空泡产生,所以其附近脉动压力均从上至下依次迅速降至饱和蒸气压水平,如 A 区域和 B 区域。值得注意的是,在出水阶段由于空泡发生了快速溃灭现象,导致脉动压力发生了剧烈变化。为了进一步分析空泡溃灭阶段的压力演变,图 3-3(c)(d)分别为不可压缩和可压缩下溃灭压力局部放大曲线。在 $6.5<T<7.0$ 极短的时间间隔内出现了多次压力峰值。值得注意的是,其中一个峰值远远大于其他峰值。当考虑空化可压缩性时,我们可以发现最大溃灭压力系数峰值约为 50;当不考虑空化可压缩性时,最大溃灭压力系数峰值在 15 附近。因此,考虑可压缩性下空泡溃灭最大载荷峰值约是不考虑可压缩性下的 3.3 倍。由此可知,空化可压缩性对溃灭载荷的压力峰值的影响规律具有较大的影响,因此后续研究中均考虑了空化可压缩性。

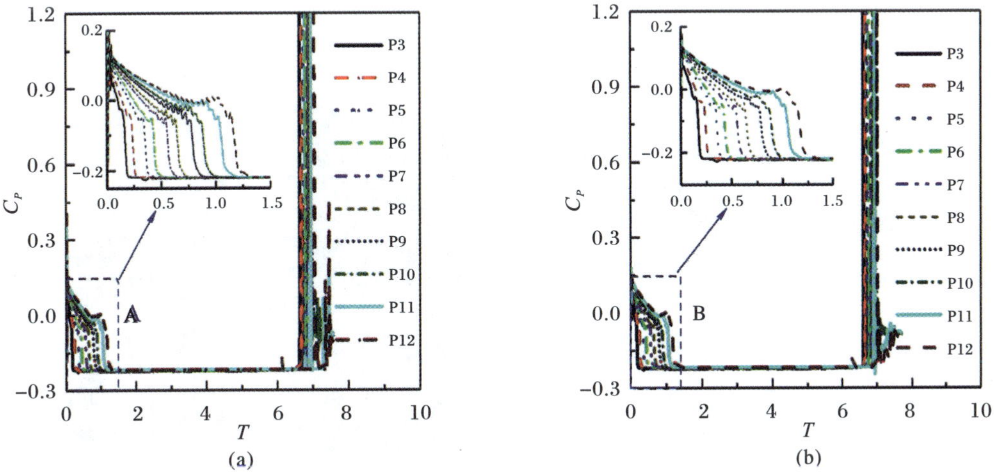


**图 3-3　空化可压缩和不可压缩下压力演变曲线**

(a)空化可压缩下压力演变;(b)空化不可压缩下压力演变

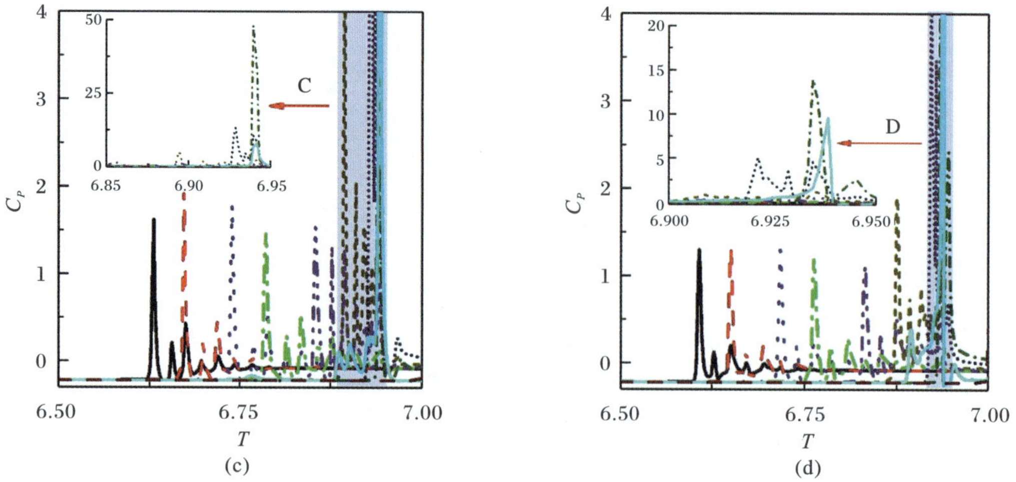


**续图 3-3 空化可压缩和不可压缩下压力演变曲线**

(c)空化可压缩下局部压力演变;(d)空化不可压缩下局部压力演变

### 3.4.2 空化效应的影响

图 3-4 和图 3-5 分别为双发航行器齐射出水物理模型参数和网格划分细节,其中航行器中轴线之间的横向间距 $\Delta D=2D$,初始攻角 $AOA_0=0$ 以及空化数 $\sigma_0=0.230$,其余几何参数和网格参数均与 2.5.1 节中物理模型和网格划分细节相同。

图 3-6 为是否考虑空化效应下水下齐射过程相流场结构演变过程对比。当不考虑空化效应,水下航行阶段航行器头部还未接触水面时,流动干扰对航行器运动姿态影响较小;在出水阶段,双体逐渐向内侧偏转。当考虑空化效应时,由于航行器内侧产生了流动干扰,所以导致内侧空泡在轴向方向快速生长,随后发生快速断裂以及脱落现象。当航行器头部触及自由液面时,其内侧空泡已经基本脱落,航行器的运动姿态向外侧偏转了较大的幅度,如图 3-6(b)所示。因此,是否考虑空化效应对航行器水下齐射空化流场结构和运动稳定性有重要的影响。

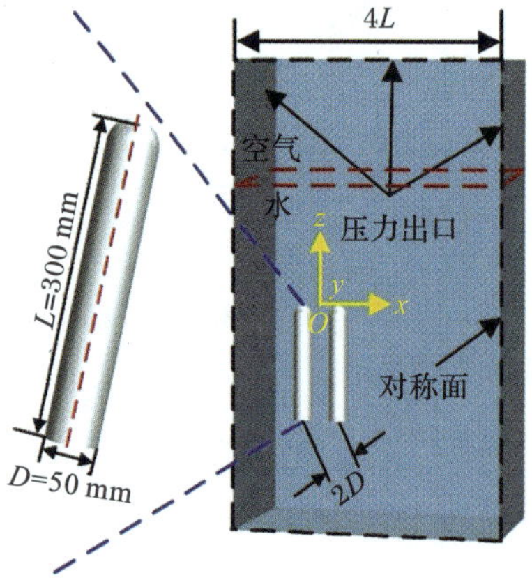


**图 3-4 物理模型参数和边界条件**

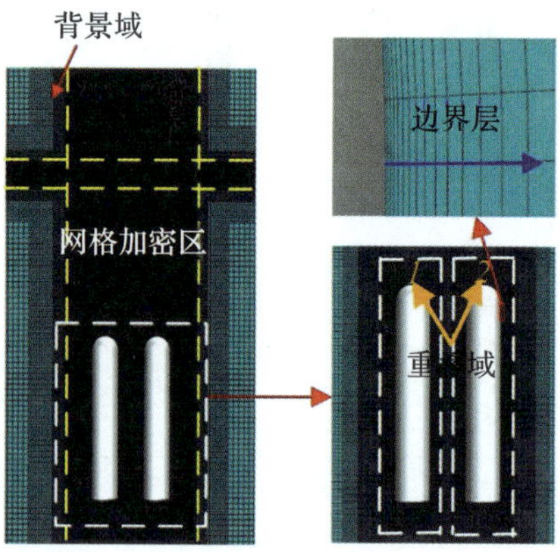


**图 3-5 网格细节划分**

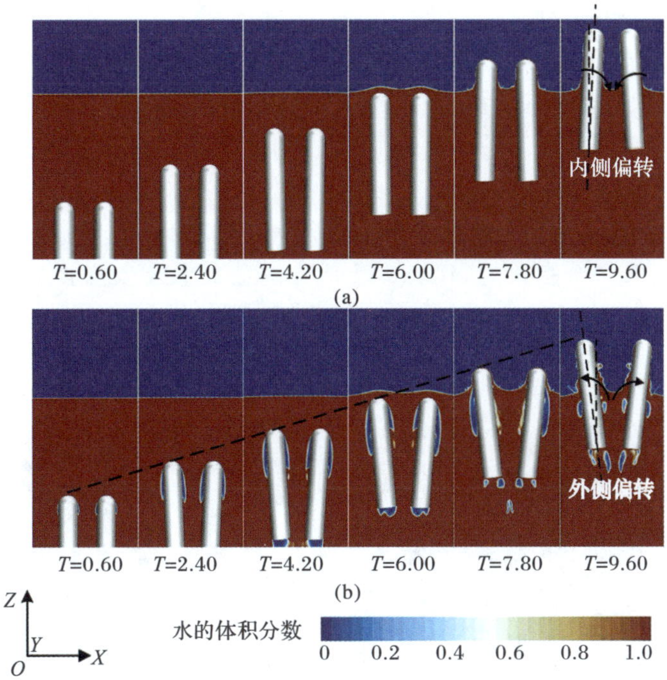


**图 3-6　是否考虑空化效应下水下齐射过程相流场结构演变过程对比**

(a)不考虑空化效应;(b)考虑空化效应

为进一步分析是否考虑空化效应对水下齐射空化流场结构演变的影响,图 3-7 给出了水下齐射过程等值面与涡量流场演变。由图 3-7(a)可知,在不考虑空化效应的情况下,自由尾流中涡量变化较为剧烈,同时尾流涡量相互掺混融合,导致航行器在接触自由液面时有逐渐向内侧发生偏移的趋势。如图 3-7(b)所示,当考虑空化效应时,航行器初始阶段就已经向外侧发生了偏转。随着航行器不断向自由液面运动,沿着空泡末端的回射流也在不断向上运动,此时回射流运动区域的空泡波动界面与附近液体水发生了强烈的作用,导致其波动界面出现了较大的涡量强度。另外,航行器尾部液出现了较大的涡量,但与图 3-7(a)完全不同,主要是航行器的运动姿态和空化效应共同作用的结果。

下面进一步分析空化流场涡结构演变来说明是否考虑空化效应演化规律差异。近些年,关于涡识别方法出现了许多,但在流体机械领域中广泛应用的主要包含三种,即 $Q$ 准则[177]、$\lambda_{ci}$ 准则[178]以及 $\Omega$ 准则,其中 $Q$ 的表达式为

$$Q=\frac{1}{2}(\|\boldsymbol{B}\|_F^2-\|\boldsymbol{A}\|_F^2) \tag{3-13}$$

式中:$\|\cdot\|_F^2$ 表示矩阵的二范数,对称张量 $\boldsymbol{A}$ 有抵消对称张量 $\boldsymbol{B}$ 旋转的效果。因此 $Q$ 的物理意义在于涡结构中不仅要求存在涡量(反对称张量 $\boldsymbol{B}$),还进一步要求反对称张量 $\boldsymbol{B}$ 要能克服对称张量 $\boldsymbol{A}$ 所代表的变形效果。

$\lambda_{ci}$ 方法是对 $\Delta$ 方法的进一步发展,其中:

$$\left.\begin{aligned}&\Delta=\left(\frac{\tilde{Q}}{3}\right)^2+\left(\frac{\tilde{R}}{2}\right)^2\\&\tilde{Q}=Q-\frac{P^2}{3},\quad \tilde{R}=R+\frac{2P^3}{27}-\frac{PQ}{3}\end{aligned}\right\} \tag{3-14}$$

当$\nabla v$有一对共轭实特征值(即$\Delta>0$)时,设其特征值为$\lambda_1=\lambda_r$,$\lambda_{2,3}=\lambda_{cr}\pm i\lambda_{ci}$,对应的特征向量分别为$v_1=v_r$,$v_{2,3}=v_{cr}\pm iv_{ci}$,$\lambda_{ci}$判据把涡的强度用$\lambda_{ci}$表示。

在此基础上,Liu 等人[179]提出了$\Omega$涡识别方法,将涡量$\boldsymbol{\omega}$进一步分解为旋转部分和非旋转部分,即

$$\boldsymbol{\omega}=\boldsymbol{R}+\boldsymbol{S} \tag{3-15}$$

式中:$\boldsymbol{R}$代表旋转部分涡量;$\boldsymbol{S}$代表非旋转部分涡量,即纯剪切。通常而言,$\boldsymbol{R}$和$\boldsymbol{\omega}$的方向不同。这里引入一个参数$\Omega$,代表旋转部分涡量大小占总涡量大小的比例,计算公式为

$$\Omega=\frac{\|\boldsymbol{B}\|_F^2}{\|\boldsymbol{A}\|_F^2+\|\boldsymbol{B}\|_F^2} \tag{3-16}$$

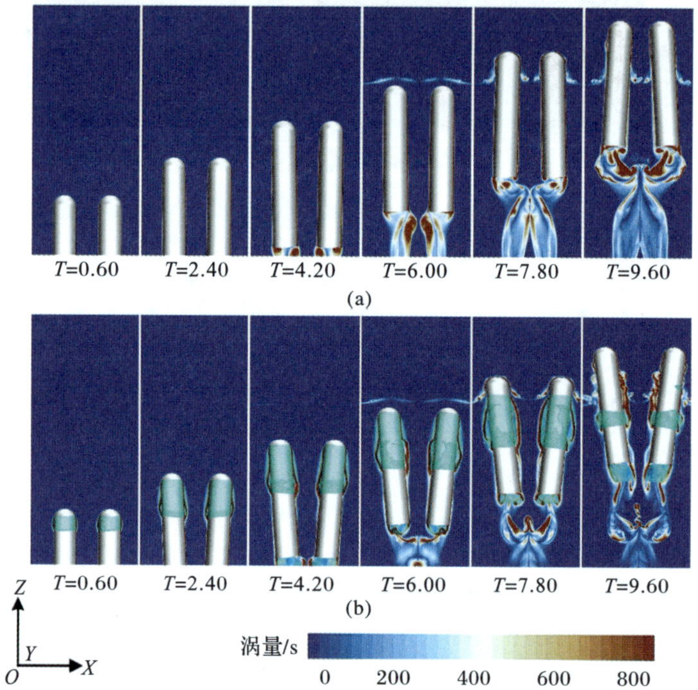


**图 3-7 是否考虑空化效应下水下齐射过程等值面与涡量流场演变**

(a)不考虑空化效应;(b)考虑空化效应

在实际使用中,为了防止当分母为极小数时误差极大问题,在式(3-16)的分母项加上一个小的正数$\varepsilon$,这样$\Omega$的表达式变为

$$\Omega=\frac{\|\boldsymbol{B}\|_F^2}{\|\boldsymbol{A}\|_F^2+\|\boldsymbol{B}\|_F^2+\varepsilon} \tag{3-17}$$

下面主要以水下发射过程自由尾流涡结构为研究对象,分析上述 3 种不同涡识别准则的差异。从图 3-8(a)来看,主涡结构(绿色)大致相同,尤其是尾流中的双螺旋涡流环结构。然而,相比$\lambda_{ci}$准则和$\Omega$准则,$Q$准则在识别二次涡结构(白色)的过程中表现得较差,基本都是破碎结构。在二次涡结构识别过程中,$\lambda_{ci}$准则和$\Omega$准则在 U 形涡连接处有一些差别,$\lambda_{ci}$准则下涡结构连接处出现断裂现象,而$\Omega$准则识别结果表现较好,如图 3-8(b)所示。但是,相比之下,$\lambda_{ci}$准则的计算效率远远高于$\Omega$准则,且$\lambda_{ci}$准则识别的

结果误差在可接受的范围内。因此，考虑到计算效率和结果可靠性，后续统一采用 $\lambda_{ci}$ 准则开展涡结构识别。

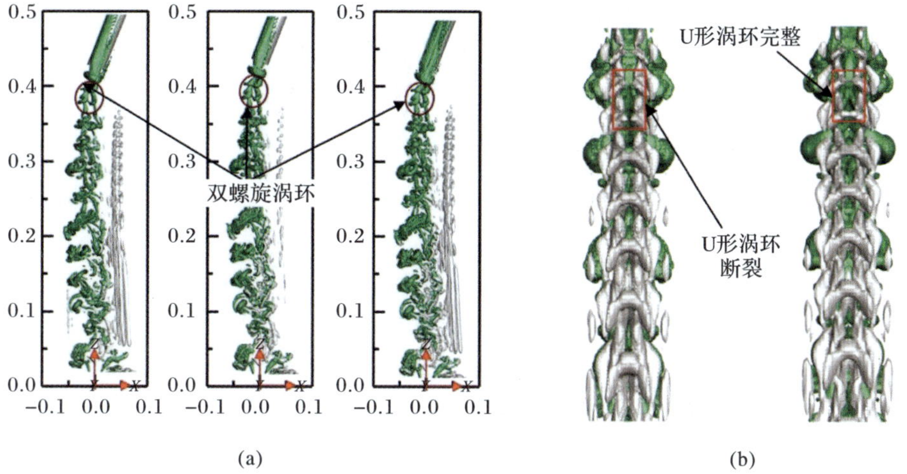


**图 3-8 不同涡识别准则下的涡结构对比**

(a)整体结构对比；(b)局部放大

水下发射过程常常伴随着空泡脱落和溃灭现象，对空化流场中湍流相干结构的发展具有重要的影响。航行器壁面附近和自由尾流均会产生丰富的涡包结构。研究结果表明，航行器尾部脱落的涡环与涡腿形成类似发卡涡结构（后面统一称尾流发卡涡），而多个发卡涡沿轴向间隔排列组成发卡涡包存在于尾流中。同样地，壁面涡结构也是主要以发卡涡包（后面统一称壁面发卡涡）存在于湍流流场中。

如图 3-9(a)(b)所示，基于上述涡结构识别准则对比结果，采用 $\lambda_{ci}$ 准则对是否考虑空化效应下水下齐射过程涡结构进行了识别。当不考虑空化效应时，航行器表面附近并未产生明显的涡结构，如图 3-9(a)所示。值得注意的是，航行器的自由尾流中产生了较为丰富的涡结构。随着航行器不断向自由液面运动，尾流中涡结构相互吸引，发生了涡结构掺混融合现象并进一步发展，对航行器的运动姿态产生了扰动。在出水阶段，自由液面附近出现了大量的小尺度涡环，此时航行器向内侧偏转幅度进一步加剧。如图 3-9(b)所示，航行器内侧区域产生的流动干扰区域也并未产生明显的涡结构。然而，在航行器肩部出水后，自由液面附近产生的小尺度涡环的数量远远大于不考虑空化效应，空泡在自由液面附近与这些小尺度涡环相互作用，并发生了快速溃灭现象。

从上述空化流场结构可知，空化流场演变对运动姿态具有重要的影响。为了进一步分析齐射出水过程中受力特性以及运动特性，对所涉及的物理量进行无量纲化。采用基本物理量航行器直径 $D$、初始发射速度 $v_0$ 以及液态水的密度 $\rho_w$ 对物理量横向位移 $x$、轴向位移 $z$、横向力 $f_x$、横向力 $f_z$、绕 $y$ 轴的力矩 $M_y$ 进行无量纲化，即无量纲横向位移 $X=\dfrac{x}{D}$、无量纲轴向位移 $Z=\dfrac{z}{L}$、横向力系数 $C_x=\dfrac{f_x}{0.5\rho_w {v_0}^2 S}$、力矩系数 $C_m=\dfrac{M_y}{0.5\rho_w {v_0}^2 SD}$。

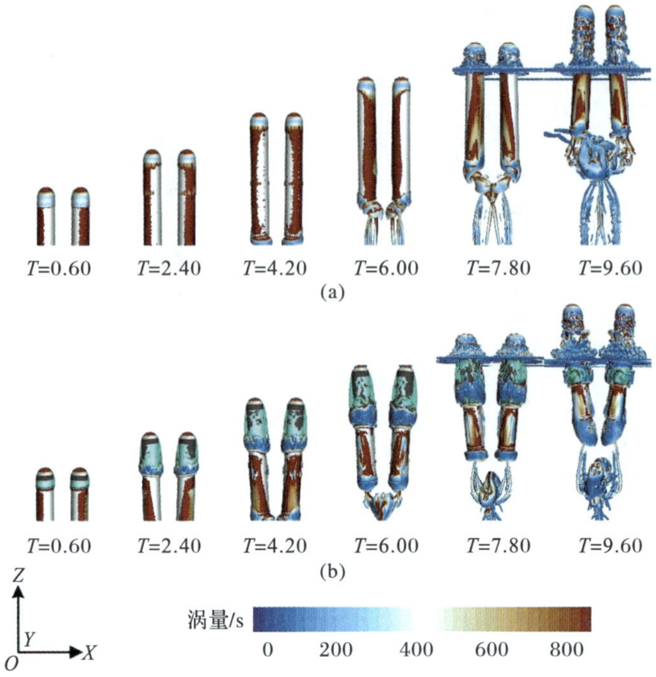


**图 3-9　是否考虑空化效应下水下齐射过程等值面与涡结构演变**

(a)不考虑空化效应；(b)考虑空化效应

假定水平正方向是指沿着 $x$ 轴的正方向，竖直正方向为航行器运动方向；偏转角正方向为航行器沿着顺时针偏转；绕 $y$ 轴的力矩正方向为航行器沿着顺时针方向。由于齐射过程中初始时间间隔为 0，运动特性沿着航行器之间的中心线对称，所以我们只分析首发航行器（V-1 代表首发航行器、V-2 代表次发航行器）的运动情况即可。为了方便进一步研究齐射出水空泡形态演变，我们定义了空泡长度 $l$、最大厚度 $h$ 等相关物理参数，如图 3-10 所示。

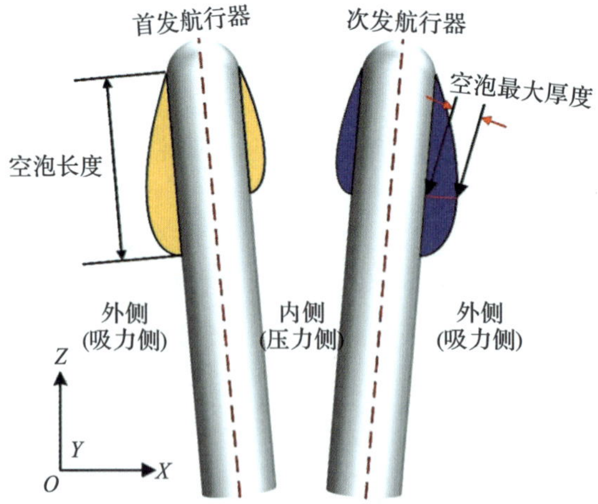


**图 3-10　空泡形态相关物理参数定义**

当不考虑空化效应时，如图 3-11 所示，水下航行阶段中两发航行器质心并未发生明显的偏移，在出水过程中其质心均向外侧开始偏移。横向力系数由正逐渐变为负，且幅值较小，导致航行器质心在水下航行阶段并未发生明显的偏移，如图 3－12 所示。水下航行阶段中航行器所受的力矩为正，即顺时针方向，幅值逐渐增加。因此，航行器沿着质心向内侧偏转，并且幅度逐渐增加，如图 3－13 所示。出水阶段航行器所受的横向力逐渐变成正值，且幅值有不断增加的趋势，导致其质心均向外侧移动，如图 3－14 所示。水下航行器阶段中航行器的力矩不断增加的主要原因是航行器内侧流域干扰和尾流卷吸共同作用的结果。

当考虑空化效应时，在水下航行阶段首发航行器所受的横向力系数为负值，幅值总体上先增大后减小。因此，首发航行器向外侧开始偏移，且偏移幅度越来越大。力矩系数初始阶段为负值，此时空泡形态短而薄，导致首发航行器逆时针向外侧偏转。在出水阶段中，涉及空泡溃灭等剧烈变化情况，导致受力曲线出现了大范围的脉动和不均等复杂现象，对航行器出水后的运动姿态和结构强度都造成了一定的影响。

综上所述，当地空化数小于临界空化数时，要开展水下齐射过程流动干扰研究，必须考虑空化效应。因此，在后续研究中均考虑了空化效应。

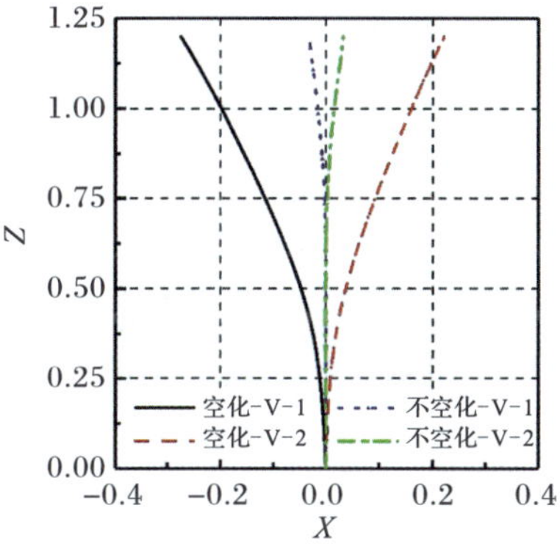


**图 3－11　运动姿态曲线**

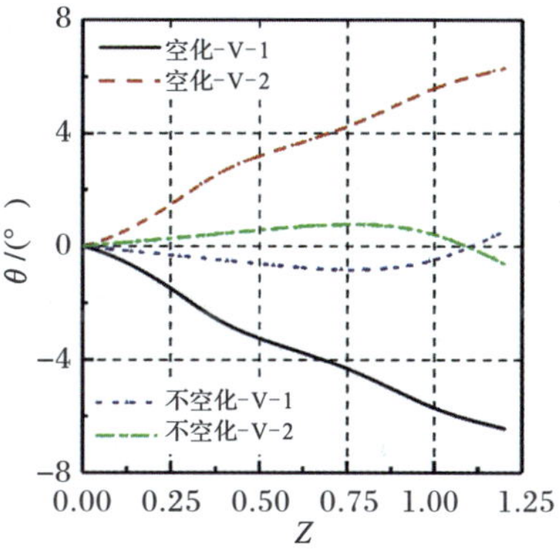


**图 3－12　偏转角曲线**

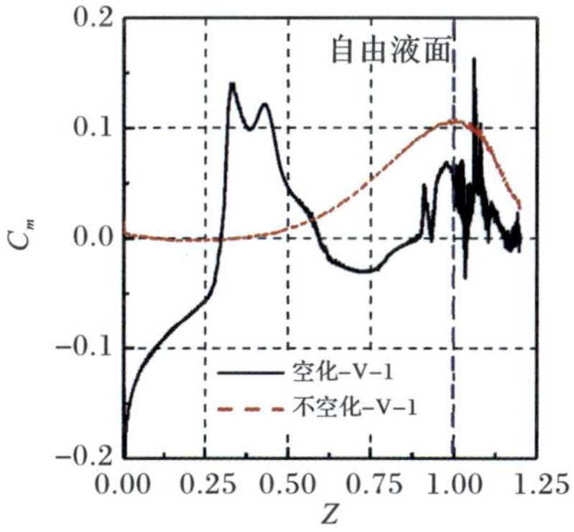


**图 3－13　力矩系数曲线**

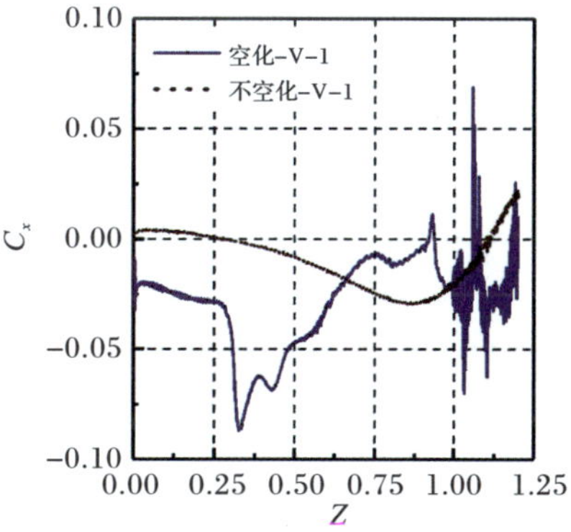


**图 3－14　横向力系数曲线**

### 3.4.3　自由度的影响

本节所采用的数值模型和网格细节与 3.4.1 节相同，在此基础上，开展齐射单自由度和三自由度下的空化流场结构对比。图 3 - 15(a)(b)为单自由度和 3 自由度下空化相流场结构演变对比。

单自由度下空化流场中，水下航行阶段初期，由于航行器内侧流域速度相比外侧流域速度较大，所以导致其周围压力降低，其内侧空泡相比外侧空泡发展得更为充分。随后在水中航行阶段中，内侧空泡发生了大尺度脱落现象，外侧空泡不断生长和发展；3 自由度下空泡和航行器运动姿态相互耦合，不同时刻下攻角不断变化，导致航行器接触自由液面时刻的空泡形态与单自由度完全不同，其内侧空泡主要受内侧流域干扰和瞬态攻角的影响。当航行器头部触及自由液面时，多自由度下压力侧空泡形态脱落尺度大于单自由度下，而吸力侧空泡形态近似相同，泡内回射流顶部位置有所差异。

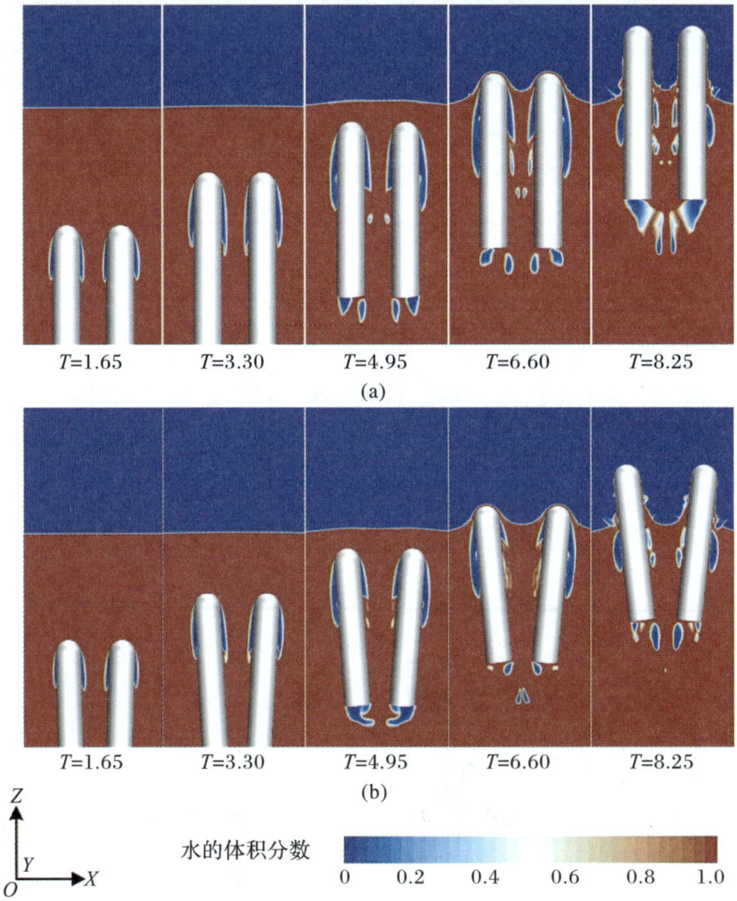


**图 3 - 15 单自由度和 3 自由度下空化相流场结构演变对比**

(a)单自由度；(b)3 自由度

图 3 - 16(a)(b)分别为单自由度和 3 自由度下三维等值面涡结构演变对比。从图中可以发现，出水阶段中自由液面均出现了大量的小尺度涡环。单自由度下自由尾流中涡结构逐渐靠近，而多自由度下由于航行器发生了偏转，导致其自由尾流中的涡结构已经发生了掺混融合现象。另外，由于自由度的限制，所以航行器内侧空泡末端出现了小尺度涡环。在流动干扰的影响下，小尺度涡环发生了融合现象。相比多自由度下，其空泡

末端附近的涡结构并未出现小尺度涡环融合现象。总的来看,限制自由度对航行器末端空泡附近的涡结构以及尾涡结构发展具有较大的影响,从而影响空化流场结构的演变。因此,在后续研究中均采用了 3 自由度齐射出水开展研究。

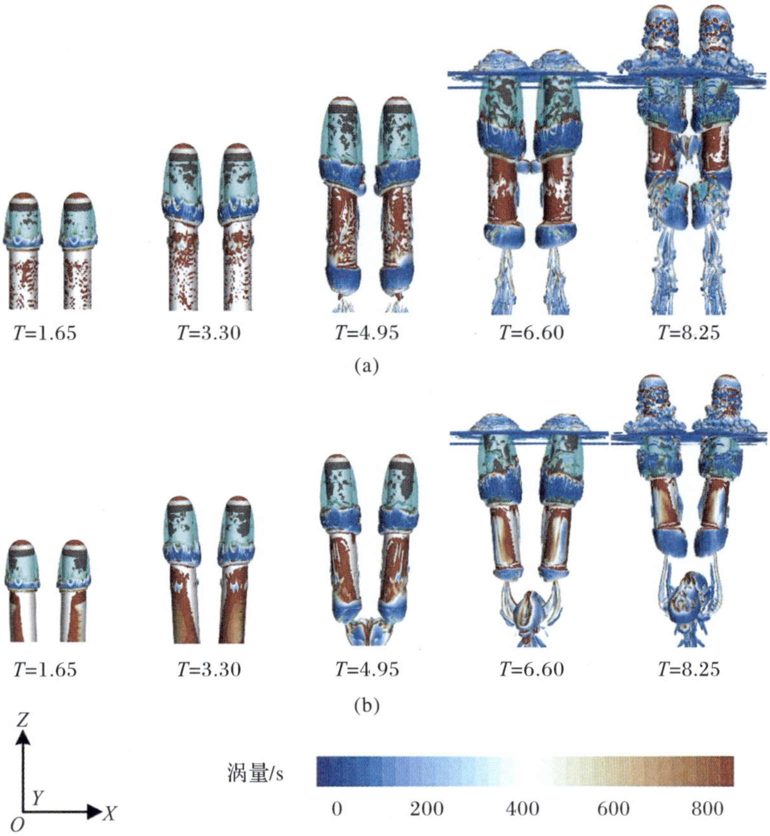


**图 3-16　单自由度和 3 自由度下三维等值面涡结构演变对比**

(a)单自由度；(b)3 自由度

# 第4章 水下齐射空化水动力干扰研究

## 4.1 引　　言

关于水下齐射相关的高速空化水动力学问题，影响因素和控制参量众多。然而，针对水下齐射空泡稳定性和齐射出水空泡溃灭的具体物理过程而言，不同控制参量的影响机制和影响程度具有较大的区别。本章首先对空泡可压缩性、考虑空化效应以及齐射自由度进行模拟及评估。在此基础上，通过数值模拟和实验测试相结合方法，开展典型水下空泡稳定性、出水空泡溃灭特性研究。

## 4.2 典型水下空泡稳定性分析

### 4.2.1 水下空泡形态演化

本节数值模型、初始条件以及网格划分细节与 2.5.1 节相同。图 4-1 为水下航行阶段航行器肩部空泡结构生长过程，水面和空泡结构界面能够清晰地被捕捉。随着航行器向上移动，肩部的压力幅值低于当地液态水的饱和蒸气压力，发生了典型的空化现象，随后空泡沿着径向和轴向均不断生长和扩张。当 $T=1.92$ 时，回射流在空泡末端产生。空泡进一步生长过程中，在回射流的作用下空泡末端出现了明显远离壁面现象。另外，后续水的体积分数云图标尺与图 4-1 保持相同。

如图 4-2 所示，在水下航行阶段，空泡的整体外观光滑且规则。随着航行器继续向自由液面运动，肩部空泡不断膨胀和发展，回射流贴着航行器壁面向上不断发展并指向空泡顶端。白色虚线 A 和 B 表明，回射流相对于航行器壁面几乎是静止的。主要原因是：虽然回射流相对于空泡在向上移动，但空泡闭合区本身在不断向下发展的。另一个值得注意的方面是航行器尾端空泡呈现膨胀和收缩现象。图 4-3 为水下航行阶段空泡发展与脱落实验过程，可以清晰地发现水下航行阶段中，航行器空泡不断生长和发展，空泡表面光滑且形状规则。随后，回射流在初期开始形成（回射流运动区域空泡较暗），沿着空泡末端不断向上运动。进一步可以发现，回射流运动区域的空泡形态表面出现大尺度波动的云状空泡，即空泡表面波动大并出现小尺度脱落现象。当回射流靠近空泡顶端时，回射流区域的空泡即将发生了大规模断裂脱落现象。对比数值模拟和实验测试结果可以发现，水下航行阶段中空泡形态演变与回射流运动规律基本相同。

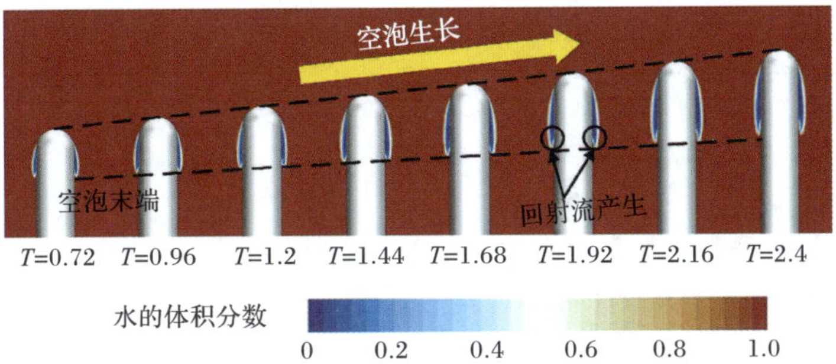


图 4-1　水下航行阶段航行器肩部空泡结构生长过程

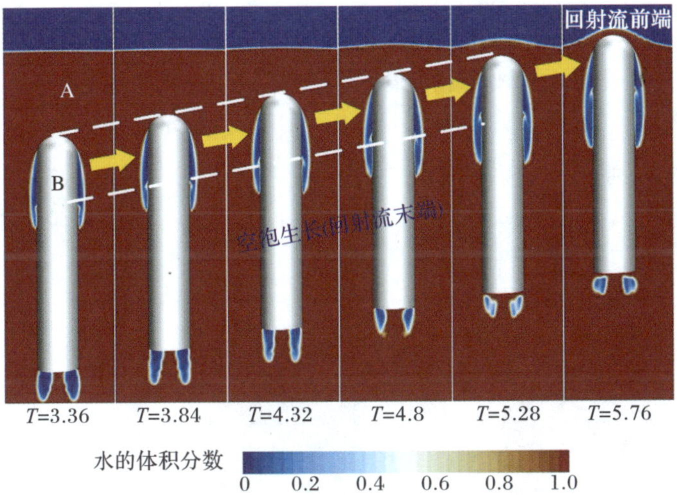


图 4-2　初始空化数 $\sigma_0=0.230$ 下水中航行阶段空泡发展过程

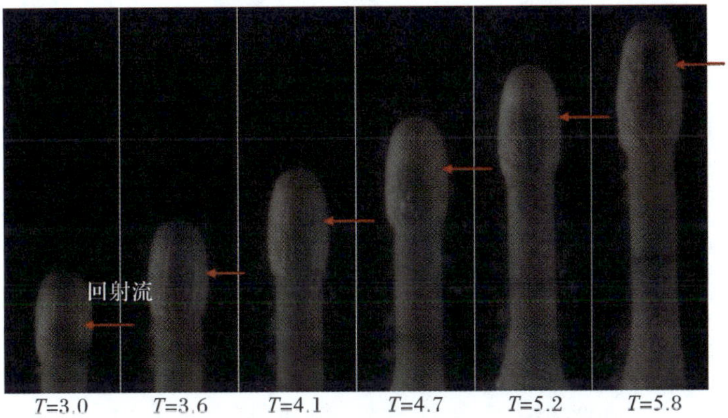


图 4-3　水下航行阶段空泡发展与脱落实验过程

图 4-4 进一步给出了上述数值模拟与实验测试结果对比。结果表明：实验和模拟结果均表明前期空泡长度不断生长，在出水阶段迅速发生了溃灭现象。在水下航行阶段中，数值模拟预测的空泡长度和实验结果最大误差为 9.03%。另外，水下航行阶段中，肩部空化数是控制空泡形态以及后续形态演化的关键参数。由航行器肩部当地空化数可以得到肩部空化数演变曲线，如图 4-5 所示。从图中可以发现，水下航行阶段中，随着航行器不断向自由液面运动，航行器肩部空化数在不断下降。

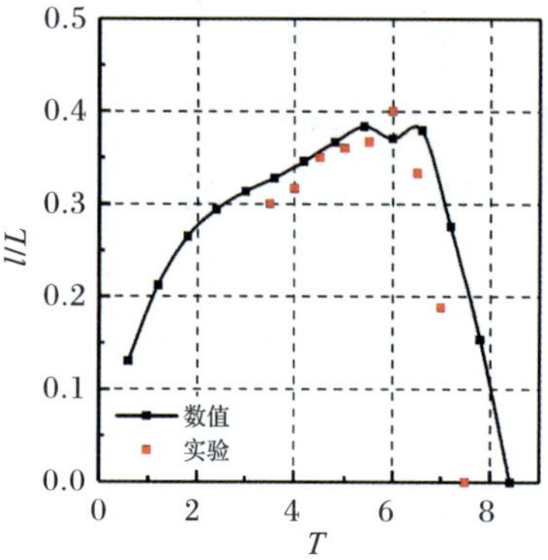


图 4-4　数值模拟空泡长度与实验测试结果对比

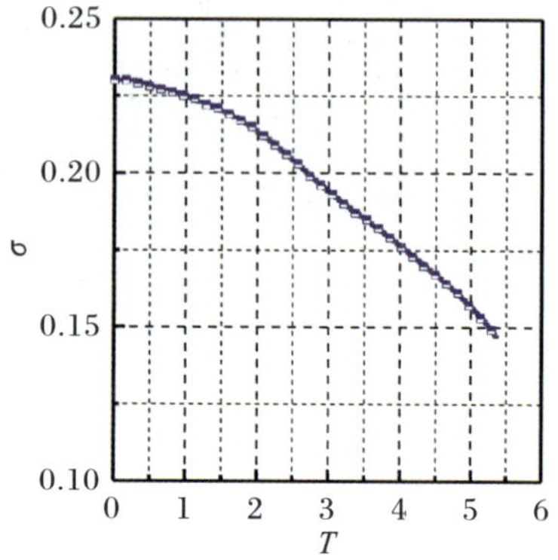


图 4-5　肩部空化数随时间的演变曲线

图 4-6 为 $T=2.4$ 时刻下瞬态空化流场结构细节。从图 4-6(a)可知，$T=2.4$ 为空泡末端回射流产生时刻，此时空泡末端翘起并远离壁面。另外，回射流运动区域的空泡界面出现了高强度的涡量交换现象，如图 4-6(b)所示。航行器头部附近来流在空泡末端聚集，回射流虽然已经产生，但强度较弱，如图 4-6(c)所示。另外，后续速度云图、速度矢量云图的标尺与图 4-6 保持相同。

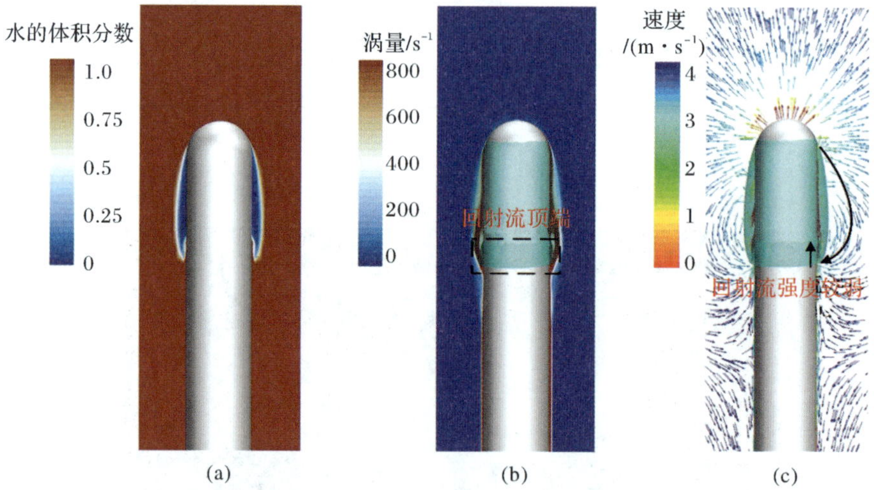


**图 4-6　$T=2.4$ 时刻下瞬态空化流场结构细节**

(a)相场分布；(b)等值面空泡与涡量流场；(c)等值面空泡与速度矢量流场

为了进一步分析回射流区域流场演变细节，图 4-7 给出了水下航行阶段等值面空泡与速度矢量演变。可以清晰地发现，虚线框内的回射流运动区域在不断扩大，且回射流区域的速度幅值相比周围流体较大。航行器头部来流在空泡末端聚集，形成了强度较高的逆压梯度。在逆压梯度的影响下,回射流产生并沿着航形体壁面不断向上加速前进,导致空泡内部出现了破裂现象。由于水下发射实验过程主要以云状空化现象为主,且空化形态主要是水蒸气和水混合物,所以泡内流场难以观测和测量。回射流运动区域的空泡内部发生了断裂现象,即回射流对空泡具有剪切作用,导致泡内流场不稳定性加剧,这一点直接解释了图 4－3 实验中空泡表面波动大并出现小尺度脱落的现象。

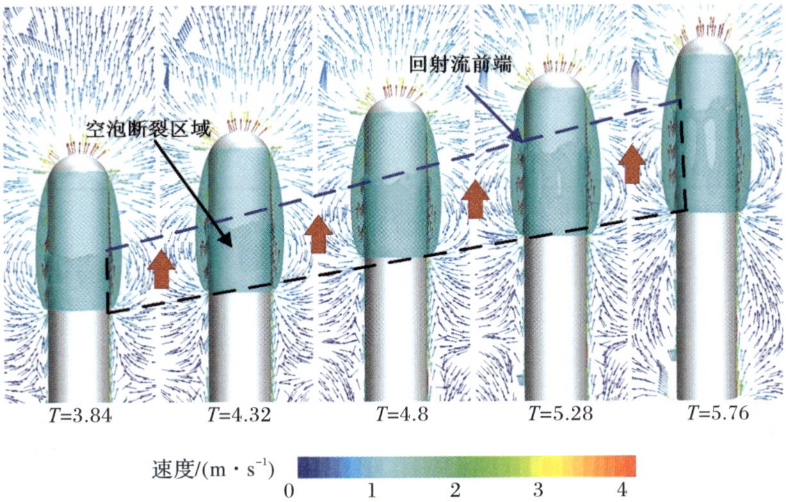


图 4－7　水下航行阶段等值面空泡与速度矢量演变

经上述分析发现,回射流作用下空泡内部流场发生了剧烈的能量交换。为了定量分析泡内壁面附近能量交换情况,首先给出了 $T=6.63$ 时刻航行器肩部空泡含气量分布云图,如图 4－8 所示。空泡界面由于涉及水汽混合,所以存在相间变动界面以及非平衡效应等复杂现象。另外,回射流周围整体含气量较低,表现出不稳定现象,而泡内部分位置含气量相对较高,相对稳定。

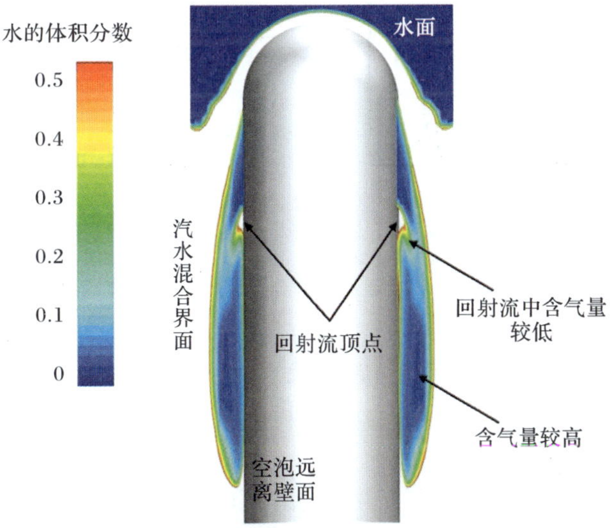


图 4－8　$T=6.63$ 时刻航行器肩部空泡含气量分布云图

在此基础上,图 4－9(a)(b)分别给出了航行器左侧和右侧部分监测点湍动能演变曲线。由于空化现象极易出现随机性，所以图中左侧部分监测点和右侧监测点位置沿着航行器中轴线对称分布，以此来验证两侧空泡并未出现随机现象。从图中对比可知，航行器两侧湍动能演变曲线相同。同理可知，航行器两侧剪切力演变曲线相同，如图 4－10(a)(b)所示。当回射流从空泡末端向顶端运动过程中，经过监测点位置时，P21 监测点在前期出现了跃升现象，这主要是空泡末端逆压梯度所导致的。在出水溃灭阶段，P1、P6 和 P16 监测点均出现了大幅度增大现象，其中 P6 监测点的湍动能远远大于其他监测点。剪切力的演变规律与湍动能近似相同。因此，回射流末端逆压梯度效应和空泡溃灭是导致湍动能剪切力和湍动能跃升的重要物理量。

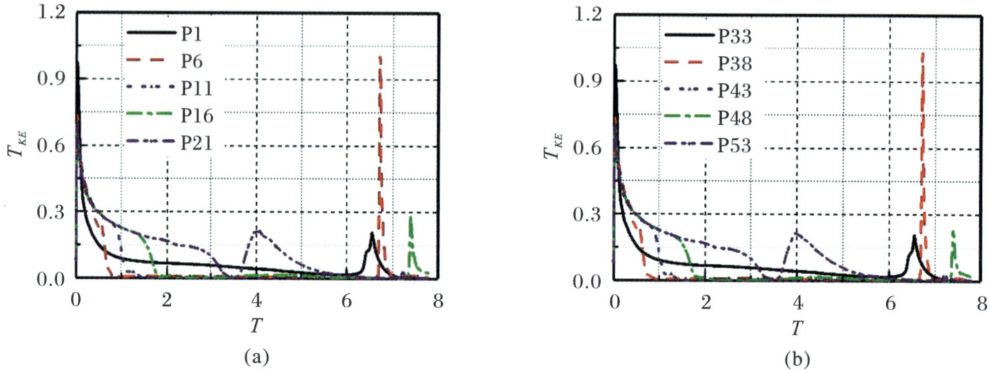


**图 4－9　航行器部分监测点湍动能演变曲线**

(a)左侧；(b)右侧

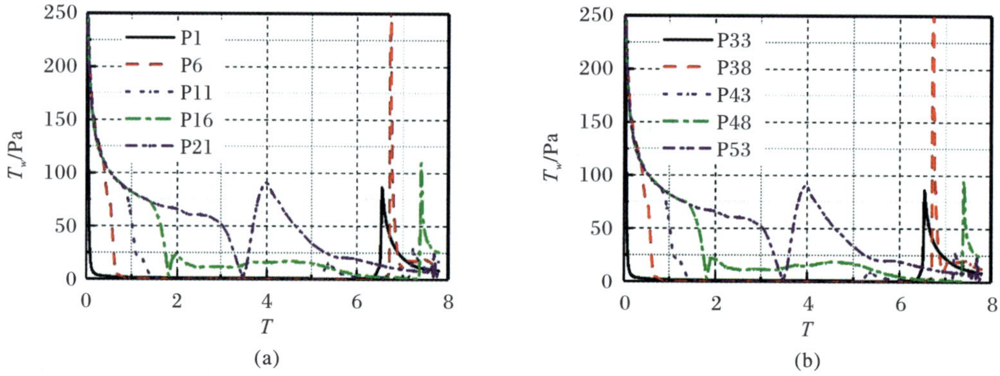


**图 4－10　航行器部分监测点剪切力演变曲线**

(a)左侧；(b)右侧

从上述分析可以发现，当航行器头部触及自由液面时，回射流还未到达空泡顶端。因此在水下阶段肩部空泡并未发生明显的空泡脱落现象。由于空化数的大小对航行器肩部空泡形态发展以及回射流运动有着显著的影响，所以图 4－11 给出了水面之上压力 $p_0$＝5 800 Pa 和初始发射速度 $v_0$＝5 m/s 下空化数 $\sigma_0$＝0.446 水下航行阶段空泡流场演变过程数值模拟结果。

由上述分析可知，由于初始空化数相比较大，所以此时空泡形态和整体薄而短，在回射流和水体的剪切作用下，泡内含气量较低，整体表现不稳定。在水下航行中期，空泡第一次发生了明显断裂及脱落现象。如图 4－12 所示，水下航行初期整体空泡形态偏小。当航行器头部触及自由液面时，回射流到达了空泡顶端，空泡此时即将开始发生大规模脱落现象。

综上所述，随着空化数增大，空泡长度和最大厚度均在不断减小。回射流的产生源自空泡末端的逆压梯度，而逆压梯度由航行器头部来流发生绕流滞止现象形成于空泡末端。回射流达到航行器肩部时刻和航行器出水时刻是两个非常重要的物理量，直接决定了航行器头部触及自由液面时刻空泡状态，从而影响后续出水溃灭流场和载荷演变规律。当回射流达到航行器肩部时刻早于航行器出水时刻，则水下阶段将会发生多次空泡脱落现象；当回射流达到航行器肩部时刻迟于航行器出水时刻，那么水下阶段空泡不发生空泡脱落现象。

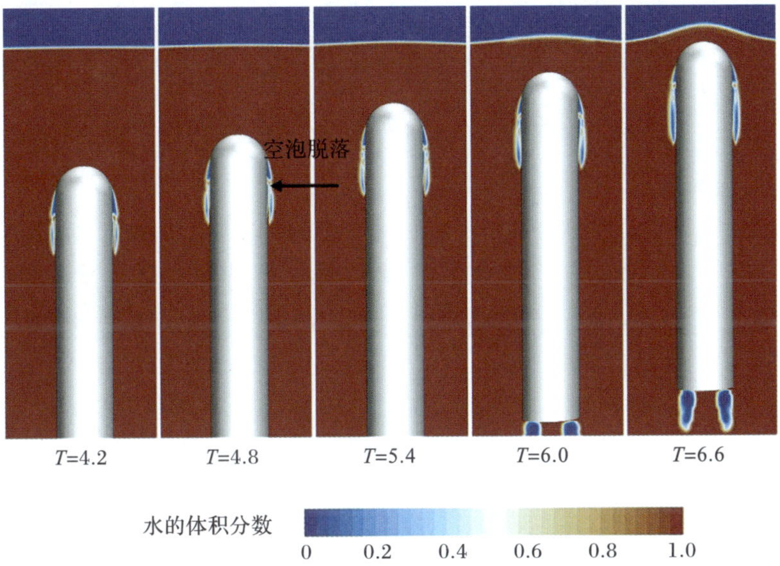


**图 4－11　空化数 $\sigma$=0.446 水下航行阶段空泡流场演变过程数值模拟结果**

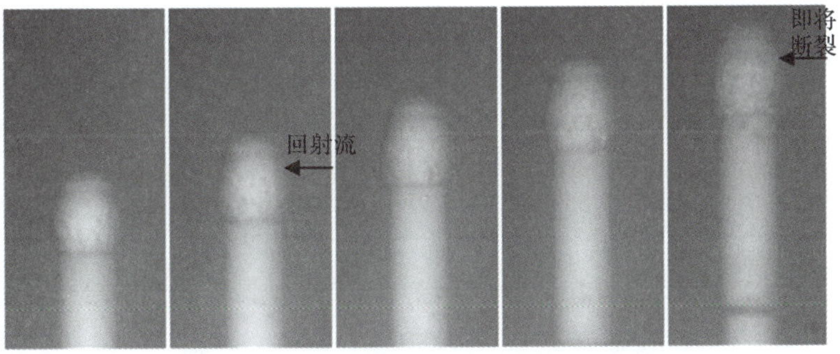


**图 4－12　水下航行过程空泡流场实验测试**

攻角也是影响航行器空化流场演变的极其重要的因素之一。上述自由度对齐射出水空化流场影响规律研究中可知，流动干扰下航行器的运动姿态和空泡形态均不断发生瞬态变化，同时相互耦合，分析起来难度较大。进一步研究分析可知，瞬态攻角是运动姿态和空化流场相互耦合的关键控制参量之一。基于此，首先开展单体带攻角状态出水对航行器周围空化流场演变影响研究。值得注意的是，为了保证航行器水下发射阶段以及出水阶段攻角不变，在此过程中需要限制其他方向自由度，只保留了垂直向上的自由度。

图 4-13 给出了初始空化数 $\sigma_0=0.230$、初始发射攻角 $AOA_0=4°$下水下航行阶段空泡发展及脱落演变。在初始阶段 $T=1.2$，吸力侧空泡厚度远大于压力侧。随着航行器向上运动，吸力侧空泡的厚度持续增大，而压力侧空泡的长度略有增大，同时均伴随着小尺度空泡的脱落。最后，吸力侧空泡发生了大规模的空泡脱落现象。总体来看，吸力侧空泡形态表现厚而短，压力侧空泡表现长而薄。

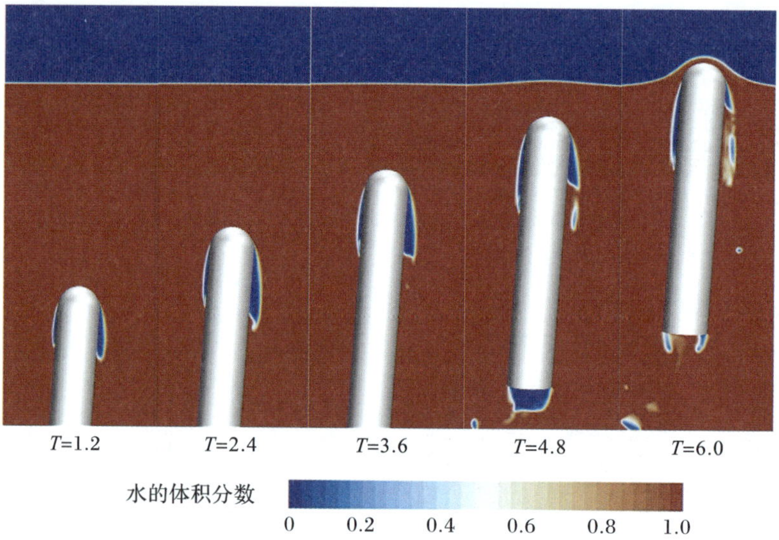


**图 4-13　初始空化数 $\sigma_0=0.230$、初始发射攻角 $AOA_0=4°$下水下航行阶段空泡发展及脱落演变**

图 4-14 给出了 $T=4.95$、初始发射攻角 $AOA_0=8°$下空泡与压力云图。吸力侧空泡同样发生了大规模脱落，而脱落的空泡在远离航行器壁面附近逐渐发生了溃灭现象；压力云图表明空化区域为低压区，值得注意的是，航行器尾端也发生了空泡脱落现象。高压区和低压区交替出现，表明航行器尾端空化区域流场演变更为复杂，尾流区高速流体核心区与低速自由流相互作用，在两种速度差混合流呈现明显的 Kelvin-Helmholtz 不稳定现象特征。图 4-15 分别给出了 $AOA_0=12°$下的空化流场云图和速度矢量云图。由速度矢量云图可知，吸力侧空泡脱落尺度在进一步增大，而此时压力侧空泡形态基本消失。大尺度空泡脱落主要是较强的回射流运动和水流剪切力所导致的。图 4-16 为不同攻角下空泡体积演变曲线。在初始阶段 $0<T<4$，空泡体积增长趋势基本相同。在 $4.0<T<6.0$，攻角 0°、4°及 8°空泡体积近似不变，只有少量的波动现象，而攻角 12°空泡体积略小于其他攻角。

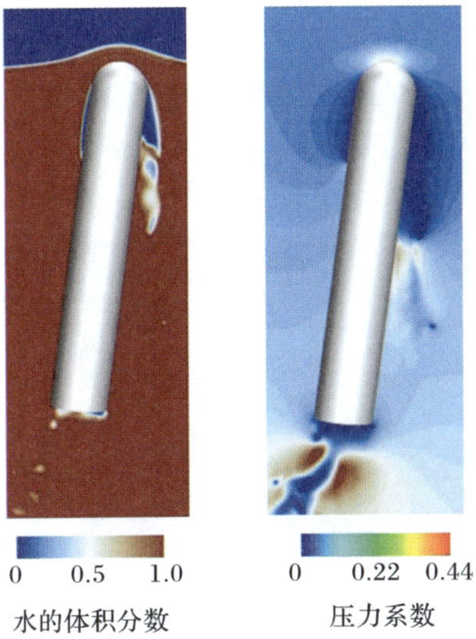


**图 4-14　$T$=4.95、初始发射攻角 $AOA_0$=8°下空泡与压力云图**

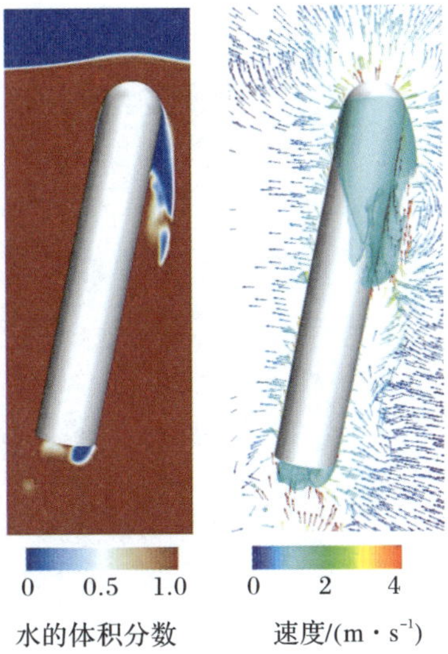


**图 4-15　$AOA_0$=12°下的空化流场云图和速度矢量云图**

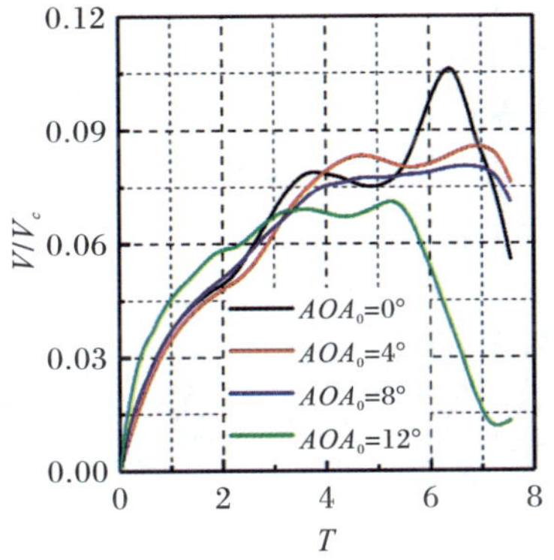


**图 4-16　不同攻角下空泡体积演变曲线**

为了验证攻角状态下的空泡形态演变规律，图 4-17 和图 4-18 分别给出了艇速 0.25 m/s 和 0.3 m/s 状态下航行器水下航行阶段的空泡演变。在出筒阶段，航行器肩部空泡生成，其形态表现为不对称，且背流侧发生了小尺度的空泡脱落现象。随着航行器不断向自由液面运动，空泡长度和厚度均在不断增长，非对称形态进一步加剧，航行器的运动姿态也开始发生了顺时针偏转现象，即沿着艇速方向。在水下航行中期，迎流侧和背流侧均发生了大规模空泡脱落现象，尤其在航行器背流侧明显出现了大规模的脱落空泡，而造成这种现象的主要原因可能是迎流侧脱落空泡在来流作用下快速发生了溃灭现象。因此，当航行器头部还未接触自由液面时，肩部空泡已经脱落完全。

综上可知，随着初始发射攻角增大，压力侧空泡的长度和厚度都在减小，其形态表现为短而薄；吸力侧空泡尺度随着攻角的增大而增大，而脱落的尺寸不断增大。随着发射攻角的增大，当航行器触及自由液面时，吸力侧空泡和压力侧空泡均在不断减小直至脱落完全。另外，在初始发射攻角 $0<AOA_0<8°$ 的范围内，攻角对空泡体积影响较小。

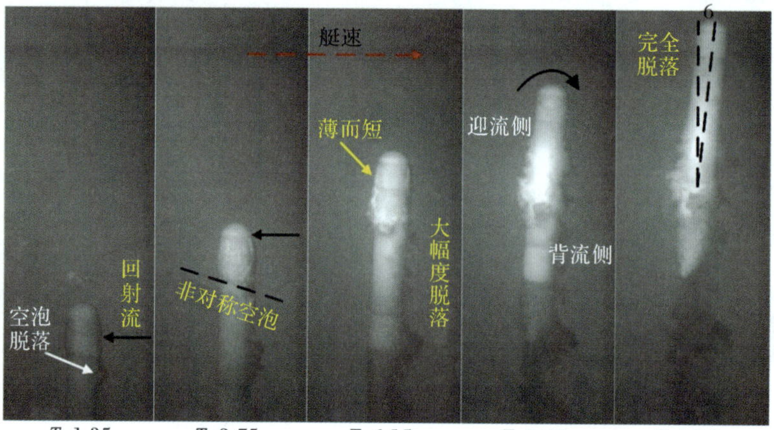


**图 4-17　艇速 0.25 m/s 状态下航行器水下航行阶段的空泡演变**

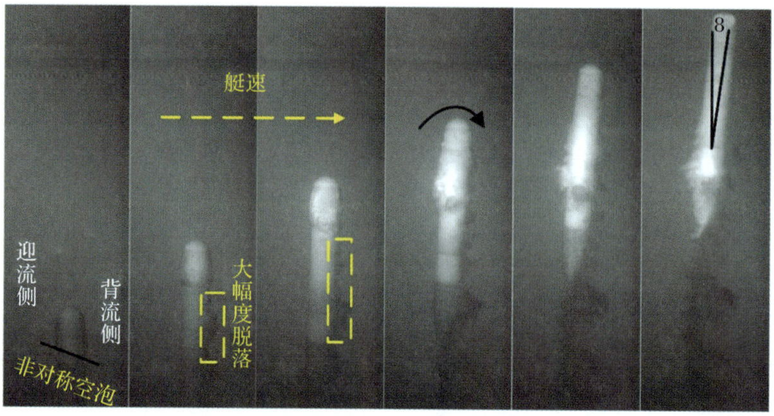


**图 4-18　艇速 0.3 m/s 状态下航行器水下航行阶段的空泡演变**

下面在上述单体水下垂直发射和攻角影响下空泡形态演变规律研究的基础上，开展典型工况下水下齐射空泡演变规律研究，其中所采用的数值模型、初始条件以及网格细节与 3.5.1 节相同。图 4-19 为初始空化数 $\sigma_0=0.230$ 水下齐射阶段空泡不对称演变，由于水下齐射初始阶段航行器内侧流域相比外侧流域的流速较大，所以导致其内侧流域的压力相比较低，此时内侧空泡相比外侧空泡发展更为充分，主要表现在空泡长度方面。随后，内侧流域由于流动干扰的影响，所以导致航行器均向外侧偏转，此时内侧流域逐渐成为压力侧，在头部来流的作用下，空泡末端发生了脱落现象，而脱落空泡在距离航行器壁面较近的位置发生了溃灭现象。在此基础上，航行器外侧逐渐演变为吸力侧，空泡紧密贴合在壁面并不断生长，回射流沿着壁面自下而上运动。当航行器头部触及自由液面时，水下航行阶段偏转角达到了最大值。

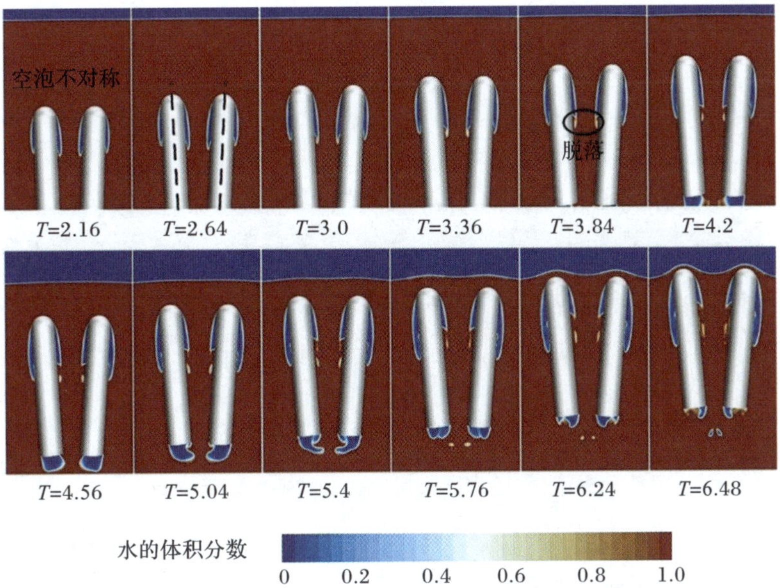


**图 4-19　初始空化数 $\sigma_0=0.230$ 水下齐射阶段空泡不对称演变**

为了进一步定量分析水下齐射过程空泡形态演变，图 4-20(a)(b)分别给出了空泡长度和厚度变化曲线。水下齐射初始阶段 $0<T<3.0$，内外侧空泡长度和最大厚度均处于生长阶段，大小基本相同，即空泡长度是 0.15 倍航行器长度，而空泡最大厚度是 0.16 倍航行器直径。随后 $3.0<T<6.0$，由于流动干扰的影响，所以内侧空泡发生了大规模脱落，空泡长度急剧减小。当 $T=6.0$ 时，内侧空泡已基本完全脱落。外侧空泡长度在持续增长，直至 0.2 倍航行器长度。与之相反，空泡最大厚度在此阶段中均在不断增加，总体增长幅值较小。当 $6.0<T<9.0$ 时，航行器在出水阶段，空泡迅速发生了溃灭现象。

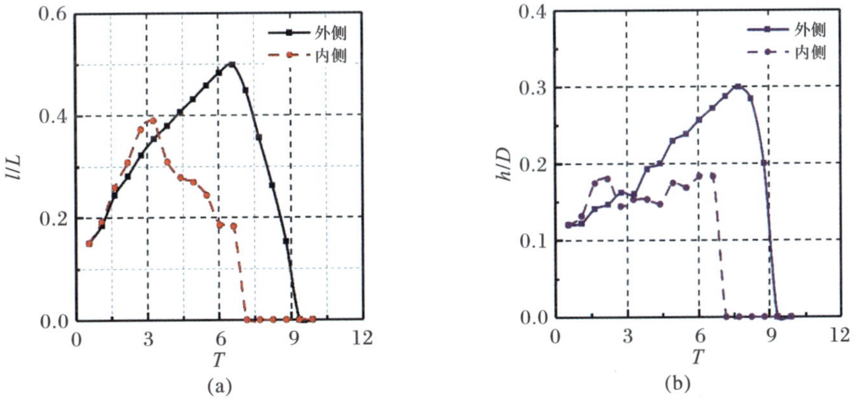


**图 4-20　空泡形态变化曲线**

(a)空泡长度；(b)空泡厚度

下面在上述水下齐射空化流场分析的基础上，开展相关的实验以测试验证上述分析的准确性。受诸多不可控因素(如水质、水中含气量、筒口密封锡纸、模型与发射筒摩擦阻力、供气压力稳定性等)的影响，重复性实验需要尽可能保证模型出筒速度、发射深度、发射时序均相同。在此过程中，尤其针对发射时间间隔为 0 状态下，整体难度最大。图

4-21 为水下齐射实验中航行器空泡形态与运动姿态演变。从图中可以发现，在水下航行末期，首发航行器的空泡提前发生了空泡脱落现象，而次发航行器空泡处于脱落状态。综合来看，齐射间距为 0 状态下，两发航行器均向外侧偏转，且内侧空泡发生了大规模脱落现象，验证了上述数值模拟分析结果。

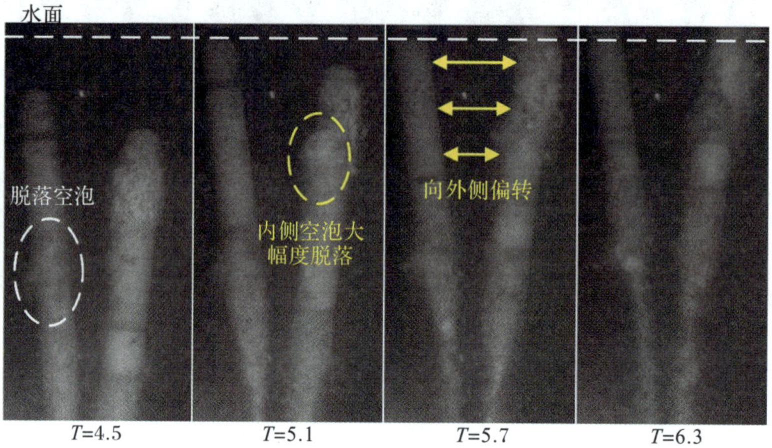


**图 4-21　水下齐射实验中航行器空泡形态与运动姿态演变**

当航行器头部触及自由液面时，空泡形态直接决定了出水阶段空泡溃灭流场演变和溃灭载荷幅值，因此分析此时的空泡状态极其重要。图 4-22 给出了当航行器头部触及自由液面时的瞬态空化流场结构细节。图 4-22(a)为相场分布，外侧空泡的回射流运动至空泡轴向中间位置附近，内侧空泡由于前期发生了脱落现象，所以导致其结构形态较小。

图 4-22(b)为等值面空泡与涡量流场，肩部涡量较大的轮廓即为回射流运动区域的边缘，在其范围内空泡内部出现了明显的断裂和破碎现象。值得注意的是，尾部高涡量区域相互聚集，分布在航行器内侧中心线两侧；图 4-22(c)为等值面空泡与速度矢量流场，可以发现内侧区域回射流作用下空泡区域的速度矢量流线相互碰撞，沿着内侧中心线两侧分布。为了方便分析，V-1 表示首发航行器，如图 4-23 和图 4-24 所示。

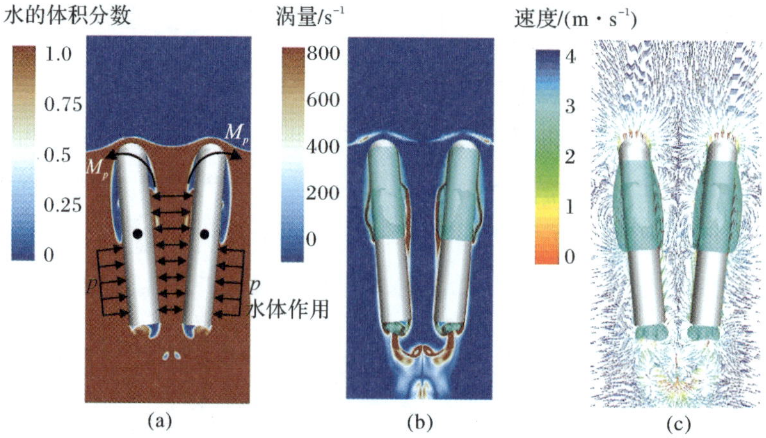


**图 4-22　$T=6.48$ 时刻下水下齐射瞬态空化流场结构细节**

(a)相场分布；(b)等值面空泡与涡量流场；(c)等值面空泡与速度矢量流场

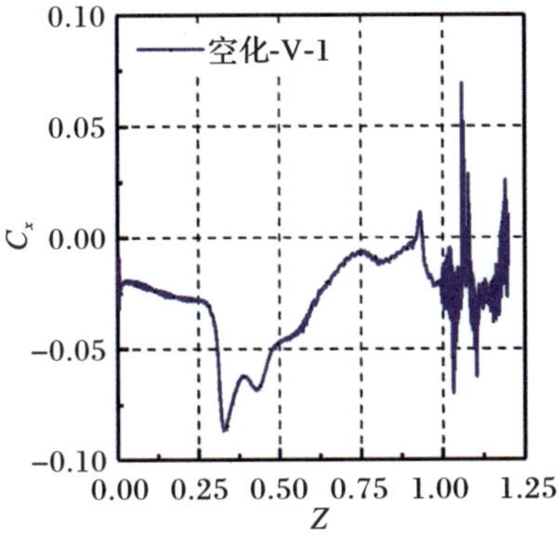


图 4-23　首发航行器横向力系数

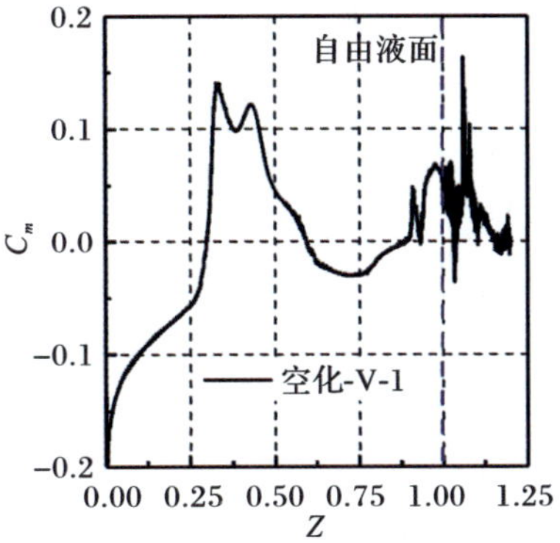


图 4-24　首发航行器绕 y 轴力矩系数

图 4-25 和图 4-26 分别为首发航行器外侧和内侧部分监测点湍动能曲线。随着航行器肩部空化区域依次扫过监测点位置，监测点的湍动能迅速下降到较低水平。在水下航行阶段，湍动能并未发生明显的跃升或者下降现象。首发航行器的横向力为负，而绕 y 轴的力矩为负，即逆时针方向，说明首发航行器受到的合力均作用在质心之上。进一步地，结合航行器头部触及自由液面时刻的空泡形态具体说明。航行器的偏转与移动受质心位置和空泡发展状态影响，由于空泡的不对称发展，内侧由于空泡脱落导致沾湿面积较大，水体施加在航行器上的均布力指向航行器外侧，加之合力作用于质心以上，航行器在力矩作用下向外侧偏转，这与航行器偏转角曲线一致。

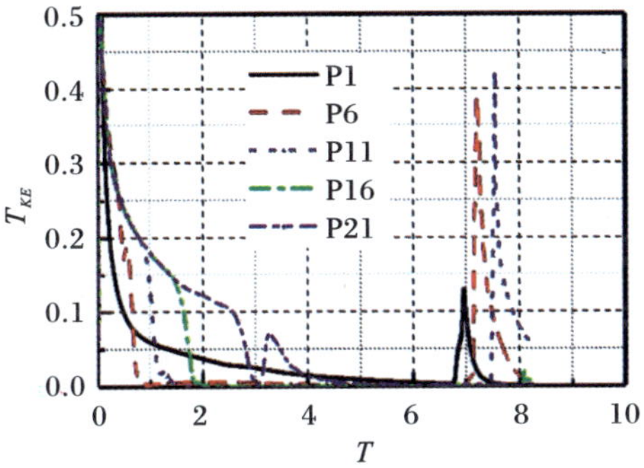


图 4-25　航行器外侧部分监测点湍动能曲线

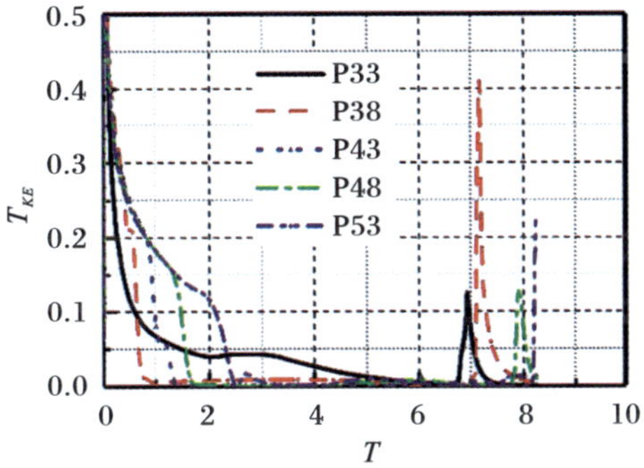


图 4-26　航行器内侧部分监测点湍动能曲线

### 4.2.2　涡旋流场结构演化

当航行器以一定攻角出水时，吸力侧空泡区域在高强度回射流和水体的剪切力共同作用下发生了大规模脱落，其周围流场的湍流相干结构受到显著的影响。图 4-27(a)为 $AOA_0=8°$、$\sigma_0=0.230$、$T=4.84$ 时刻下航行器周围等值面空泡与湍流相干结构。另外，后续涡量云图标尺与图 4-27 保持相同。

随着空泡作用区域的发展，湍流涡结构受到了显著的影响。可以发现：由于空泡区域的存在，抑制了湍流涡结构的生成；空泡末端由于高强度的回射流运动，导致涡量聚集，从而涡结构逐渐生成。随后，回射流下端区域会产生以发卡涡为代表的湍流相干结构，发卡涡主要由一个展向涡头和两个涡腿组成。另外，壁面湍流中通常不存在单个发卡涡流结构，而是沿着流动方向由多个发卡涡组成的发卡涡包。值得注意的是，尾流场中也生成了类似“发卡”形状的涡结构。在尺度方面，相比壁面湍流涡结构，尾流区域的发卡涡包发展得更为丰富。

图 4－27(b)为 $AOA_0=0°$、$\sigma_0=0.230$、$T=6.48$ 下水下齐射航行器周围湍流涡结构细节。相比单体周围涡结构分布，水下齐射过程中涡结构分布情况与之有两点明显的不同。其一，回射流下端区域以发卡涡为代表的湍流涡结构受到了明显抑制，并未产生明显的壁面涡结构；其二，自由尾流区域相互锁定的发卡涡包相互掺混融合，形成了一个较大尺度的涡结构。值得注意的是，尽管以发卡涡为代表的涡流结构不仅存在于壁面发卡涡结构，还存在于自由尾流中，但两者发卡涡结构的形成过程存在根本差异。

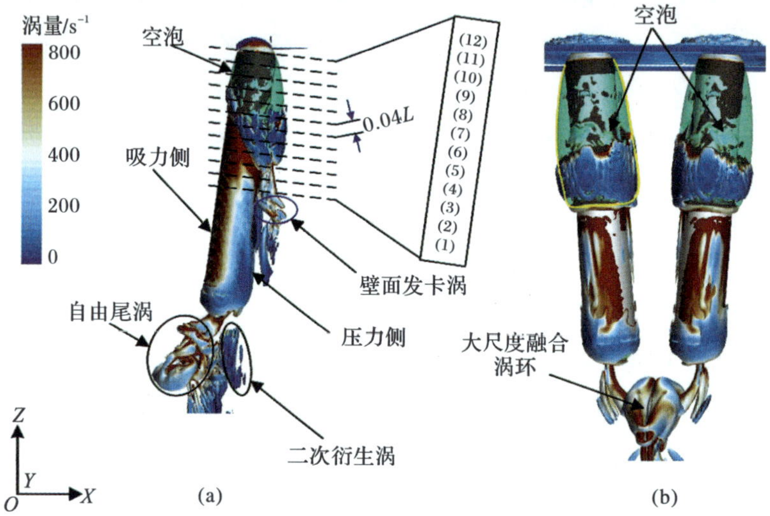


**图 4－27　水下航行阶段航行器周围等值面空泡与湍流相干结构**

(a)单体；(b)双体

针对 $AOA_0=8°$、$\sigma_0=0.230$ 下单体自由尾流中的涡结构形成过程，如图 4－28 所示。由于航行器壁面发生旋转，所以流体绕过航行器尾部的边缘产生康达效应，形成低压旋涡。航行器压力侧的涡量累积较少，且尾涡首先从底面的压力侧开始分离。随后，尾涡开始沿底面边缘逐渐扩展，形成涡环。在壁面的拖曳作用下，涡环平面发生倾斜抬升，涡管沿流向发生拉伸并向上翘曲形成涡腿，最终两侧的分离点在航行器吸力侧汇聚，尾涡完全脱落，形成结构对称的发卡涡。

下面进一步讨论空化区域附近发卡涡结构的形成过程。首先沿着垂直于轴线方向将航行器肩部空化区域等间距分为 11 份。其中无量纲间距为 $0.04L$，截线(1)距离航行器头部顶点 $0.44L$。截线区域近似可分为两部分：其一为等值面空腔，如图 4－29 所示；其二是发展丰富的湍流相干结构，如图 4－30 所示。由于轴向来流的影响，涡流沿着航行器表面逐渐向下游移动并积累，从而提高了壁面下端区域的湍流涡结构强度，为壁面涡结构的生成奠定了基础。另外，在发展丰富的湍流相干结构截面图中可以发现，沿着航行器壁面两侧存在一对旋向相反、强度大小近似相等的涡对，即反向旋转涡对(CVP)，主要存在于发卡涡的涡腿中，如图 4－30(b)(c)所示。在图 4－30(d)(e)(f)中，在靠近空腔区域附近，虽然涡量强度增大，然而 CVP 已经受到空化抑制。在等值面截面，受空化区域的抑制，速度减小，涡流结构基本消失，如图 4－29 所示。

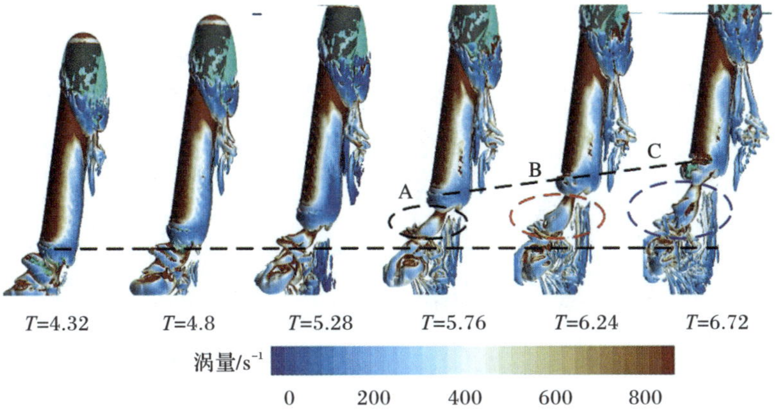


**图 4－28　单体自由尾流中的涡结构形成过程**

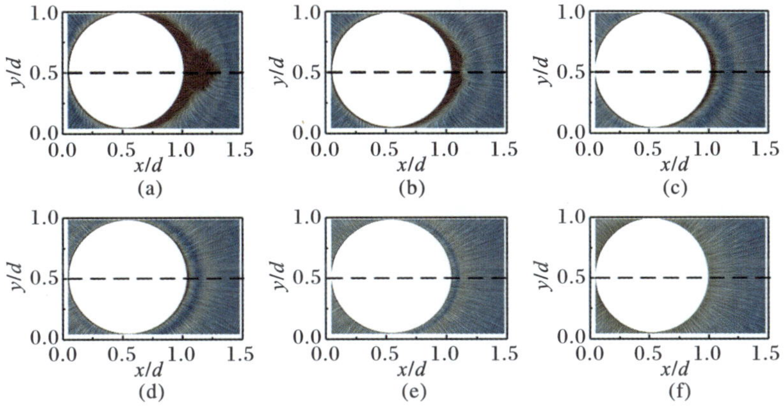


**图 4－29　等值面空化区域截面细节**

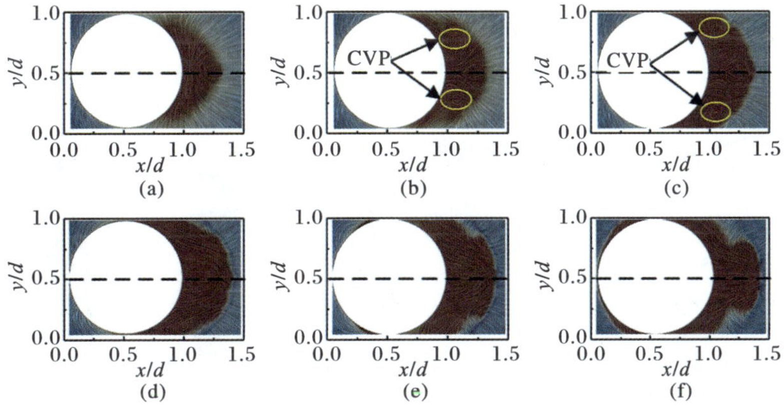


**图 4－30　发展丰富的湍流相干结构截面细节**

图 4－31 为 $AOA_0=8°$ 和 $\sigma_0=0.230$ 下空化区域的壁面涡结构。在 $T=6.6$ 时，壁面发卡涡主要以 U 形涡结构存在于湍流结构中，其中 U 形涡的两条圆柱形涡腿不断发展，

形成了尺度较长的 U 形涡。在 $T=8.14$ 时，多个 U 形涡结构的涡头抬起，形成了涡头，而 U 形涡的涡腿形成了发卡涡的涡腿，并沿着流动形成多级发卡涡，组成了壁面发卡涡包。

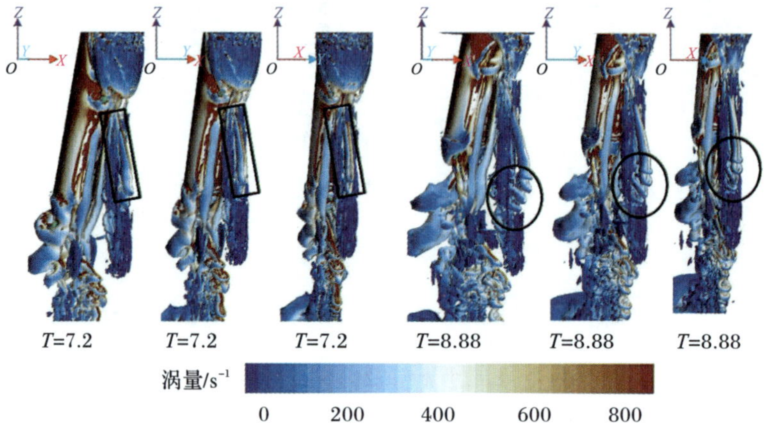


图 4-31　空化区域的壁面涡结构

图 4-32 和图 4-33 分别为初始攻角 $AOA_0=4°$ 和 $AOA_0=12°$ 下水下航行器周围湍流涡结构演变。黄色曲线轮廓代表完全发展的壁面涡结构和空化区间的过渡区域。随着初始发射攻角增大，壁面产生得到 U 形涡数量显著增加，涡腿结构在轴向方向拉伸得更为充分，因此壁面发卡涡包区域更加丰富。在自由尾流演变过程中，随着航行器不断向运动，自由尾流得到了充分的发展。随着初始发射攻角的增加，航行器尾端脱落的涡环频率明显增加，尺度也有所增加。

图 4-34 为水下齐射阶段航行器周围湍流涡结构演变。与单体相比，齐射过程中由于内侧流域的干扰效应导致航行器均向外侧偏转，导致外侧成为吸力侧。然而吸力侧空泡紧贴在航行器壁面，并未发生明显的空泡脱落现象，从而导致其吸力侧的壁面发卡涡结构被抑制。值得注意的是，虽然齐射过程中，壁面涡结构受到了抑制，但是自由尾流涡结构发展非常丰富，发生了自由尾流相融合，产生了复杂的自由尾流湍流相干结构。

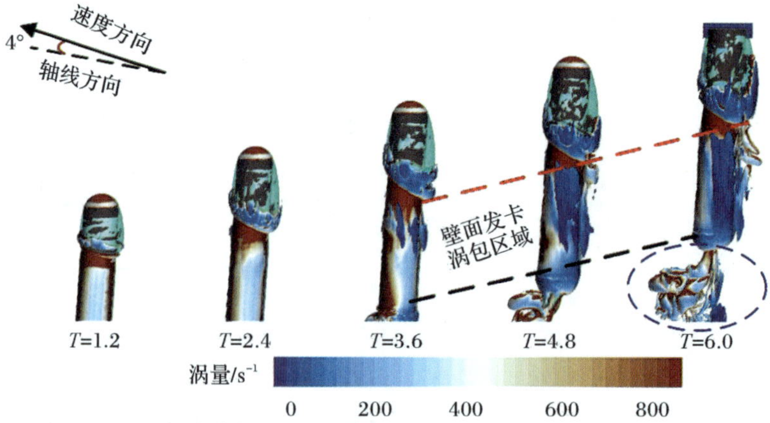


图 4-32　初始攻角 $AOA_0=4°$ 下水下航行器周围湍流涡结构演变

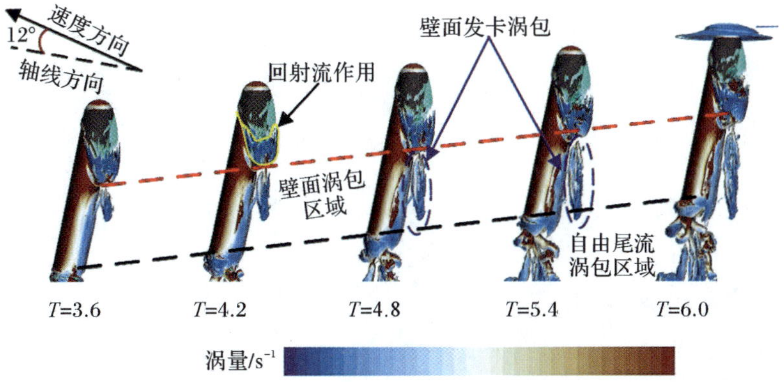


图 4－33　初始攻角 $AOA_0=12°$ 下水下航行器周围湍流涡结构演变

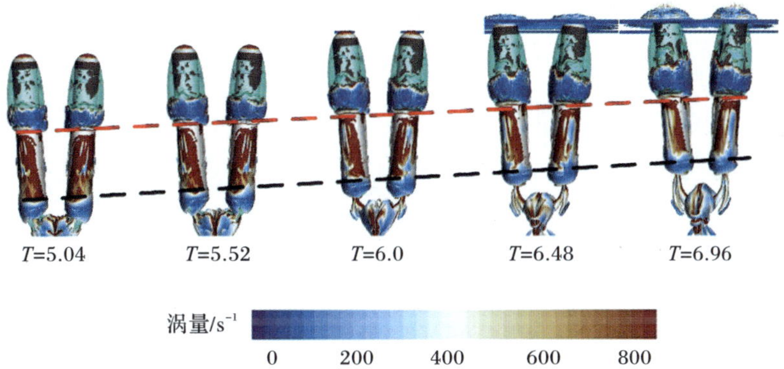


图 4－34　水下齐射阶段航行器周围湍流涡结构演变

## 4.3　典型出水空泡溃灭特性分析

### 4.3.1　出水空泡溃灭演化

图 4－35 为单体水下出水阶段航行器肩部空泡溃灭演化过程。出水阶段开始时刻即为航行提头部触及自由液面时刻，即自由液面不影响空泡演化时刻。白色虚线 A 和虚线 B 分别代表航行器头部和空泡内部回射流运动轨迹，白色虚线 C、虚线 D 以及虚线 E 分别代表航行器头部、空泡末端以及空泡顶端的运动轨迹。

从图中可以发现，出水前期回射流和航行器运动保持相对静止，表明回射流前端空泡在出水过程中发生了自上而下推进式溃灭；随后航行器与空泡末端几乎一直保持相对静止，空泡继续发生自上而下的推进式溃灭，在 $T=7.26$ 时刻空泡缩小至一个孤立空泡，直至完全溃灭。值得注意的是，在出水过程中，航行器尾端由于低压区也产生了空泡，即尾空泡。尾空泡在出水过程中发生反复膨胀和收缩现象。

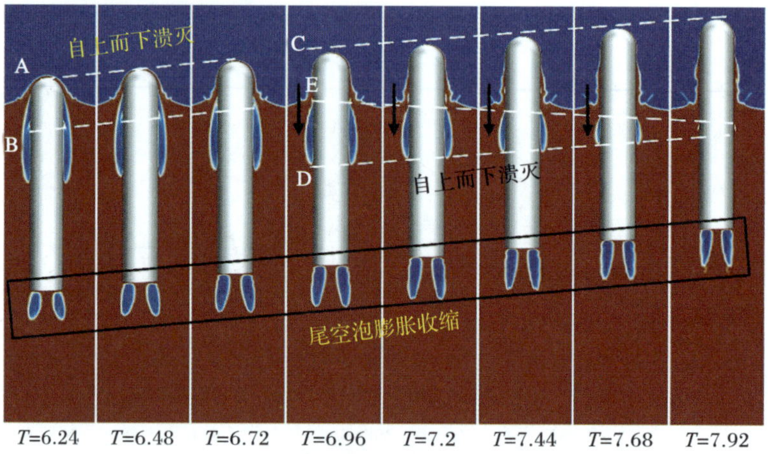


**图 4-35　单体水下出水阶段航行器肩部空泡溃灭演化过程**

下面紧接着给出 $T=7.2$ 出水时刻下航行器出水空泡流场细节，如图 4-36 所示。由图 4-36(a)可以发现，此时回射流上端的空泡基本已经完全溃灭；自由液面上端存在大量的高强度涡量，同时与空泡相互作用，直接影响空泡溃灭过程，如图 4-36(b)所示；如图 4-36(c)所示，从速度矢量场和等值面涡结构可以发现，在自由液面上部出现了多个涡旋结构，直接与空泡相互作用导致空泡界面的破碎，而自由液面附近的涡结构主要是出水部分的航行器表面脱落而来，如图 4-36(d)所示。

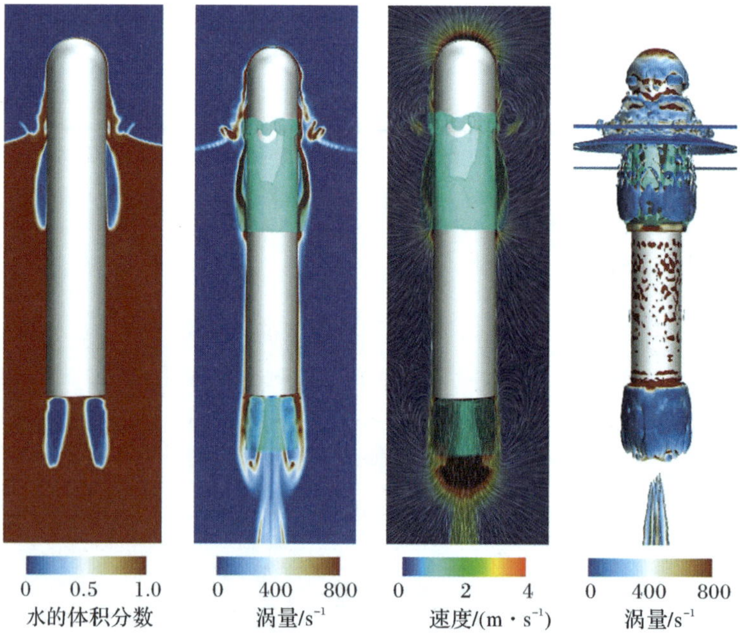


**图 4-36　$T=7.2$ 出水时刻下航行器出水空泡流场细节**

(a)相场分布；(b)等值面空泡与涡量；(c)等值面空泡与速度矢量；(d)等值面空泡与等值面涡结构

图 4－37(a)(b)分别为航行器左侧和右侧部分监测点含气量随时间演变曲线。总体来看，航行器两侧泡内含气量分布基本对称，主要差异在于监测点 P11 在出水前期含气量有下降趋势，但是两侧下降量有些许差异。这主要是数值计算所导致的误差，在可接受的范围内。另外，当空泡闭合位置扫过含气量监测点时，靠近航行器肩部顶端位置就会发生含气量均匀增加，即含气量接近 1。空泡末端监测点受航行器头部绕流形成的回射流效应，导致含气量增加趋势呈波动现象。

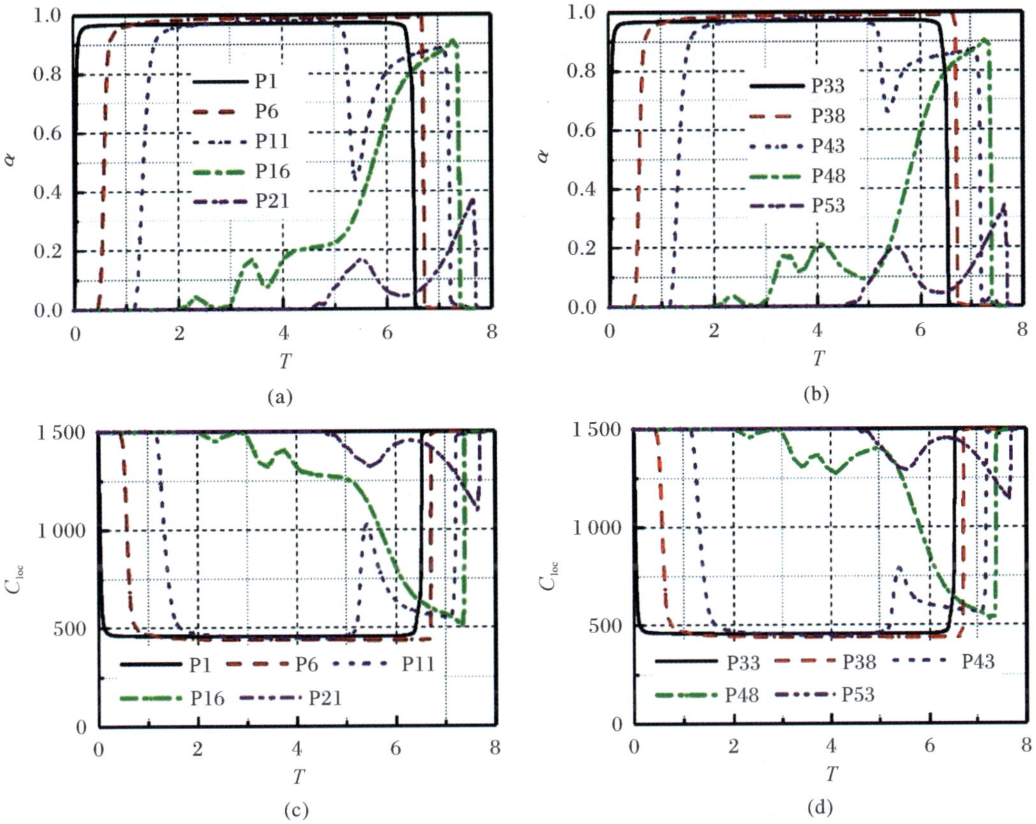


图 4－37　航行器部分监测点含气量和当地声速随时间演变曲线

(a)含气量左侧；(b)含气量右侧；(c)当地声速左侧；(d)当地声速右侧

同样地，含气量分布直接影响着当地声速演变规律。图 4－37(c)(d)分别为航行器左侧和右侧部分监测点当地声速随时间演变曲线。由曲线的演变规律可知，含气量分布于当地声速的关系整体呈负相关关系。

垂直出水往往是一种理想的发射状态，实际发射过程中，不可避免地均会产生一定的发射攻角。因此，攻角影响的出水空泡溃灭规律将会发生较大的变化。图 4－38 为 $T=7.68$ 时刻下出水攻角 12°空泡溃灭流场细节。从图 4－38(a)可以发现，吸力侧空泡由于前期发生了大规模脱落，泡内流场结构复杂，气体分布不均匀，含有大量的液态水；压力侧空泡还未出水就已经脱落完全。此时吸力侧空泡界面附近出现高强度涡量，如图 4－38(b)所示。另外，在速度矢量图中发现，吸力侧空泡附近的自由液面出现了大尺度涡旋结构，如图 4－38(c)所示。综上可知，航行器出水阶段中，空泡与自由液面发生强烈的能量交换，而高强度的涡量往往出现在回射流作用区域的空泡界面附近以及空泡出水溃灭的自由液面附近；出水阶段空泡溃灭过程在自由液面附近往往伴随着复杂的湍流相干结构。

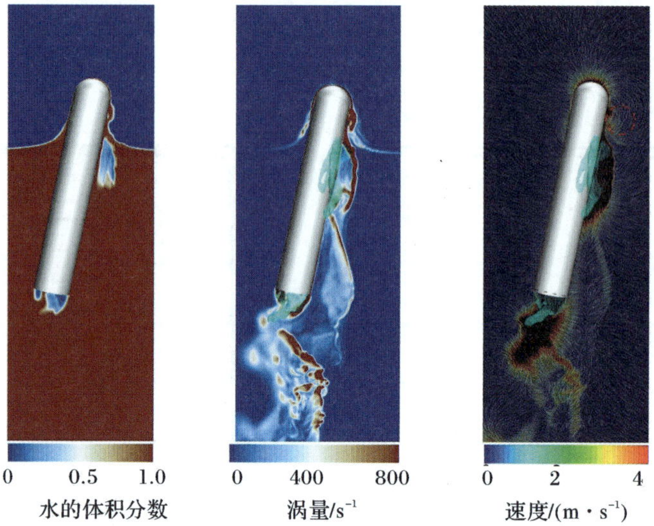


**图 4-38　*T*=7.68 时刻下出水攻角 12°空泡溃灭流场细节**

(a)相场分布；(b)等值面空泡与涡量；(c)等值面空泡与速度矢量

齐射出水阶段中，流动干扰下航行器运动姿态变化引起的出水攻角发生了瞬态变化，直接影响空泡溃灭载荷的影响规律。如图 4-39 所示，黑色虚线 A 和虚线 B 分别代表了航行器头部和吸力侧空泡的回射流顶端的运动轨迹，白色虚线 C 和虚线 D 分别代表了航行器头部和吸力侧空泡的末端。由于航行器的横向速度与轴向速度相比差 3 个量级，所以本部分讨论过程中，可将航行器轴向速度与航行器中轴线的夹角作为航行器瞬态攻角。$T=7.2$ 时刻，双发航行器的攻角的幅值近似为 5.5°，但偏转方向相反。

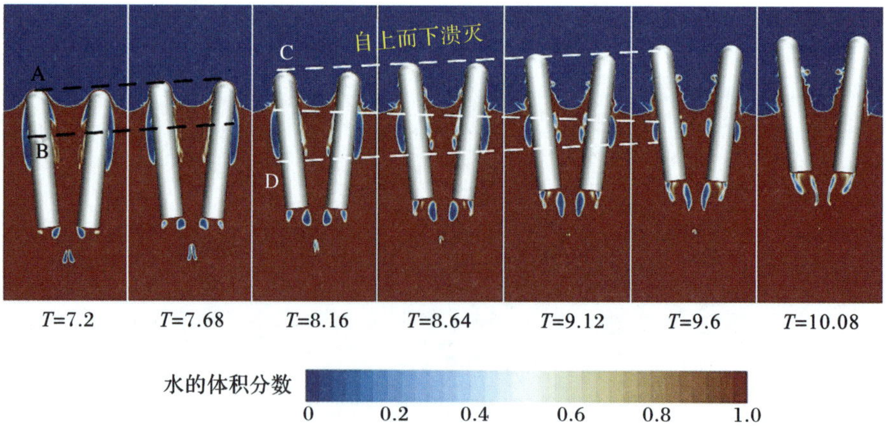


**图 4-39　齐射出水阶段空泡溃灭过程流场演化**

当航行器头部触及自由液面时，双发航行器均向外侧偏转。此时航行器吸力侧(外侧)空泡较为稳定，泡内气体分布均匀且含气量较高，回射流顶点明显；压力侧空泡(内侧)大部分已经脱落完全，其航行器侧壁附近存留了部分脱落空泡，而这部分空泡在水体的黏性作用下快速发生溃灭，对航行器壁面结构产生一定的冲击作用。需要注意的是，已经发生脱落的空泡和出水空泡在溃灭过程中有本质区别：前者是由于与水体的相互作用，导致其快速溃灭，而产生的溃灭压力相对较小；后者是由于介质突变，含气空泡体积急剧压缩所导致的泡内气体压力脉冲，导致空泡快速发生溃灭，所产生的溃灭载荷极大，对结构将会产生较大的冲击作用。

为了进一步分析齐射出水空化流场细节，图 4-40 给出了 $T=8.16$ 下齐射出水相场分布、等值面空泡与涡量以及等值面空泡与速度矢量。此时航行器吸力侧回射流山上端空泡已经完全脱落，压力侧空泡大部分已经脱落，只残留了部分脱落空泡，如图 4-40(a)所示。高强度涡量主要分布在自由液面附近、空泡界面以及尾流区域。由图 4-40(b)可以发现，尾流区域涡量相互掺混融合，形成了方向向上冲击的高强度涡量，直接影响尾空泡的发展，从而间接影响航行器运动姿态。由速度矢量场分布可以发现，自由液面上端(即空泡顶端)附近也出现了大量的涡旋结构，分布在航行器两侧，这一点和攻角状态下单发航行器速度矢量场分布基本相同。

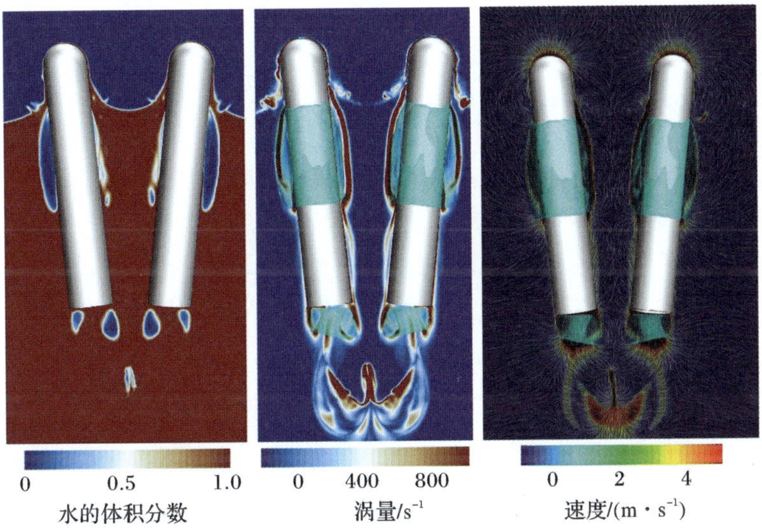


**图 4-40　$T=8.16$ 下齐射出水空化流场细节**

(a)相场分布；(b)等值面空泡与涡量；(c)等值面空泡与速度矢量

图 4-41(a)(b)分别为航行器外侧和内侧部分监测点含气量随时间演变曲线。总体来看，靠近空泡前端的监测点含气量变化规律与上述相同，即当空泡闭合位置扫过含气量监测点时，靠近航行器肩部顶端位置就会发生含气量均匀增加，即含气量接近 1。而靠近内侧和外侧空泡末端含气量变化规律有所差异。对于外侧空泡 P16 位置，含气量在 $T=2.0$ 附近发生了快速增长阶段，然而此时回射流已经在该位置产生。因此该位置的含气量在 0.5 水平。随着回射流向空泡顶端运动，空泡末端出现了明显远离壁面现象，从而导致该位置的含气量迅速下降到 0 水平。值得注意的是，在空泡溃灭末期，该位置出现了含气量跃升现象，这主要是空泡自上而下发生推进式溃灭所导致的；对于内侧空泡 P48 位置，在 $T=2.0$ 附近也发生了快速增长阶段，但是其含气量水平增长至 1.0 水平，之后发生了骤减现象，含气量恢复至 0。结合上述空化流场分析可知，这主要是因为

在流动干扰下内侧区域回射流运动较外侧区域慢，且在该时刻附近内侧空泡长度大于外侧空泡长度，已经完全覆盖该位置，泡内整体较为稳定，后期发生大规模脱落而导致含气量迅速降低至 0 附近。

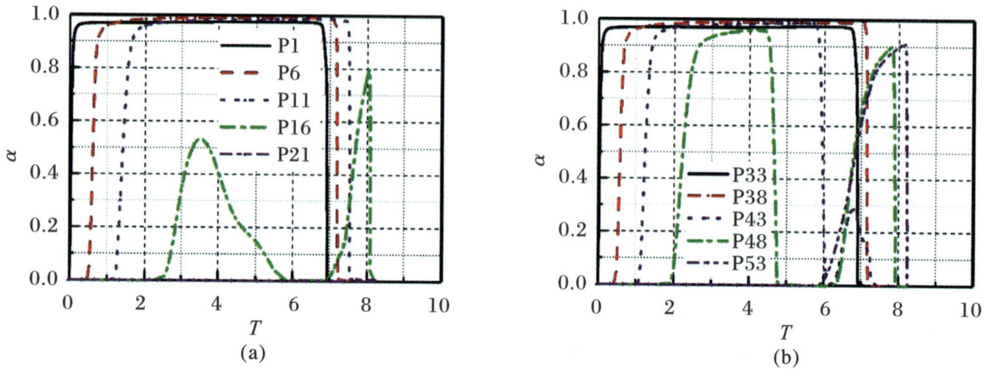


**图 4-41 航行器部分监测点含气量随时间演变曲线**

(a)外侧；(b)内侧

### 4.3.2 涡旋流场结构演化

当航行器以一定攻角出水时，由于空化区域剧烈演变，所以其周围流场的湍流相干结构将受到显著的影响。图 4-42 为空化区域湍流相干涡结构分布，其中图 4-42(a)为 $AOA_0=12°$、$\sigma_0=0.230$、$T=7.32$ 下单体出水空化区域周围等值面涡结构分布，图 4-42(b)为 $AOA_0=0°$、$\sigma_0=0.230$、$T=8.5$ 下齐射出水空化区域周围等值面涡结构分布。从图 4-42(a)可以发现，当航行器以一定攻角出水时，吸力侧将不可避免地产生大量的湍流涡结构。图 4-43 为 $AOA_0=12°$、$\sigma_0=0.230$ 下单体出水过程空化区域周围湍流相干涡结构演化。出水阶段中，吸力侧空泡下端的壁面发卡涡不断发展，紧密排列的层数增大，并不断向下游发展，靠近自由尾流涡结构中。同时自由尾流中，航行器尾端脱落涡环的频率逐渐增加，与吸力侧边界层不断积累且向下游运动的涡结构相互掺混，共同形成了丰富且复杂的自由尾流涡结构。在自由液面，航行器吸力侧并未产生大量的小尺度涡环。

图 4-44 为 $AOA_0=0°$、$\sigma_0=0.230$ 下齐射出水过程空化区域周围湍流相干涡结构演化。可以发现，$T=8.16$ 时刻下，相流场分布表明附着在航行器压力侧空泡已经基本脱落完全。虽然此刻空泡已完成脱落且含气量较小，但是等值面空泡表明此时航行器压力侧仍存在部分还未完全溃灭的脱落空泡。一方面，当航行器头部触及自由液面时，吸力侧空泡稳定，含气量大且均匀。在出水过程中由于介质突变，吸力侧空泡体积急剧压缩致使泡内气体压力脉冲，导致空泡快速发生溃灭。此过程中吸力侧空泡在自由液面发生了强烈的相互作用，在自由液面上端产生了大量的小尺度涡环。另一方面，压力侧主要以脱落空泡为主，而脱落空泡具有含气量不均匀，且能量交换剧烈，因此出水过程中进一步加剧了自由液面上端湍流涡结构。

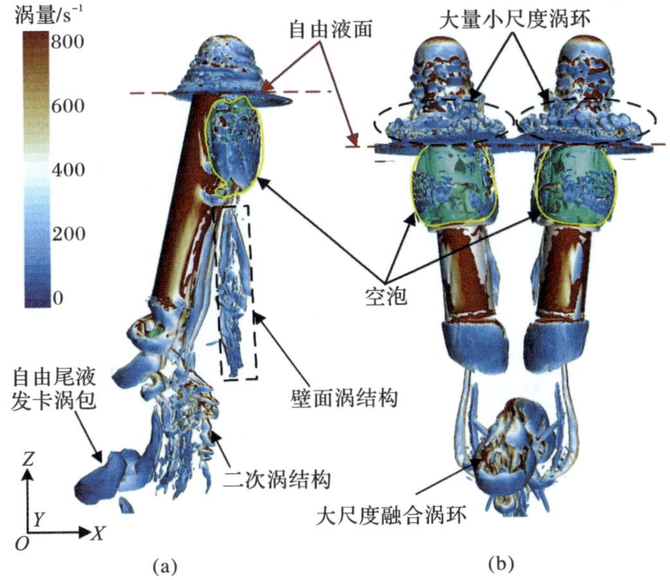


**图 4-42　空化区域周围等值面涡结构分布**

(a)单体;(b)双体

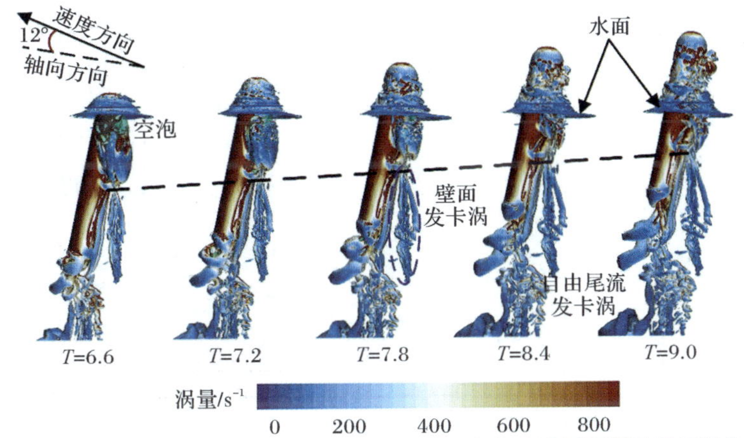


**图 4-43　$AOA_0=12°$和 $\sigma_0=0.230$ 下单体出水过程空化区域周围湍流相干涡结构演化**

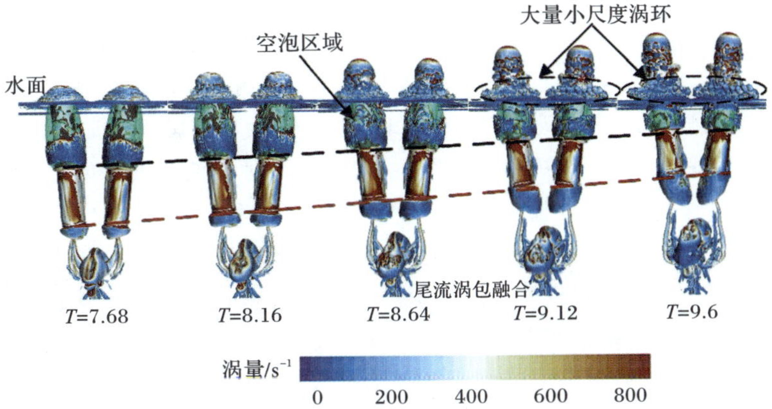


**图 4-44　$AOA_0=0°$和 $\sigma_0=0.230$ 下齐射出水过程空化区域周围湍流相干涡结构演化**

### 4.3.3 溃灭载荷特性演化

图 4-45 为若干监测点捕捉的压力系数随时间变化过程。在空泡生长阶段，当空泡闭合位置扫过压力监测点时，就会发生均匀的压力值增加，随后迅速降至饱和蒸气压水平附近。在出水空泡溃灭阶段，出现了较为明显的 8 个压力峰值，其中一个压力峰值远远强于其他压力峰值。该现象表明，前 7 个较为明显的压力峰值主要是出水空泡推进式溃灭所引起的。从局部放大图中可以发现，这些峰值并未发生明显的重叠，而是按照顺序所排列。随后，当空泡溃灭缩小至一个小尺度孤立空泡时发生了同步溃灭现象，其压力脉动的特点是极高的峰值和极短的脉宽，如放大图中所捕捉的溃灭压力。图 4-46 为初始攻角 $AOA_0=4°$、空化数 $\sigma_0=0.230$ 下压力侧若干监测点压力演变曲线。可以发现，压力侧空泡生长过程较为稳定，监测点压力按照顺序依次到达饱和蒸气压水平，如红色透明背景下局部放大图所示。

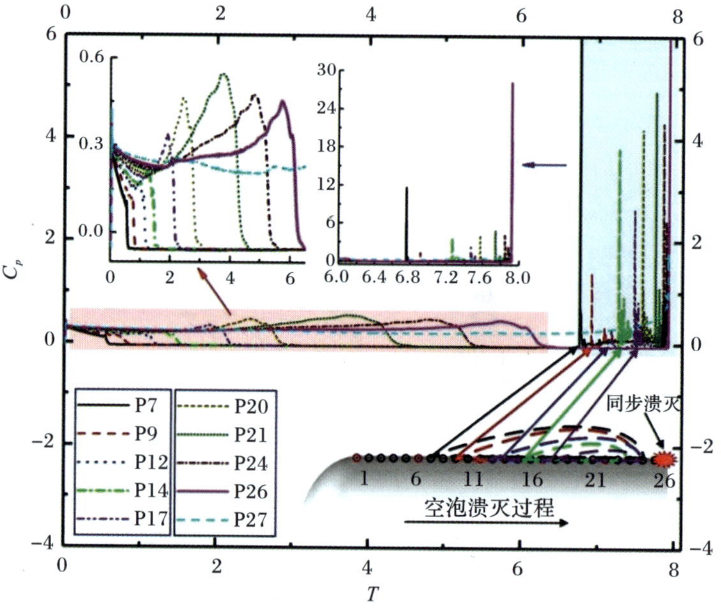


**图 4-45　初始空化数 $\sigma_0=0.230$ 下出水阶段若干监测点捕捉的压力系数随时间变化过程**

同样地，攻角 $AOA_0=8°$和 $AOA_0=12°$下压力侧演变情况基本相同，如图 4-50 和图 4-52 所示。图 4-47 是图 4-46 中蓝色透明背景区域的放大图，压力侧空泡溃灭过程中产生了小规模的局部压力溃灭峰值，攻角 12°压力侧出水阶段压力演变规律相同，如图 4-53 所示。另外，水下阶段初期吸力侧压力出现了小规模的溃灭现象，主要是由于空泡发生了大规模空泡脱落，随后脱落空泡发生了局部溃灭现象，如图 4-48 所示。

在出水阶段末期，由于吸力侧前期已经发生了大规模空泡脱落，只附着了较小尺度的空泡。因此在出水过程中只在肩部前端发生了小范围的空泡溃灭现象，如图 4-49 所示。当航行器以一定攻角状态下出水时，其吸力侧和压力侧空泡溃灭能量均远远低于轴对称情况下。同样地，攻角为 8°下吸力侧压力变化规律与攻角 4°基本相同，均未产生大范围的高频脉动压力，如图 4-51 所示。

图 4－54 给出了 $AOA_0=12°$、$\sigma_0=0.230$ 下吸力侧若干监测点压力演变曲线。从图中可以发现，水下阶段前期和出水阶段末期均出现了大范围的压力峰值。前期主要是由脱落空泡溃灭所导致的，而后期主要是由出水空泡溃灭所导致的。为了进一步分析，对前期压力峰值范围和后期压力峰值范围分别进行局部放大，如图 4－55 和图 4－56 所示。吸力侧 P42～P50 监测点均出现了明显的压力峰值，且峰值逐渐增大。对比来看，出水阶段溃灭压力峰值大小远远小于水下阶段初期脱落空泡溃灭压力峰值，近似相差 1 个量级。

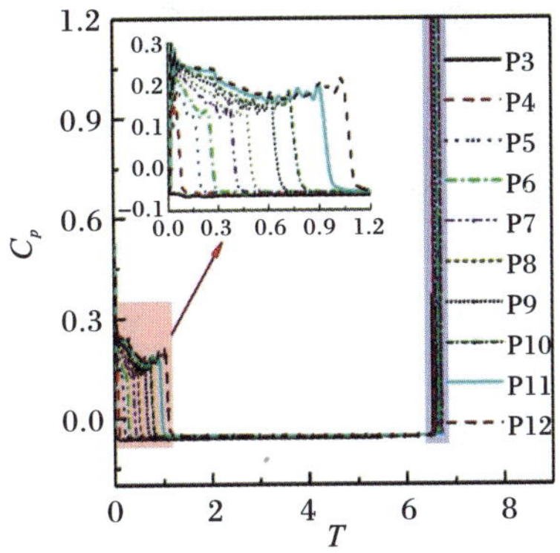


**图 4－46　压力侧若干监测点压力演变曲线 1**

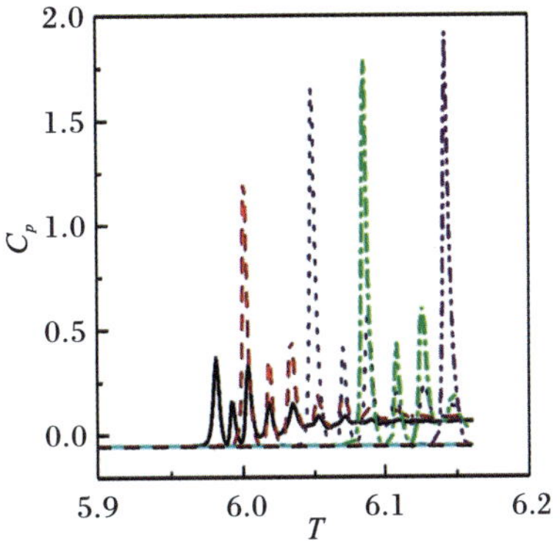


**图 4－47　压力侧局部压力放大图 1**

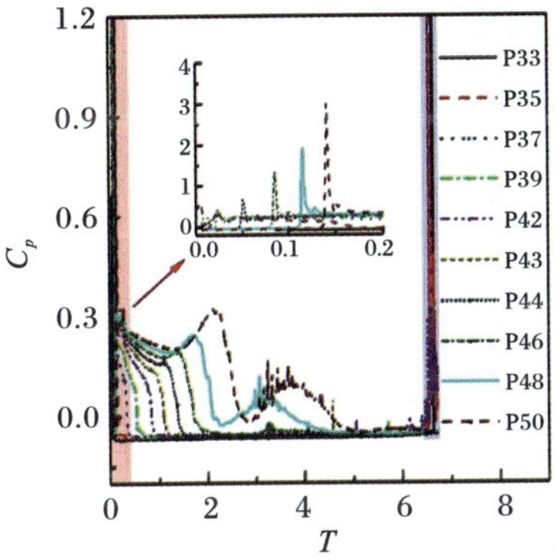


**图 4－48　吸力侧若干监测点压力演变曲线 1**

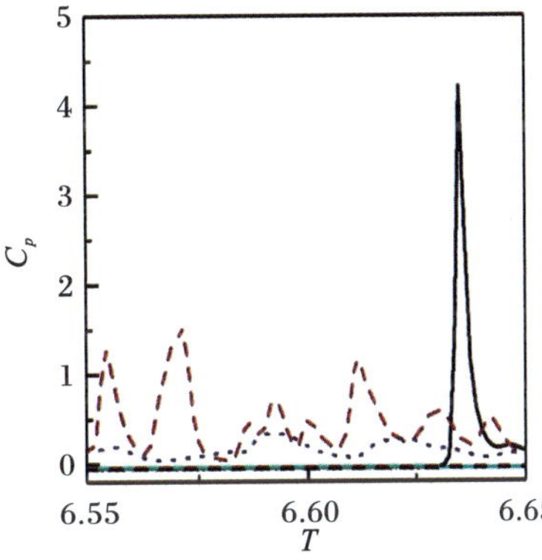


**图 4－49　吸力侧局部压力放大图 1**

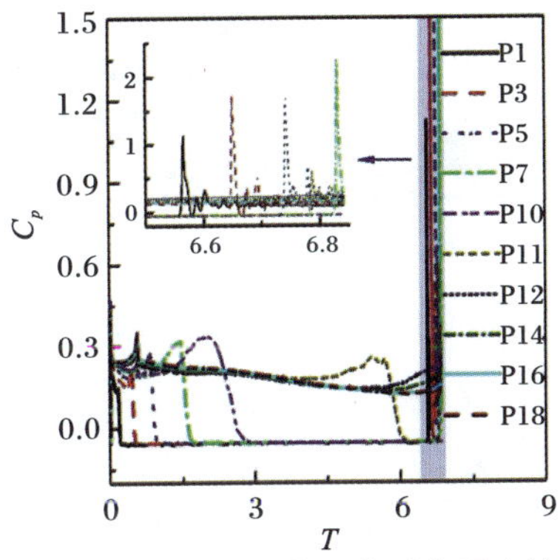


**图 4－50　压力侧若干监测点压力演变曲线 2**

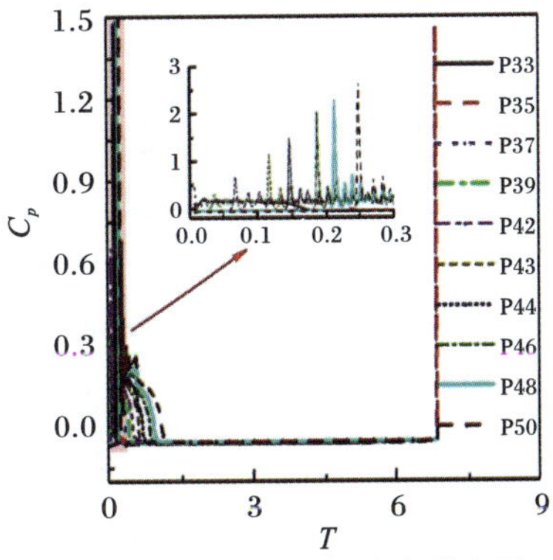


**图 4－51　吸力侧局部压力放大图 2**

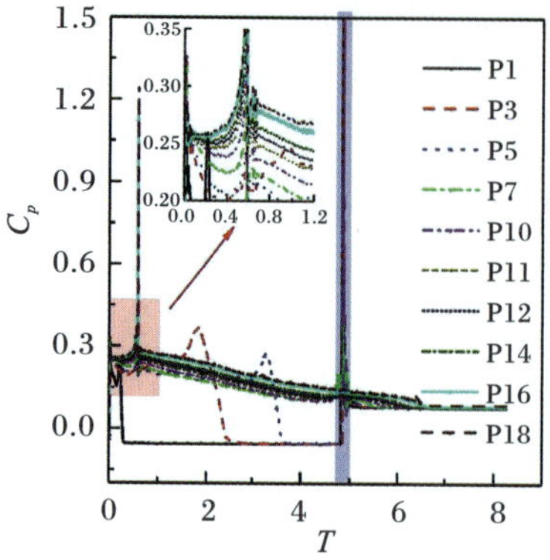


图 4-52 压力侧若干监测点压力演变曲线 3

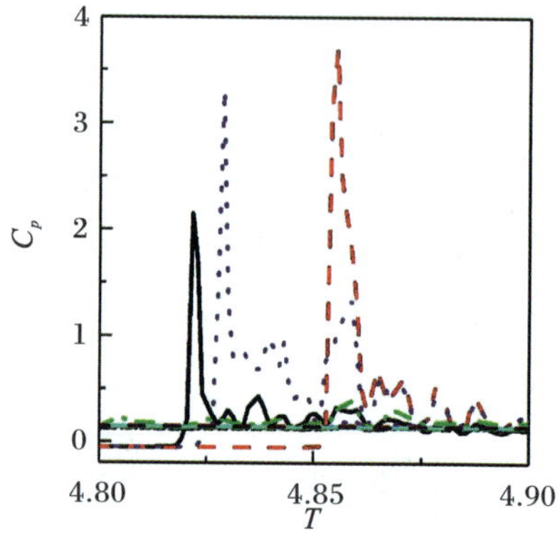


图 4-53 压力侧局部压力放大图 2

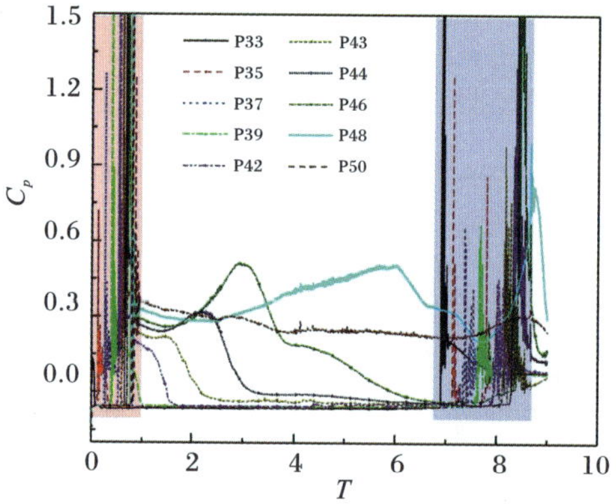


图 4-54 $AOA_0=12°$、$\sigma_0=0.230$ 下吸力侧若干监测点压力演变曲线

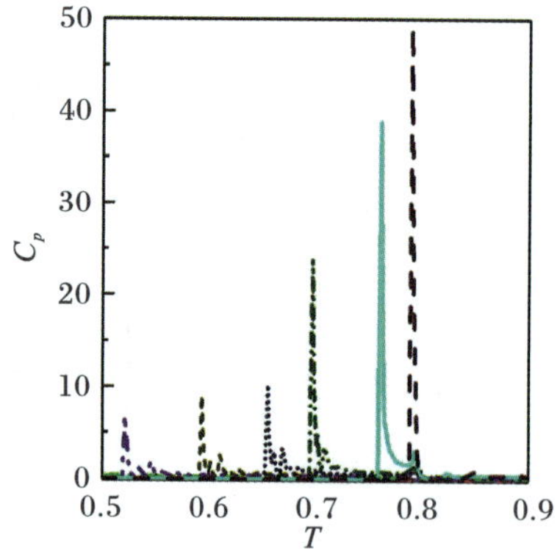


图 4-55 吸力侧局部压力放大图 3

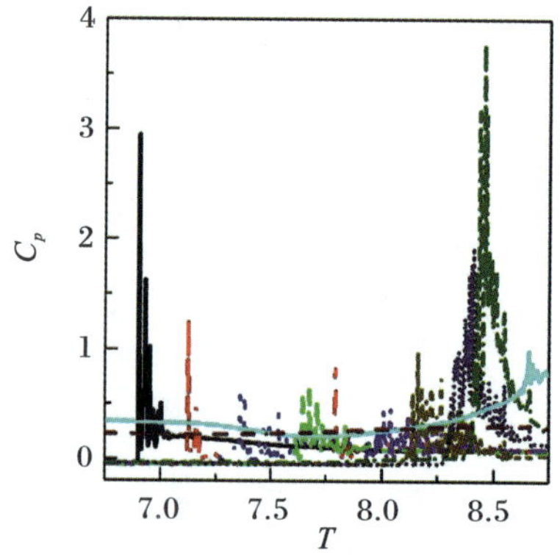


图 4-56 吸力侧局部压力放大图 4

在开展齐射出水溃灭压力演变规律分析之前，首先定义航行器表面监测点分布。在其表面两侧分别等间距布置了 32 个探针，共计 64 个监测点，并按照顺序进行了编号，相邻监测点之间的轴向间距约为 0.029 6 倍航行器直径（如监测点 1 和监测点 2），如图 4-57 所示。

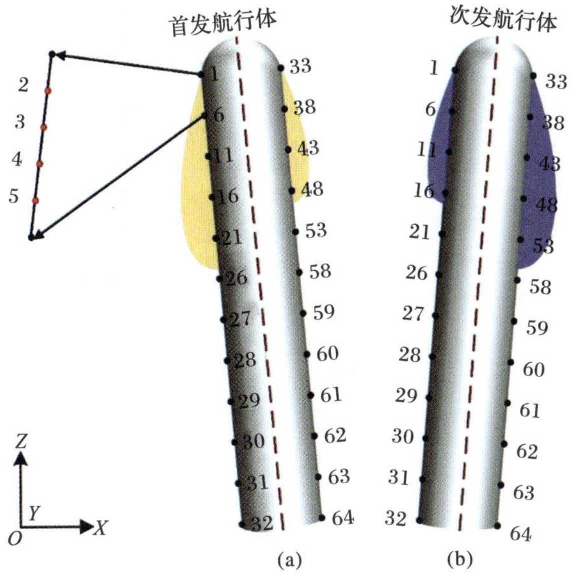


**图 4-57　水下齐射航行器表面监测点分布**

(a)首发航行器;(b)次发航行器

下面基于上述研究基础上,开展齐射出水过程脉动压力特性研究。图 4-58 和图 4-60 分别给出了 $\sigma_0=0.230$ 下齐射出水吸力侧和压力侧若干监测点压力演变曲线。从图中可以发现,空泡前期由于空泡生长扫过监测点,监测点压力均出现了升高而后迅速降至饱和蒸气压水平附近的现象。当航行器头部触及自由液面时,压力侧空泡由于流动干扰的影响,前期发生了大规模脱落现象,此时仅仅附着了小尺度空泡。相反,吸力侧空泡状态稳定,并未发生明显的空泡溃灭现象,同时双发航行器此时的瞬态攻角近似为 5.5°。基于此,可将首发航行器和次发航行器近似分别视作单体以攻角 5.5°状态出水。由图 4-59 和图 4-61 可知,吸力侧和压力侧空泡出水过程中都出现了大范围的空泡峰值,但整体来看均小于轴对称情况,与单体以 4°攻角的状态出水相近。同样地,压力侧空泡在前端出现了两次较大的峰值,主要是小尺度空泡所导致的。

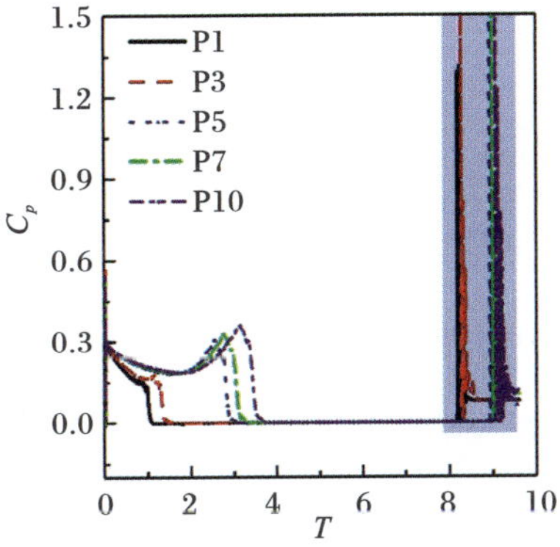


**图 4-58　吸力侧若干监测点压力演变曲线 2**

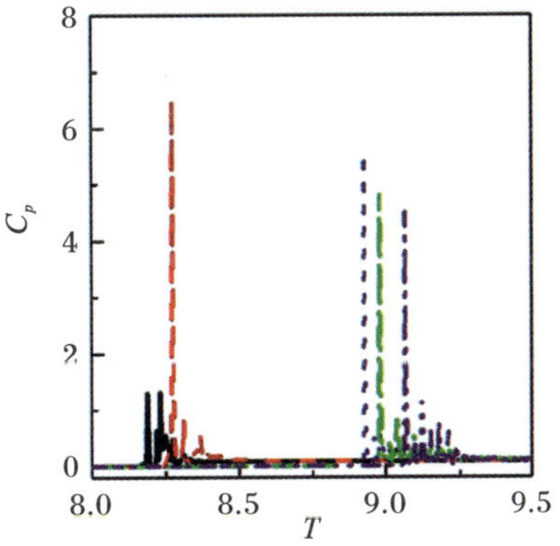


**图 4-59　吸力侧局部压力放大图 5**

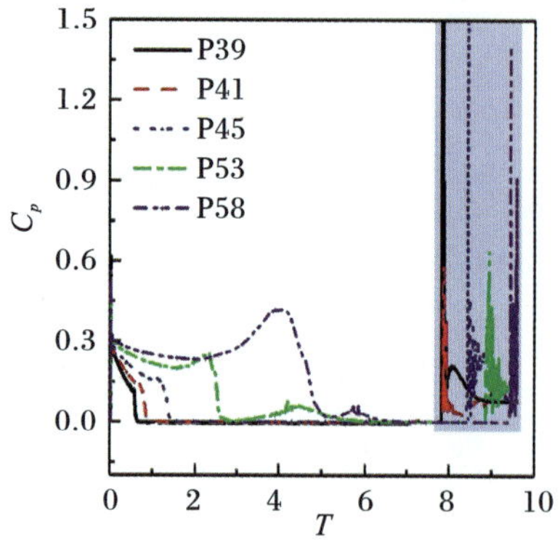


图 4-60　压力侧若干监测点压力演变曲线 4

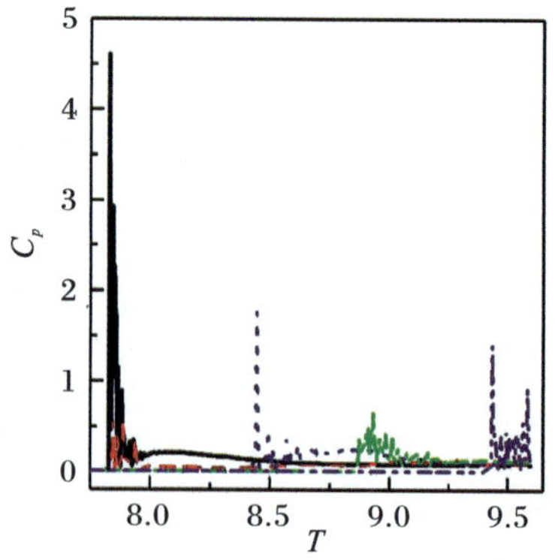


图 4-61　压力侧局部压力放大图 3

# 第5章 不同发射参数对空化水动力干扰影响

## 5.1 引　　言

齐射出水空泡溃灭是整个空泡演化过程中最剧烈的表现，而溃灭载荷的大小往往直接决定了航行器结构设计的强度。本章研究的出水空泡溃灭与水下阶段空泡稳定性有着本质的差异，然而两者又具有强关联性。本章在基于上述空泡稳定性研究的基础上，首先建立空泡溃灭模型并讨论溃灭载荷相似性问题。其次，通过量纲分析获取影响水下空泡溃灭关键参数，获得我们最为关心的关键无量纲控制参数。在此基础上，从空泡溃灭流场细节以及溃灭载荷等角度分别研究空化数、无量纲时间间隔、无量纲横向间距关键控制参数对齐射出水空泡溃灭与载荷特性的影响规律。

## 5.2 空化数的影响

### 5.2.1 空泡溃灭干扰流场

为了进一步分析不同空化数下航行器头部触及自由液面时流场细节，图 5－1 和图 5－2 分别给出了空泡形态、等值面空泡与涡量分布。总的来看，由于初始空化数增加，即初始空化数范围是 $0.357<\sigma_0<0.405$，航行器头部触及自由液面时刻运动姿态和空泡发展形态完全不同，而航行器运动偏转角变化较小，幅值在 5°附近。当初始空化数 $\sigma_0=0.230$ 时，航行器外侧空泡含气量高，空泡稳定性较好，而内侧空泡由于流动干扰效应发生了大规模脱落现象。对于首发航行器外侧空泡，随着空化数的增加，当航行器头部触及自由液面时，外侧空泡均相对稳定，但长度和厚度均大幅度减小。当初始空化数 $\sigma_0=0.731$ 时，处于临界空化数附近，并未出现明显的空化效应。航行器肩部空泡表面附近高

涡量区域代表回射流运动区域，随着空化增加，外侧空泡表面附近高涡量区逐渐靠近空泡顶端。对于首发航行器内侧空泡，随着空化增大，当航行器头部触及自由液面时，空泡在流动干扰下，发生完全脱落的时间点提前，即 $\sigma_0=0.273$ 和 $\sigma_0=0.322$ 基本都发生了完全脱落，且高涡量区均覆盖整个内侧空泡界面。

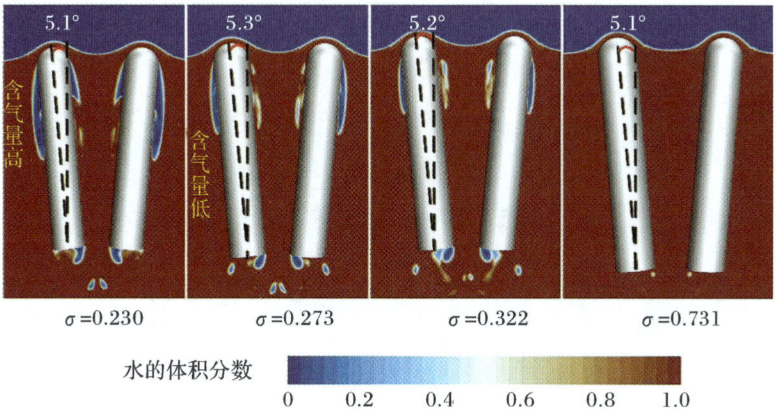


**图 5-1　不同空化数下航行器头部触及自由液面时刻空泡形态**

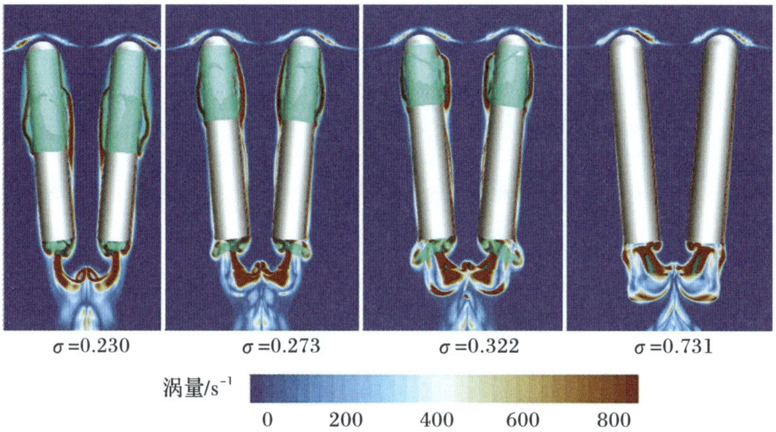


**图 5-2　不同空化数下航行器头部触及自由液面时刻等值面空泡与涡量分布**

图 5-3 为航行器头部触及水面时刻等值面空泡与涡结构分布。由于空化数增加，导致空泡形态大幅度减小，且内侧空泡发生了大规模脱落现象，导致空泡末端的涡结构过渡区处于不对称状态，且壁面涡结构受到严重的抑制现象。值得注意的是，由于航行器头部触及自由液面时刻攻角幅值基本相同，所以自由尾流相互融合规律近似相同，形成一个较大的涡环包。

为了进一步探究泡内含气量的差异，图 5-4 给出了航行器头部触及水面时刻不同空化数下泡内含气量分布。可以发现，随着空化数增加，外侧空泡形态在减小，且泡内含气量分布大幅度减弱，回射流顶点距离空泡顶端的距离分别是 $r_{\sigma=0.230}<r_{\sigma=0.273}<r_{\sigma=0.322}$。由此可知：在该时刻下，初始空化数 $\sigma_0=0.230$，外侧空泡在水下阶段并不会发生脱落现象；$\sigma_0=0.273$ 下，回射流已经接近空泡顶端，处于空泡临界脱落时刻附近；$\sigma_0=0.322$ 下，回射流已经接近空泡顶端，处于空泡临界脱落时刻附近，空泡稳定性极差，随时都有可能

发生脱落现象。由于初始空化数 $\sigma_0=0.731$ 在临界空化数附近，并未产生明显的空泡形态，所以就不需要该空化数下回射流运动规律。

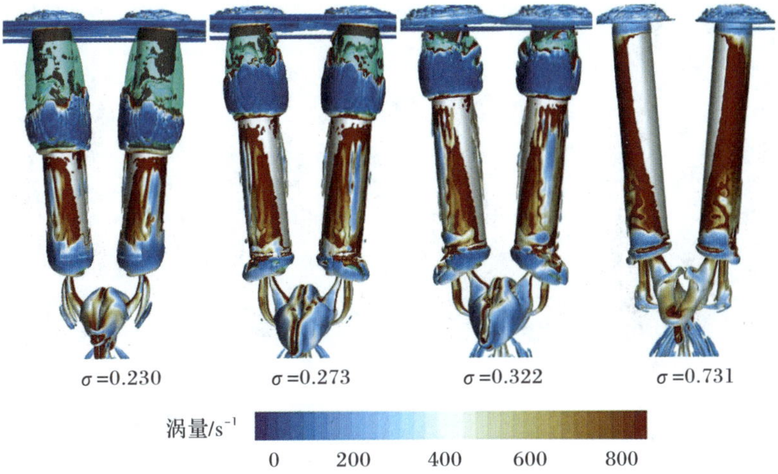


**图 5-3 航行器头部触及水面时刻等值面空泡与涡结构分布**

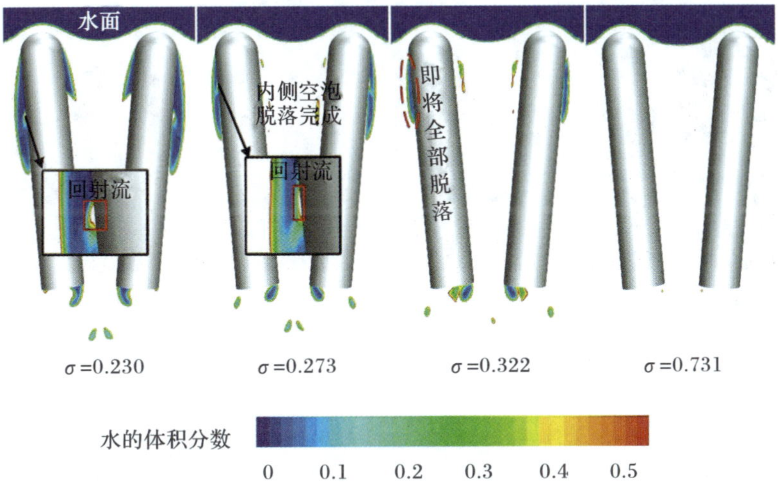


**图 5-4 航行器头部触及水面时刻不同空化数下泡内含气量分布**

图 5-5(a)(b)(c)分别为初始空化数 $\sigma_0=0.322$、$\sigma_0=0.273$、$\sigma_0=0.731$ 下出水阶段空泡溃灭流场演变。由上述分析可知，初始空化数 $\sigma_0=0.322$ 和 $\sigma_0=0.273$ 下内侧空泡已经基本脱落完全，在其内侧壁面只残留了部分已经脱落的空泡。针对外侧空泡，出水过程与单体出水空泡溃灭形式基本相同，即回射流前端空泡在出水过程中发生了自上而下推进式溃灭；随后航行器与空泡末端几乎一直保持相对静止，空泡继续发生自上而下的推进式溃灭，在溃灭时刻空泡缩小至孤立空泡，直至完全溃灭。

图 5-6(a)(b)分别为初始空化数 $\sigma_0=0.273$ 下航行器外侧和内侧监测点含气量演变曲线。对于外侧空泡，P1～P6 监测点范围内，泡内含气量高且稳定，直至出水阶段发生溃灭现象。在 P11 位置附近处于空泡下端，含气量增加后在出水前已经降低至 0 水平；对于内侧空泡，P33 和 P38 监测点附近在出水前已经降低至 0 水平附近，这主要是空

泡发生了大规模脱落现象。值得注意的是，P48 监测点位置出现了波动现象，主要是脱落空泡沿着航行器壁面向下运动，导致该现象出现。

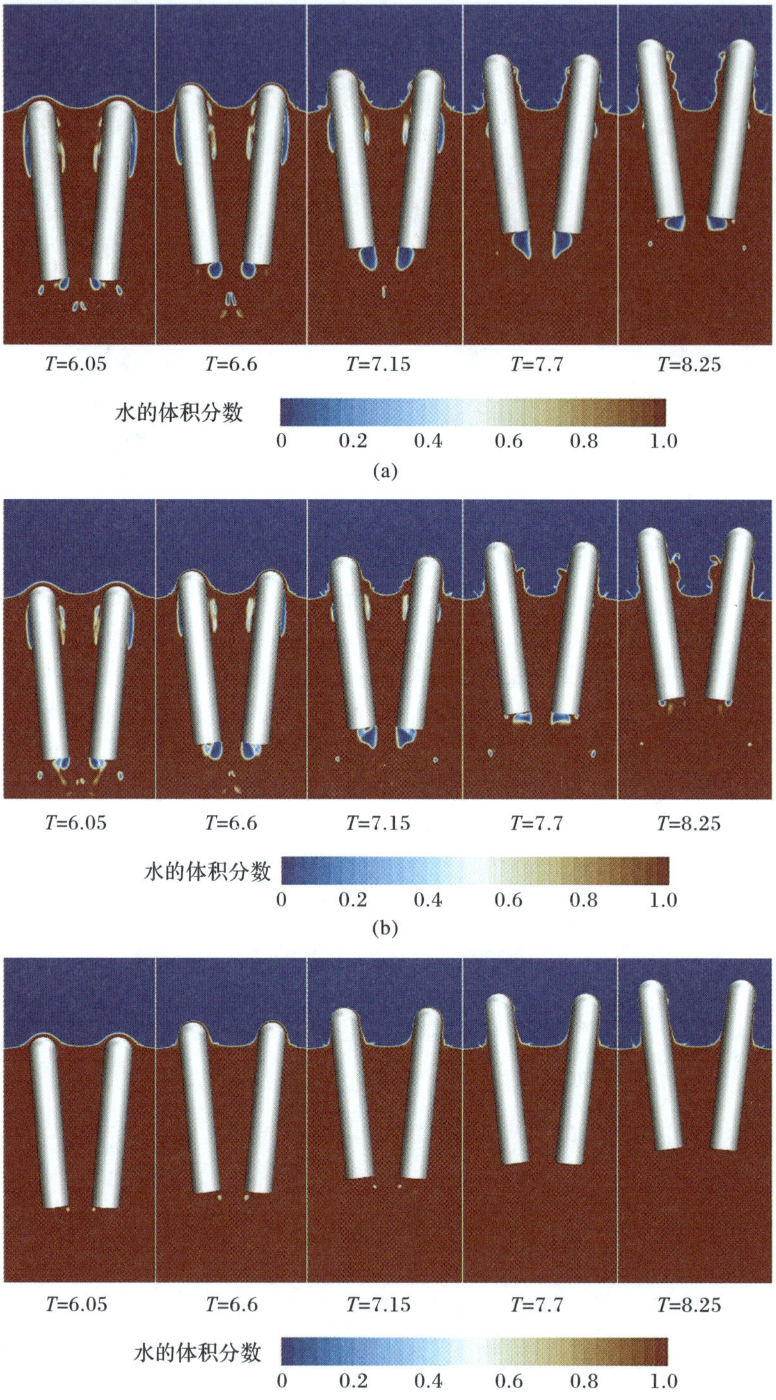


(c)

**图 5-5　不同初始空化数下出水阶段空泡溃灭流场演变**

(a)$\sigma_0$＝0.273；(b)$\sigma_0$＝0.322；(c)$\sigma_0$＝0.731

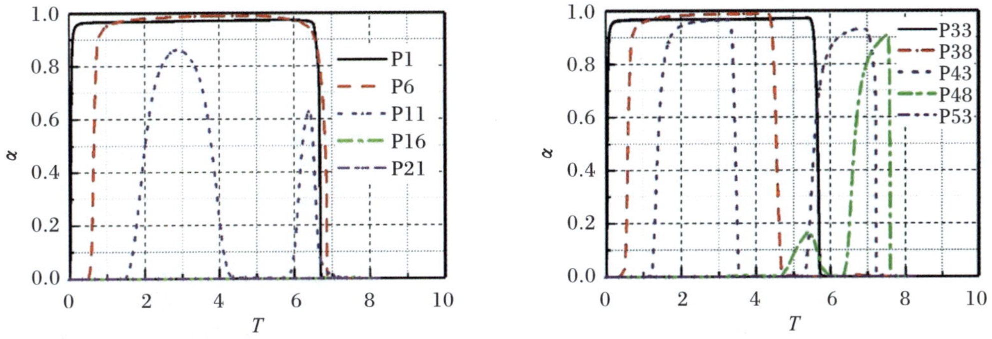


(a)　(b)

**图 5-6　$\sigma_0=0.273$ 下监测点含气量演变曲线**

(a)外侧;(b)内侧

图 5-7(a)(b)分别为初始空化数 $\sigma_0=0.322$ 下航行器外侧和内侧监测点含气量演变曲线。可以发现,外侧泡内 P6 监测点位置在出水前期发生了下降和跃升现象,表现出不稳定现象。结合上述空化流场结构分析,这主要是回射流运动所导致的。同样地,内侧空泡附近的监测点均在出水前期均发生了大幅度现象。从图 5-8(a)(b)可知,内侧和外侧 P1 和对称点 P33 位置出现了含气量跃升后迅速下降至 0 水平,其余监测点均保持 0 水平,主要是初始空化数 $\sigma_0=0.731$ 处于临界空化数附近所导致的。

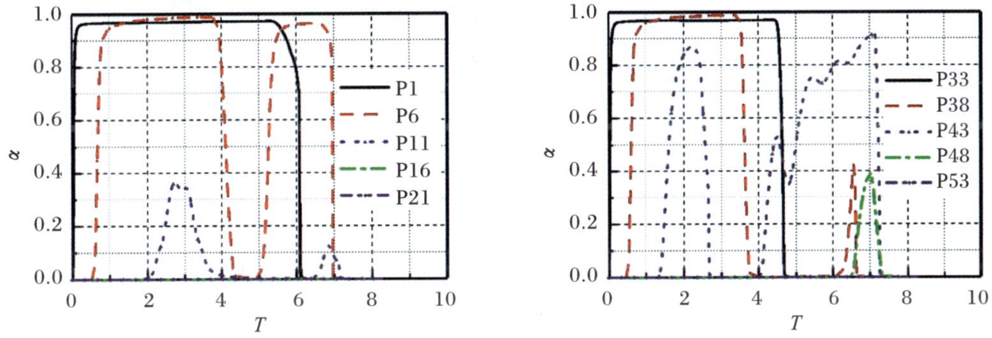


(a)　(b)

**图 5-7　$\sigma_0=0.322$ 下监测点含气量演变曲线**

(a)外侧;(b)内侧

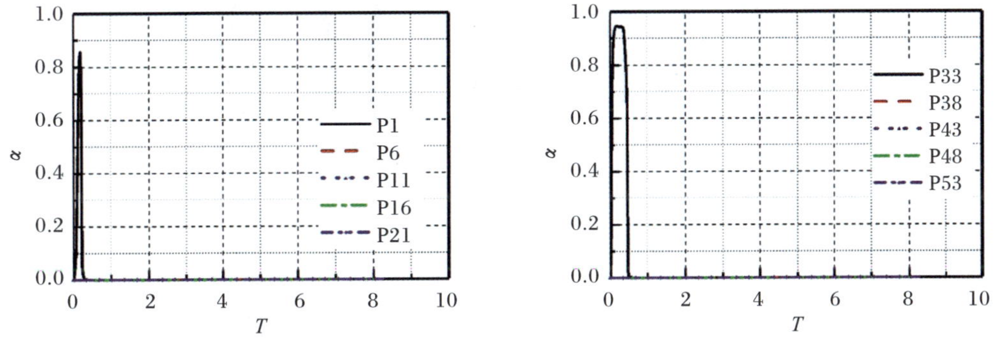


(a)　(b)

**图 5-8　$\sigma_0=0.731$ 下监测点含气量演变曲线**

(a)外侧;(b)内侧

图 5－9(a)(b)(c)(d)分别为初始空化数 $\sigma_0=0.230$、$\sigma_0=0.273$、$\sigma_0=0.322$、$\sigma_0=0.731$ 下出水阶段等值面空泡与涡结构演变。总体来看，随着航行器逐渐完全离开水面，在自由液面上端出现了大量的小尺度涡环，而水面下端空泡在自由液面附近由于介质突变发生了溃灭现象，而溃灭过程与这些涡环相互作用，所以直接加剧了溃灭流场的复杂性。在流动干扰下，自由尾流涡结构出现了掺混融合现象，对航行器的运动姿态均有影响。值得注意的是，随着空化数增加，由于航行器出水部分引起的小尺度涡环体量有所减弱。

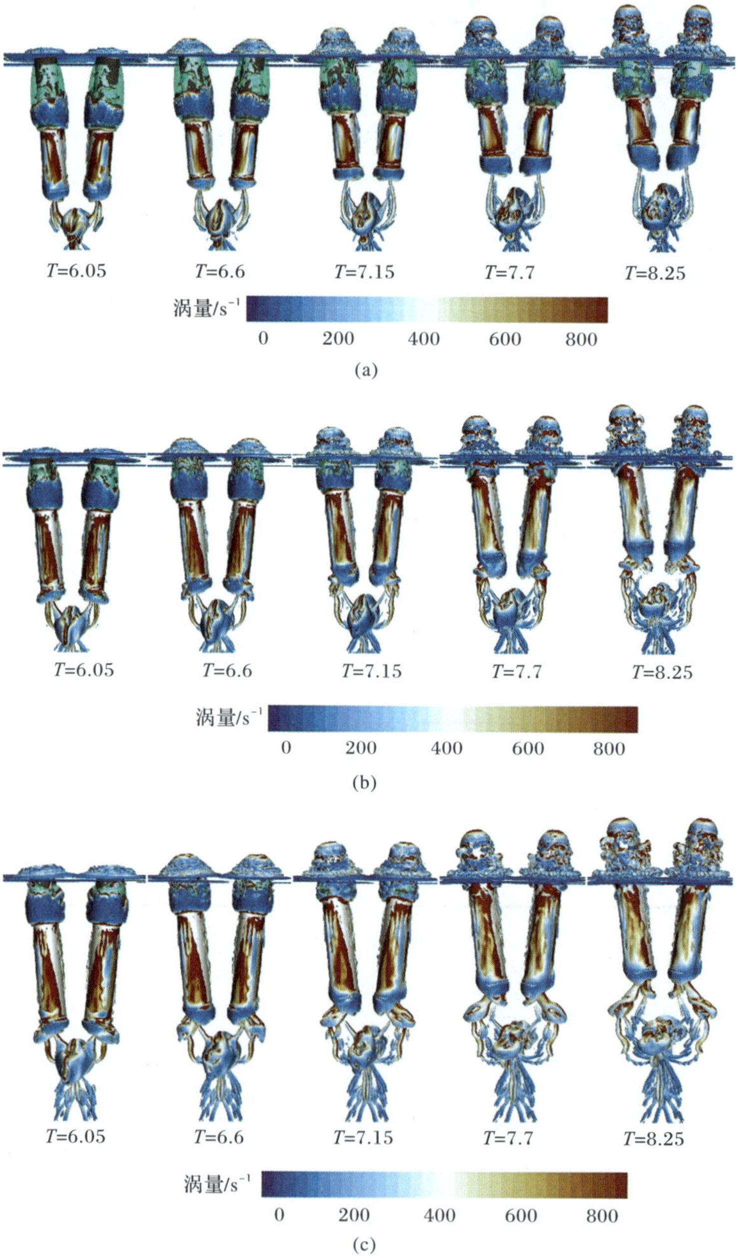


**图 5－9　不同初始空化数下出水阶段等值面空泡与涡结构演变**

(a)$\sigma_0=0.230$；(b)$\sigma_0=0.273$；(c)$\sigma_0=0.322$

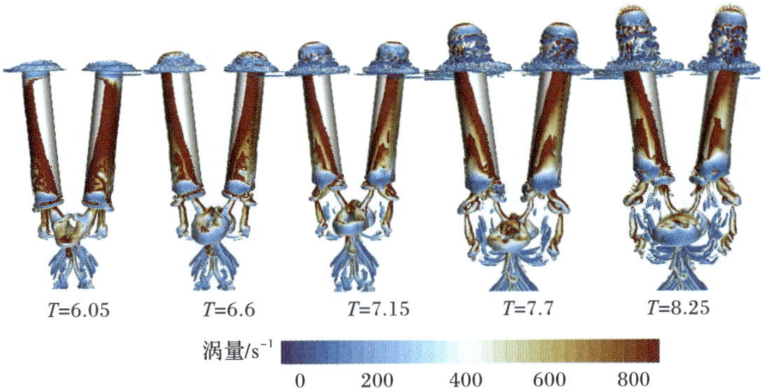


(d)

**续图 5-9　不同初始空化数下出水阶段等值面空泡与涡结构演变**

(d)$\sigma_0=0.731$

### 5.2.2　载荷干扰流场

图 5-10(a)(b)分别为初始空化数 $\sigma_0=0.273$ 下航行器吸力侧和压力侧监测点压力演变曲线。总体来看，出水阶段，航行器两侧均出现了极高的溃灭载荷峰值。进一步分析可知，最大峰值发生位置符合同步溃灭载荷的特点。因此，可以认为该位置发生了同步溃灭现象。图 5-10(c)(d)分别为初始空化数 $\sigma_0=0.322$ 下航行器吸力侧和压力侧监测点压力演变曲线。分析可知，整个过程并未出现同步溃灭现象，只是出现了多个载荷峰值。

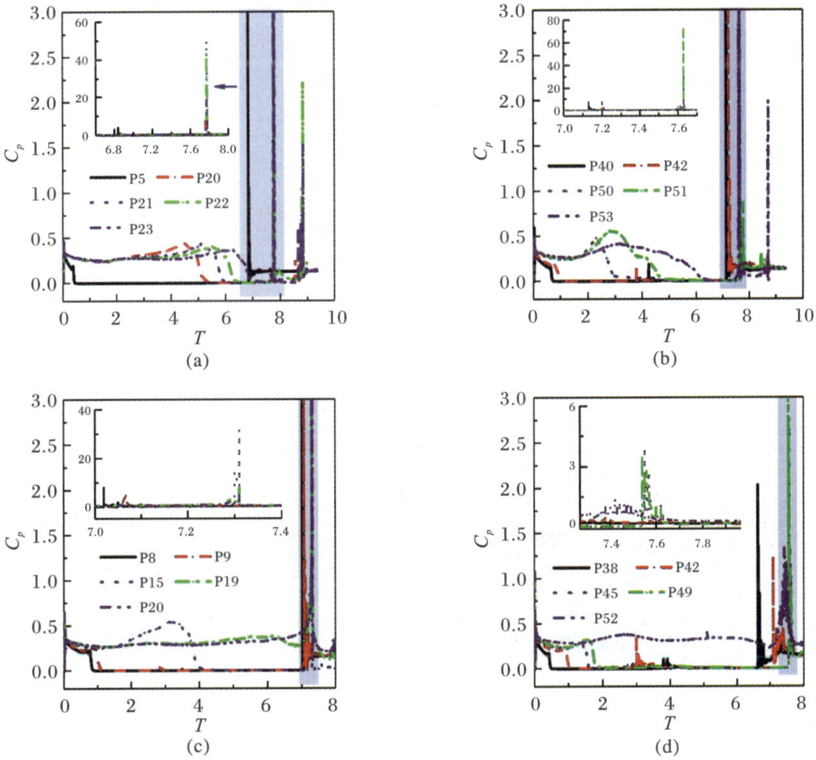


**图 5-10　不同初始空化数下压力演变曲线**

(a)$\sigma_0=0.273$ 吸力侧；(b)$\sigma_0=0.273$ 压力侧；(c)$\sigma_0=0.322$ 吸力侧；(d)$\sigma_0=0.322$ 压力侧

由上述分析发现，初始空化数 $\sigma_0=0.273$ 下航行器吸力侧和压力侧均出现了同步溃灭载荷。由于同步溃灭载荷发生在外侧壁面 P22 监测点附近以及内侧壁面 P51 监测点附近，所以同时发生的时刻在 $T=7.7\sim7.8$ 之间。对于外侧空泡，由于航行器头部触及自由液面时刻，空泡含气量较高，且分布较为均匀，所以相对较为稳定。结合外侧空泡含气量演变规律可知，P22 位置附近并未出现明显的含气量跃升现象，始终保持在 0 水平。同时结合空化流场分析可知，空泡末端在该位置上方。因此，该位置发生了同步溃灭现象主要是出水阶段自上而下推进到该位置所导致的同步溃灭现象。对于内侧空泡，在该位置和该时间点附近，结合上述内侧空泡含气量演变规律可知，空泡的含气量为 0.5 水平附近。同时由 5.2.1 节溃灭载荷相似律分析可知，含气量为 0.5 水平附近，该位置的当地声速是最小的，极易发生高频溃灭载荷的出现。

## 5.3 发射时间间隔的影响

### 5.3.1 空泡溃灭干扰流场

在上述无量纲时间间隔下空泡稳定性与运动特性研究的基础上，本节将开展不同发射时间间隔下空泡溃灭与载荷特性规律研究。图 5-11 为无量纲发射时间间隔 0.25$L$ 下瞬态空泡流场演变云图。当次发航行器头部触及自由液面时，其运动姿态已经顺时针向外侧发生了小幅度偏移，同时内侧空泡上端界面出现明显的波动现象。次发航行器内侧空泡由于受航行器运动姿态的影响，所以其内侧空泡尾端逐渐远离航行器壁面。随着航行器向上游继续运动，内侧和外侧空泡均发生了自上而下的溃灭现象。然而，在内侧流动干扰与运动姿态的影响下，次发航行器肩部空泡发生了明显不对称溃灭现象，且内侧空泡较外侧溃灭时间较早。在次发航行器肩部空泡完全溃灭后，其运动姿态不稳定性增强。

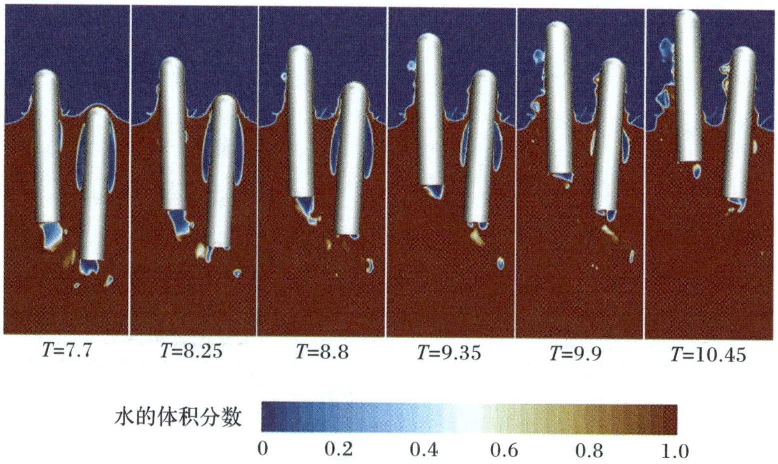


图 5-11　无量纲发射时间间隔 0.25$L$ 下瞬态空泡流场演变云图

为了进一步分析首发航行器对次发航行器的空化流动干扰影响，图 5－12 给出了不同时刻下等值面空泡与速度矢量云图。当 $T=8.8$ 时，此时首发航行器空泡形态已经完全溃灭，同时逆时针向外侧偏转。主要原因是次发航行器头部高压区域作用在首发航行器质心上方区域，导致其合力在质心之上，并指向外侧，从而引起首发航行器向外侧偏转。另外，次发航行器受到流动干扰的影响，也发生了顺时针向外侧偏转的趋势。当 $T=10.45$ 时，次发航行器头部高压持续作用在首发航行器，首发航行器向外侧偏转幅度进一步增大，而次发航行器此时空泡已基本完全溃灭。

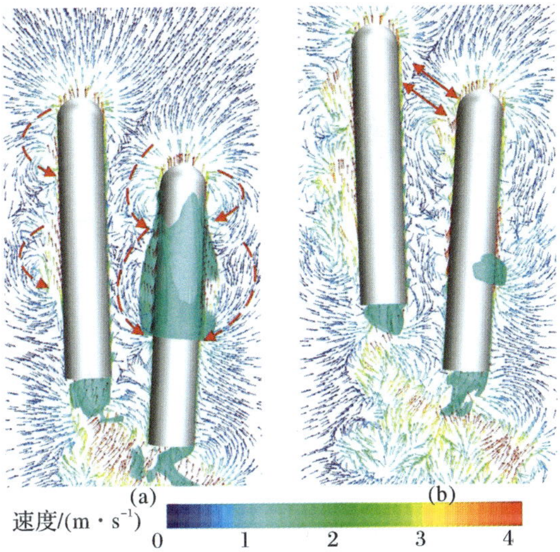


**图 5－12　不同时刻下等值面空泡与速度矢量云图**

(a) $T=8.8$；(b) $T=10.45$

图 5－13 给出了次发航行器头部触及自由液面时刻空化流场细节。次发航行器空化流场主要受内侧流域干扰，首发航行器尾流高强度涡量直接作用在次发航行器尾端，主要表现在尾流中高速流体冲击次发航行器壁面尾端，并与次发航行器尾流掺混融合，主要影响次发航行器运动姿态稳定性。值得注意的是，此时首发航行器已经有 1/4 完成出水，在自由表面上产生了较多的小尺度涡环，次发航行器在出水过程中将受到首发此涡环群的干扰。图 5－14 给出了无量纲发射时间间隔 $0.25L$ 下 $T=9.9$ 时刻次发航行器周围空化流场细节。随着航行器进一步运动，次发航行器空泡溃灭末期出现了明显的不对称性，如图 5－14(a)所示。此时刻下航行器尾流相互掺混融合，如图 5－14(b)所示，主要区域集中在次发航行器尾端附近，对其运动姿态有一定的影响。另外，次发航行器头部作用在首发航行器质心之上区域，如图 5－14(c)所示，导致其合力作用在质心之上，航行器均向外侧偏转。值得注意的是，航行器出水部分在自由液面附近产生大量的小尺度涡环，涡环与涡环之间相互掺混融合，主要影响着首发航行器的运动姿态和次发航行器空泡溃灭流场，如图 5－14(d)所示。

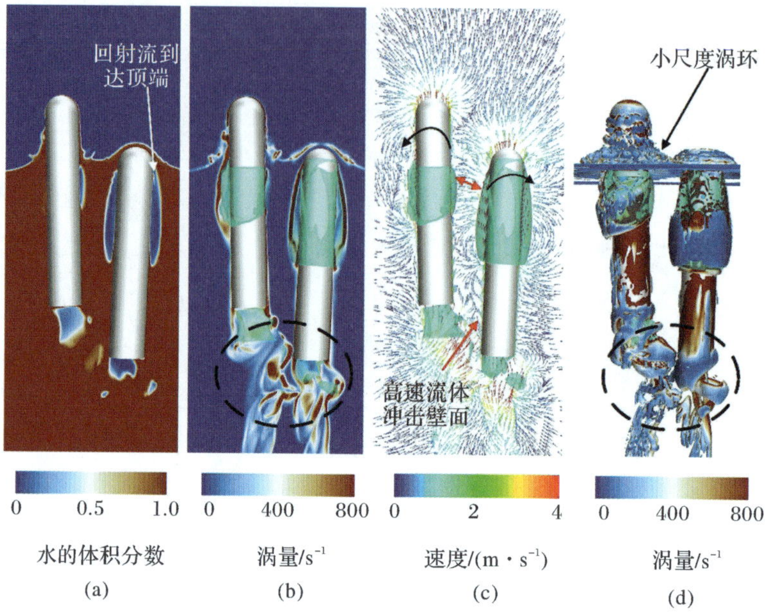


**图 5-13　无量纲发射时间间隔 0.25$L$ 下次发航行器头部触及自由液面时刻空化流场细节**

(a)相场分布；(b)等值面空泡与涡量流场；

(c)等值面空泡与速度矢量流场；(d)等值面空泡与涡结构流场

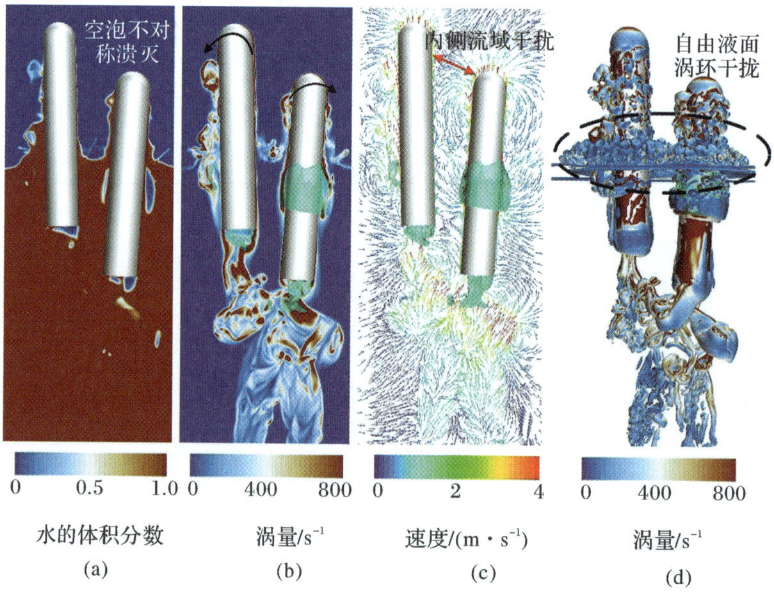


**图 5-14　无量纲发射时间间隔 0.25$L$ 下 $T$=9.9 时刻次发航行器周围空化流场细节**

(a)相场分布；(b)等值面空泡与涡量流场；

(c)等值面空泡与速度矢量流场；(d)等值面空泡与涡结构流场

图 5－15(a)(b)分别给出了次发航行器内侧和外侧部分监测点含气量演变曲线。总体来看，在出水阶段两侧泡内含气量具有不对称演变明显。另外，在空泡长度方面，外侧空泡明显较内侧空泡长。在空泡生长阶段，当空泡末端扫过监测点位置时，含气量曲线将会发生跃升至 1 水平附近。内侧空泡长度范围在 P11～P16 位置之间，而外侧空泡长度范围在 P48～P53 位置之间，因此外侧空泡长度较内侧长。然而，相比之下，由于内侧流动干扰导致流域速度较快，压力较低。结合内外侧含气量演变曲线可知，内侧空泡生长速度明显较外侧快。在出水阶段中，内侧空泡含气量迅速下降，同时内侧 P16 和外侧 P53 位置附近含气量均有所上升，这些主要是空泡推进式溃灭导致该位置出现了空泡，因此发生了含气量上升现象。

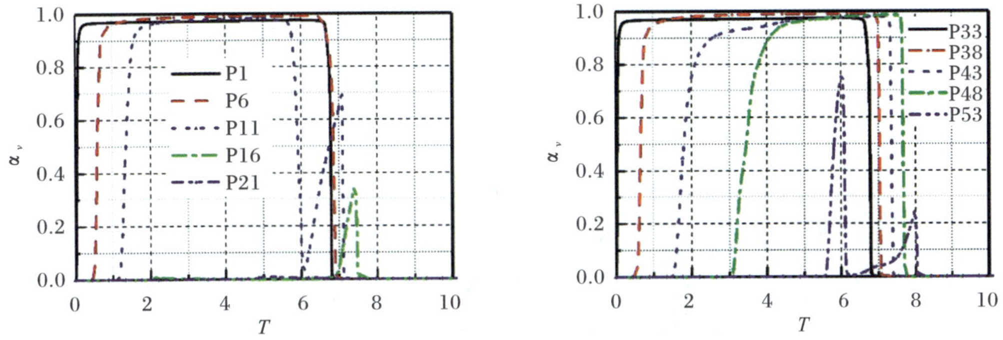


(a)　　(b)

**图 5－15　航行器监测点含气量演变曲线**

(a)内侧；(b)外侧

图 5－16 为无量纲发射时间间隔 0.5*L* 下瞬态空泡流场演变。当次发航行器触及自由液面时，首发航行器尾空泡限制了次发航行器内侧空泡的发展，其空泡界面出现了大范围的波动现象，表现得极不稳定。同时，次发航行器外侧泡内回射流早已到达空泡顶端，随时都有可能发生大规模脱落现象。随着首发航行器不断完成出水过程，其运动姿态逆时针向外侧偏转。次发航行器两侧空泡出水阶段中发生了不对称溃灭，其运动姿态并未发生明显的偏转。

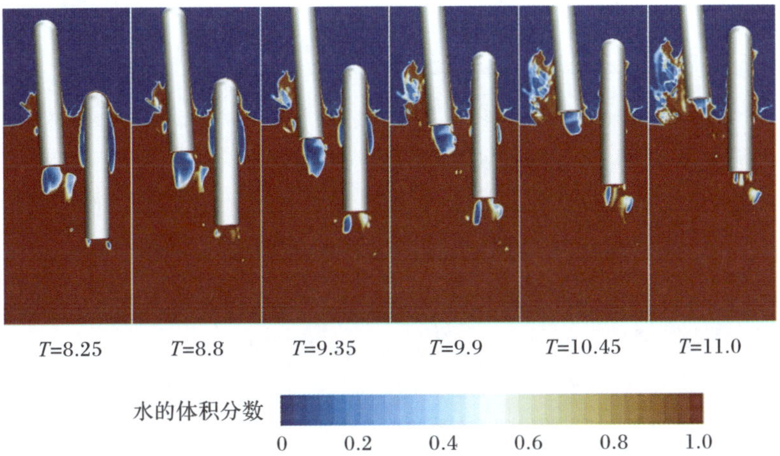


**图 5－16　无量纲发射时间间隔 0.5*L* 下瞬态空泡流场演变**

图 5-17 为无量纲时间间隔 0.5$L$ 下出水空泡溃灭流场实验测试过程。由于出水过程中，水面之上均是空泡溃灭以及水花飞溅现象，所以较难观察出溃灭流场演变。考虑到出水空泡溃灭一般都是推进式的，因此只需要分析自由界面下端附近空泡形态演变即可。从实验测试结果分析可知，首发航行器在流动干扰下逆时针向外侧偏转，而次发航行器在出水空泡溃灭过程中发生了较小幅度的顺时针外侧偏转。因此，在运动姿态上与数值模拟所获得的规律基本相同。另外，在次发航行器头部即将触及自由液面时刻，首发航行器肩部空泡基本已经完成了空泡溃灭和脱落过程，只在其表面残留了部分已经脱落的空泡。此时次发航行器由于回射流早已经到达空泡顶端，所以空泡发生了大规模脱落现象。对比数值模拟，虽然回射流已经到达空泡顶端，但并未发生明显的脱落现象。因此，实验测试结果和数值模拟结果相互进行了补充。然而，次发航行器的空泡溃灭时间极短，难以定量进行对比分析，但整体溃灭方式和规律与 2.5 节数值方法验证基本相同。

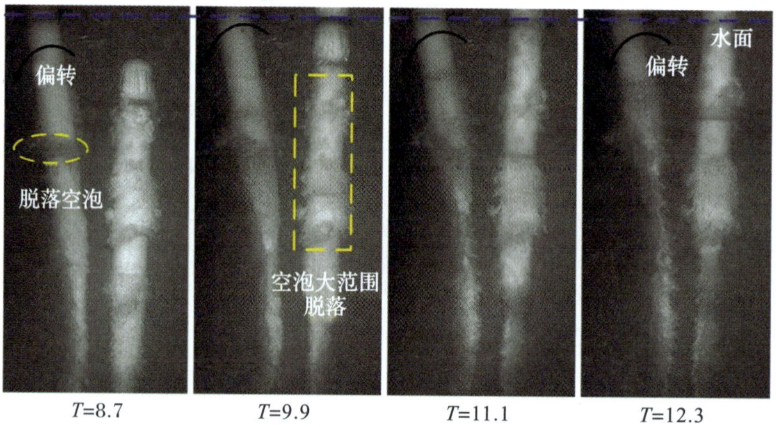


**图 5-17　无量纲时间间隔 0.5$L$ 下出水空泡溃灭流场实验测试过程**

图 5-18 给出了无量纲发射时间间隔 0.5$L$ 不同时刻下等值面空泡与速度矢量流场矢量图。在 $T=8.25$ 时刻，此时次发航行器两侧回射流均已到达空泡顶端，导致空泡稳定性较差。随着航行器向自由液面运动，次发航行器两侧空泡同样发生了不对称溃灭现象。由于发射时间间隔为 0.5$L$，所以首发航行器尾流区域直接作用在次发航行器内侧空泡末端，导致内侧空泡溃灭速度明显高于外侧空泡，从而发生了不对称溃灭，即 $T=9.35$ 时刻。图 5-19 为无量纲发射时间间隔 0.5$L$ 下次发航行器头部触及自由液面时刻空化流场细节。此时，回射流早已到达次发航行器内侧和外侧空泡顶端，其空泡目前整体状态不稳定，已经开始了脱落过程。由于发射时间间隔的增大，所以此时次发航行器头部作用在首发航行器质心区域附近，首发航行器的尾流已经开始干扰次发航行器空泡演变，主要表现在尾部高强度涡量靠近空泡末端，导致其末端空泡发生了收缩现象。同样地，首发航行器出水部分产生的大量小尺度涡环干扰着次发航行器出水空泡溃灭流场演化。

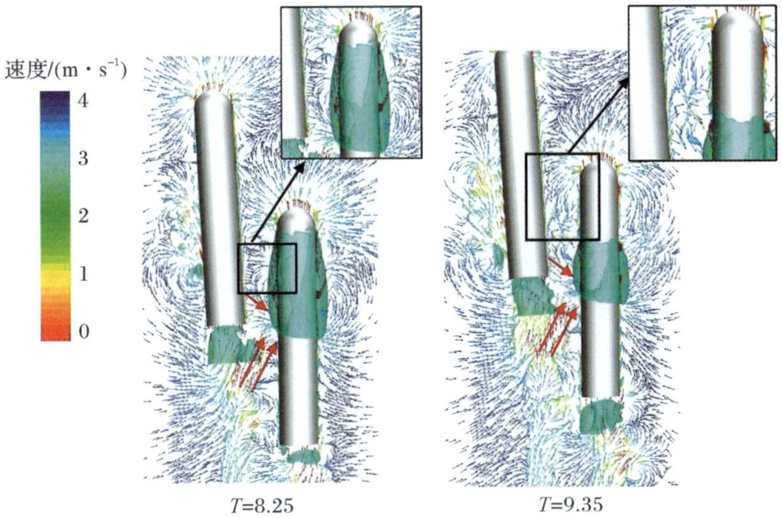


图 5-18　无量纲发射时间间隔 0.5$L$ 不同时刻下等值面空泡与速度矢量流场矢量图

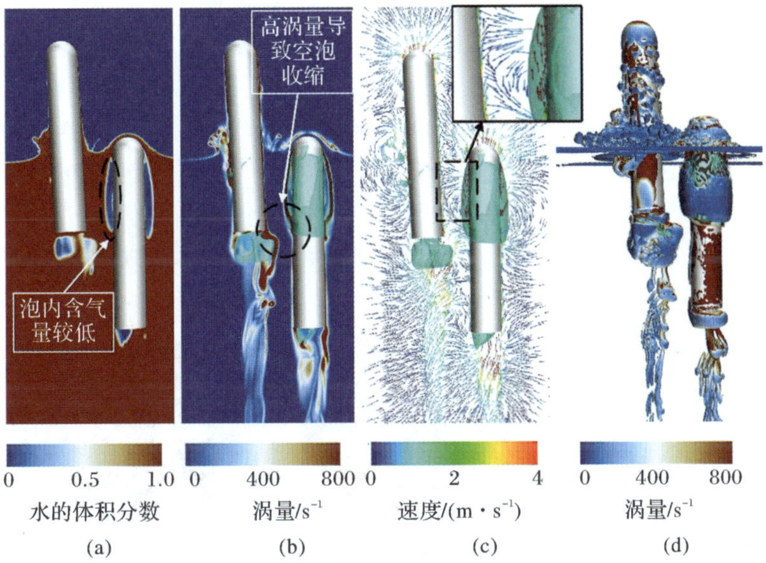


图 5-19　无量纲发射时间间隔 0.5$L$ 下次发航行器头部触及自由液面时刻空化流场细节

(a)相场分布；(b)等值面空泡与涡量流场；(c)等值面空泡与速度矢量流场；(d)等值面空泡与涡结构流场

在 $T=10.45$ 时刻，如图 5-20 所示，首发航行器已经完全出水，而次发航行器 1/2 完成了出水过程。此时，航行器空泡均已全部溃灭，流动干扰主要表现在首发航行器的尾流发展丰富，直接作用在次发航行器质心下方区域。同时，首发航行器的头部高压持续作用在次发航行器质心附近，导致次发航行器向外侧偏转。在涡结构演化方面，首发航行器的尾涡结构并进次发航行器质心下方区域，干扰次发航行器运动姿态，同时，自由液面上形成的大量涡环碰撞融合，对还未完成出水的次发航行器也会产生较大的影响。

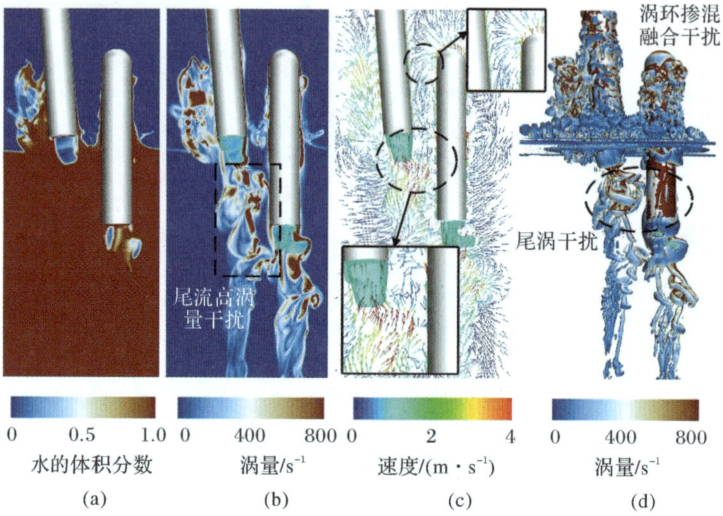


**图 5-20 无量纲发射时间间隔 0.5*L* 下 *T*=10.45 时刻次发航行器周围空化流场细节**

(a)相场分布;(b)等值面空泡与涡量流场;

(c)等值面空泡与速度矢量流场;(d)等值面空泡与涡结构流场

随着发射时间间隔的进一步增大,图 5-21 为无量纲发射时间间隔 0.75*L* 下瞬态空泡流场演变。当次发航行器头部触及自由液面时,此时内侧空泡已经出现了大规模脱落现象,与外侧空泡也形成了不对称溃灭现象,次发航行器肩部空泡流场演变极为复杂。在运动方面,首发航行器在出水过程中顺时针向内侧偏转,而次发航行器并未发生明显的偏转现象。由于航行器头部触及自由液面时刻的空泡流场细节直接决定了后面出水阶段空泡演化(即溃灭载荷规律),所以接下来将重点分析该时刻下的流场细节。

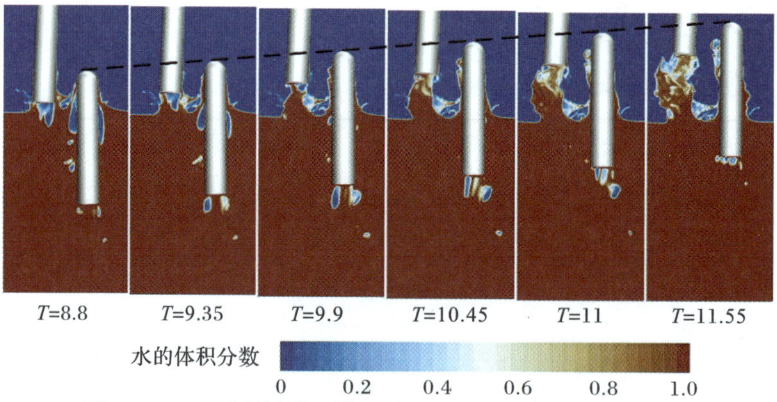


**图 5-21 无量纲发射时间间隔 0.75*L* 下瞬态空泡流场演变**

为了进一步分析次发航行器头部触及自由液面的状态,图 5-22 给出了无量纲发射时间间隔 0.75*L* 次发航行器头部触及自由液面时刻空化流场细节。从涡量流场分布情况可以发现,如图 5-22(b)所示,次发航行器内侧空泡受到首发航行器尾流高涡量区域的干扰,其内侧空泡形态具有收缩的现象;从图 5-22(c)速度矢量流场可以发现,首发航行器尾流区域的高速流体冲击次发航行器内侧空泡尾端,而首发航行器尾空泡周围的低压影响次发航行器内侧空泡,导致其内侧空泡的中间区域具有膨胀现象,进一步导致次发航行器内侧空泡的不稳定性；从图 5-22(d)涡结构分布可以发现，首发航行器即将全部完成出水阶段，此时其在自由液面附近产生的大量小尺度涡环已经发展至次发航行器顶端附近，同时其尾部涡结构得到充分发展，直接作用在次发航行器内侧空泡界面。

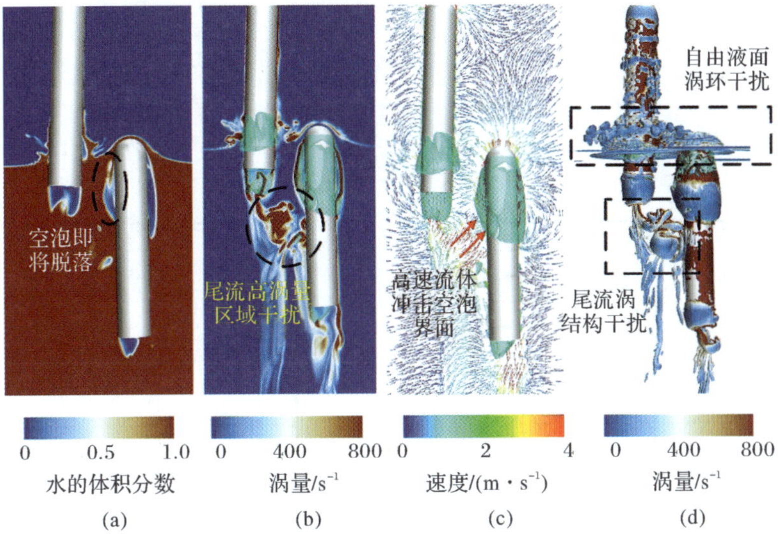


**图 5-22　无量纲发射时间间隔 0.75*L* 下次发航行器头部触及自由液面时刻空化流场细节**

(a)相场分布；(b)等值面空泡与涡量流场；

(c)等值面空泡与速度矢量流场；(d)等值面空泡与涡结构流场

图 5-23 给出了 $T=9.9$ 时刻次发航行器周围空化流场细节。从图中可以发现，随着航行器继续向自由液面运动过程中，首发航行器的尾流发展更加丰富，高涡量以及涡结构等区域作用在次发航行器的面积更大，如图 5-23(a)(b)所示；此时首发航行器尾流区域中高速流体持续冲击次发航行器表面，如图 5-23(c)所示。

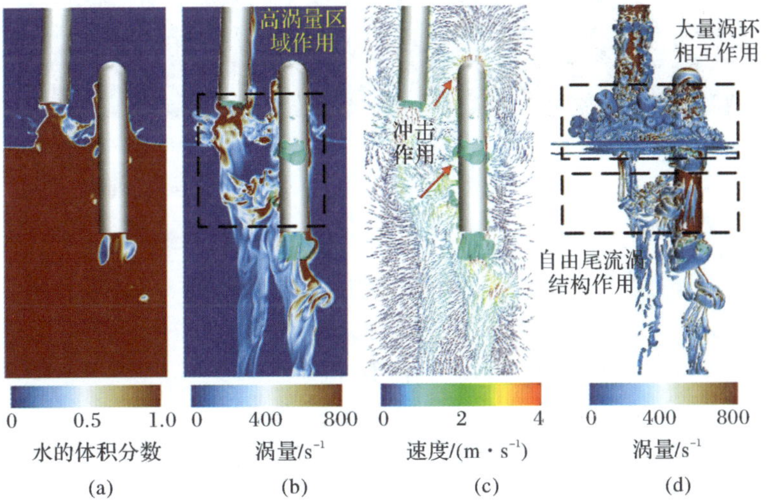


**图 5-23　无量纲发射时间间隔 0.75*L* 下 $T=9.9$ 时刻次发航行器周围空化流场细节**

(a)相场分布；(b)等值面空泡与涡量流场；

(c)等值面空泡与速度矢量流场；(d)等值面空泡与涡结构流场

图 5-24(a)(b)分别为时间间隔 0.75$L$ 下首发航行器内侧和外侧监测点含气量演变曲线。从图中可知，两侧泡内含气量在空泡生长阶段和出水阶段演变规律基本对称。因此，该发射时间间隔下首发航行器肩部空泡发展已经基本不受流动干扰效应。当发射时间间隔增大至 1.0$L$ 时，图 5-25 为无量纲发射时间间隔 1.0$L$ 下瞬态空泡流场演变。从图中可以发现，当次发航行器头部触及自由液面时，内侧空泡已经全部脱落并附着在航行器壁面。随着航行器不断向自由液面运动，次发航行器的内侧空泡脱落频率小于外侧空泡，两侧空泡仍然以非对称状态完成出水空泡溃灭现象。值得注意的是，内侧空泡在此过程中发生了膨胀。

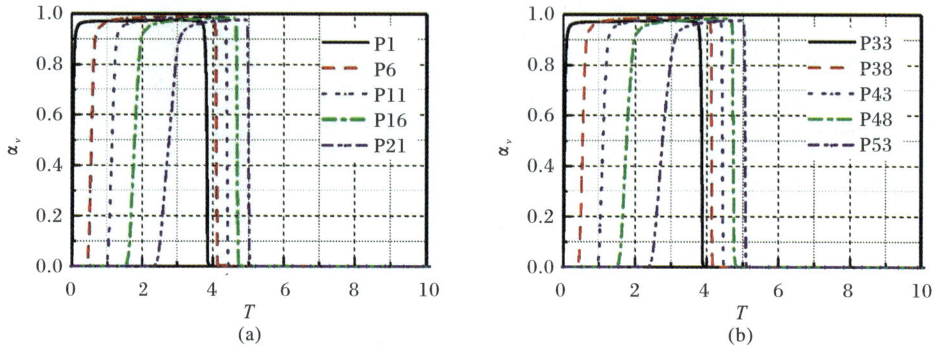


**图 5-24　首发航行器监测点含气量演变曲线**

(a)内侧；(b)外侧

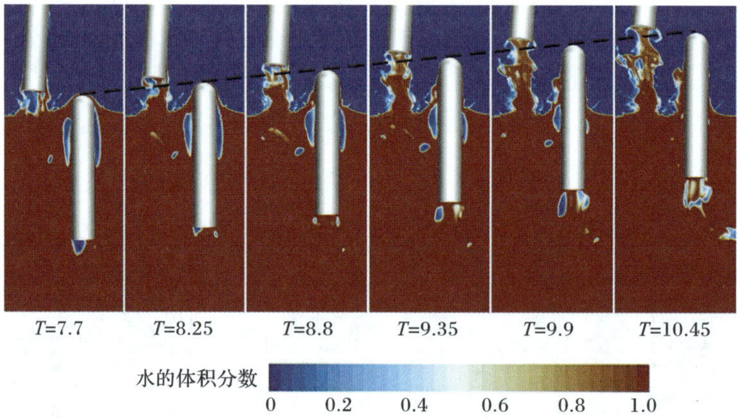


**图 5-25　无量纲发射时间间隔 1.0$L$ 下瞬态空泡流场演变**

为了进一步分析航行器出水阶段空化流场演变细节，图 5-26 和图 5-27 分别给出了 $T=7.7$ 和 $T=9.9$ 时刻下次发航行器周围空化流场细节。当次发航行器头部触及自由液面时，其内外两侧空泡形态严重不对称，其内侧空泡已经完全脱落。此时，首发航行器尾流中高强度涡量逐渐靠近次发航行器内侧空泡界面，如图 5-26(b)所示。从图 5-26(c)明显可以发现，次发航行器泡内回射流早已到达空泡顶端，空泡稳定性极差，内侧表面明显发生了破裂现象。同时，首发航行器的尾流冲击次发航行器内侧空泡。由于发射时间间距相对较大，所以此时首发航行器已经完全出水，在自由液面附近形成了大量的小尺度涡环，这些涡环在自由液面上端不断发展丰富，对次发出水空泡流场将产生较大的影响。

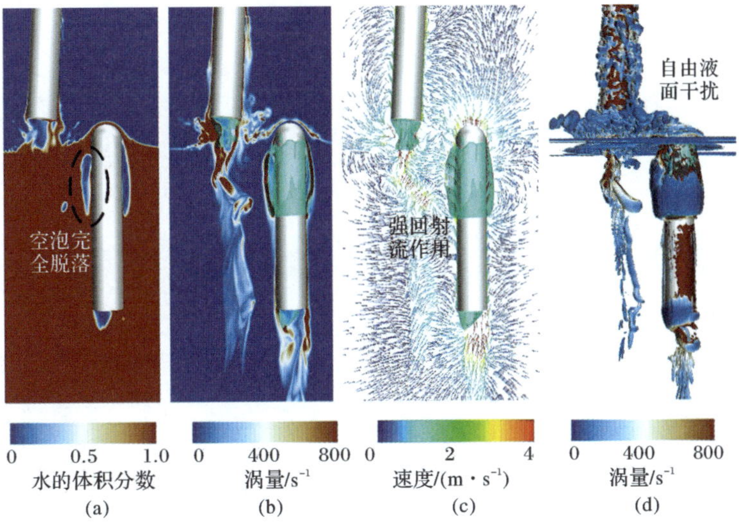


**图 5-26　无量纲发射时间间隔 1.0*L* 下 *T*=7.7 时刻次发航行器周围空化流场细节**

(a)相场分布；(b)等值面空泡与涡量流场；

(c)等值面空泡与速度矢量流场；(d)等值面空泡与涡结构流场

在上述分析的基础上，可以发现次发航行器两侧空泡溃灭末期，两侧空泡形态完全不规则，如图 5-27(a)所示。另外，在首发航行器完全出水后，其尾端以及水下尾流等高强度涡量区域对次发航行器内侧空泡溃灭过程形成了较大的干扰，如图 5-27(b)所示。由于空泡最大溃灭载荷一般都发生在同步溃灭阶段，即出水空泡自上而下溃灭至孤立空泡时，所以此时溃灭载荷表现为脉宽窄和峰值高的特点。从图 5-27(c)中可以发现，此时两侧空泡即将溃灭完全，而首发航行器尾流高速流体冲击空泡界面，将严重影响后续溃灭载荷大小。图 5-27(d)显示了等值面空泡与涡结构流场，在自由液面附近两发航行器形成的大量的小尺度涡环相互掺混融合，对次发航行器出水溃灭产生较大的干扰作用。

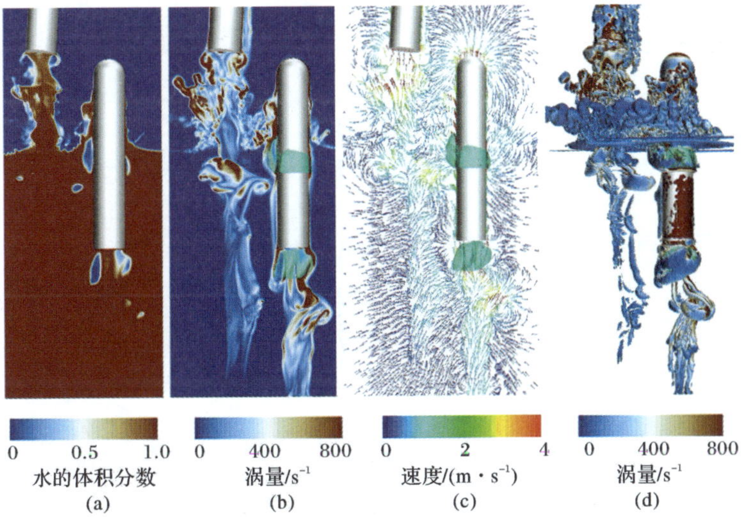


**图 5-27　无量纲发射时间间隔 1.0*L* 下 *T*=9.9 时刻次发航行器周围空化流场细节**

(a)相场分布；(b)等值面空泡与涡量流场；

(c)等值面空泡与速度矢量流场；(d)等值面空泡与涡结构流场

### 5.3.2 载荷干扰流场

在上述不同发射时间间隔下出水空泡溃灭流场分析中可以发现，航行器内侧流域干扰引起的航行器运动姿态不稳定以及空泡不对称演化，同时运动姿态与空泡之间存在相互耦合关系，这些都将直接影响空泡溃灭载荷演变机制。图 5－28(a)(b)分别为发射时间间隔 0.25$L$ 次发航行器内侧和外侧特征点溃灭载荷演变曲线。内侧和外侧空泡出水溃灭过程均未产生同步溃灭载荷。内侧空泡出水最大溃灭载荷发生在监测点 P4(对称点 P36)和 P5(对称点 P37)附近，而外侧空泡出水最大溃灭载荷发生在监测点 P53 和 P54。结合空泡溃灭流场分析可知，内侧监测点 P4 和 P5 位置所产生溃灭载荷主要是出水空泡自上而下溃灭过程中所产生的。相比之下，外侧监测点最大出水空泡溃灭载荷发生在监测点 P53 和 P54。结合外侧空泡溃灭流场演变可知，同步溃灭载荷极可能发生在该位置，但是该位置的溃灭载荷峰值并不符合同步溃灭载荷的基本特征。因此，当发射时间间隔 0.25$L$ 时，次发航行器出水空泡溃灭载荷演变规律表明未出现明显的同步溃灭载荷特征，然而出水过程中航行器两侧空泡溃灭载荷出现了多个高峰值，且两侧作用位置不对称。即使产生的溃灭冲击载荷对航行器结构强度不会造成较大影响，但由于其作用位置不对称，所以极易引起出水姿态的失稳。

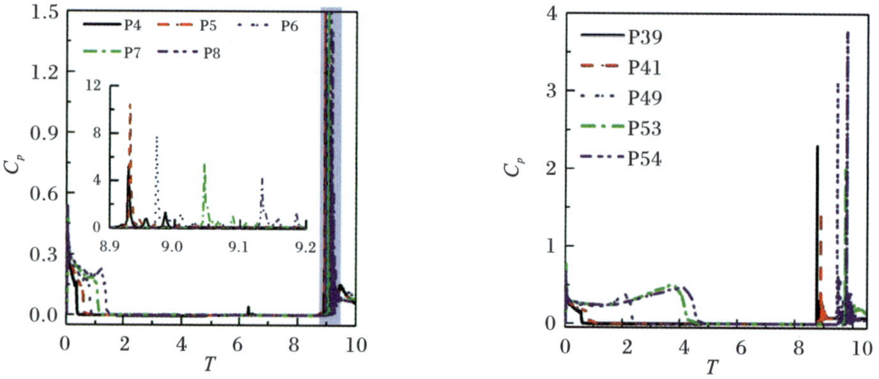


(a)　　　　(b)

**图 5－28　发射时间间隔 0.25$L$ 次发航行器特征点溃灭载荷演变曲线**

(a)内侧；(b)外侧

当发射时间间隔为 0.5$L$ 时，航行器内侧和外侧监测点的溃灭载荷演变曲线，在其峰值和位置上均不符合同步溃灭载荷特征，如图 5－29(a)(b)所示。结合时间间隔 0.5$L$ 出水空泡溃灭流场结构演变，这些溃灭载荷均产生于空泡自上而下的溃灭过程中，虽然在大范围内均产生了脉动峰值，但整体的峰值均较小。因此，当发射时间间隔为 0.5$L$ 时，次发航行器两侧空泡并未出现同步溃灭载荷峰值，且整体峰值相对较小。

随着发射时间增大至 0.75$L$，次发航行器两侧出水空泡溃灭载荷的演变曲线较为复杂。如图 5－30(a)(b)所示，内侧和外侧最大溃灭载荷均发生在监测点 P27 和 P59 位置，两者位置相互对称，但载荷峰值相差约 1 倍。另外，该监测点位置和峰值特征符合同步溃灭载荷特点。

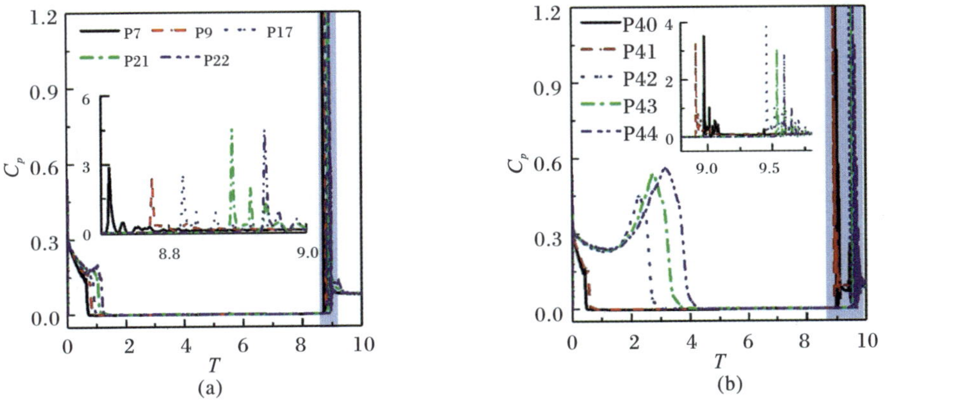


**图 5-29　发射时间间隔 0.5$L$ 次发航行器监测点溃灭载荷演变曲线**

(a)内侧;(b)外侧

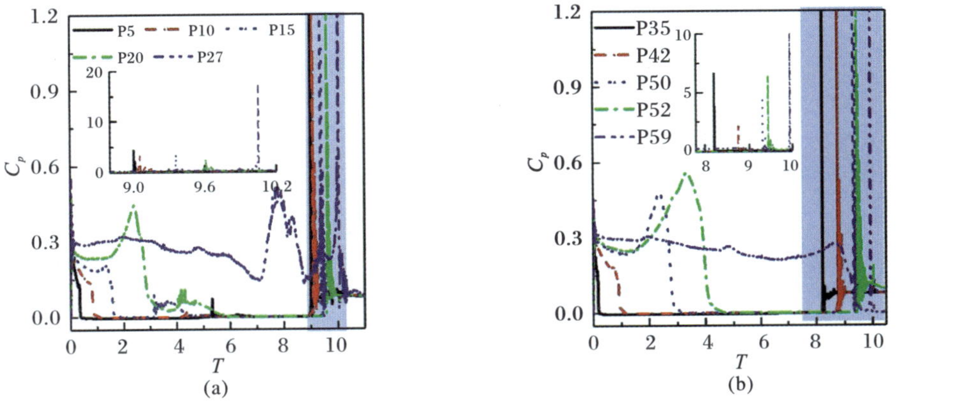


**图 5-30　发射时间间隔 0.75$L$ 次发航行器溃灭载荷演变曲线**

(a)内侧;(b)外侧

结合上述空泡溃灭流场演变规律可知,在整个出水溃灭过程中,空泡始终紧密贴合在航行器壁面。然而,由于流动干扰的影响,导致其两侧空泡溃灭流场结构不对称,所以造成了两侧空泡溃灭载荷规律不相同。另外,图中显示在其最大溃灭峰值出现前期,均发生了压力系数迅速下降至饱和蒸气压力水平。主要的原因是出水空泡自上而下的溃灭过程中,空泡仍继续在向下生长和发展。综上分析可知,当发射时间间隔为 0.75$L$ 时,可能会出现较大的同步溃灭载荷的出现,对次发航行器的结构强度会造成较大影响。

当发射时间间隔为 1.0$L$ 时,内侧空泡的溃灭载荷整体峰值略高于外侧,如图 5-31(a)(b)所示。从 4.2 节空泡稳定性分析可知,水下阶段次发航行器内侧靠近航行器头部附近的空泡发生了溃灭现象,主要是首发航行器尾流效应所造成的。因此,其内侧监测点 P1 位置在水下阶段就出现了脉动载荷峰值。另外,由于其内侧空泡在头部触及自由液面时刻,空泡已经大范围脱离航行器壁面,且泡内含气量较低,所以并未出现较大溃灭载荷峰值。外侧空泡溃灭载荷曲线表明,整个空泡溃灭过程从监测点 P1 位置开始,之后自上而下发生了快速溃灭过程,然而并未出现符合同步溃灭特征的监测点脉动压力。综上所述,当发射时间间隔为 1.0$L$ 时,次发航行器两侧并未出现同步溃灭载荷,因此,后续研究中将重点关注此发射状态下的出水运动姿态稳定性。

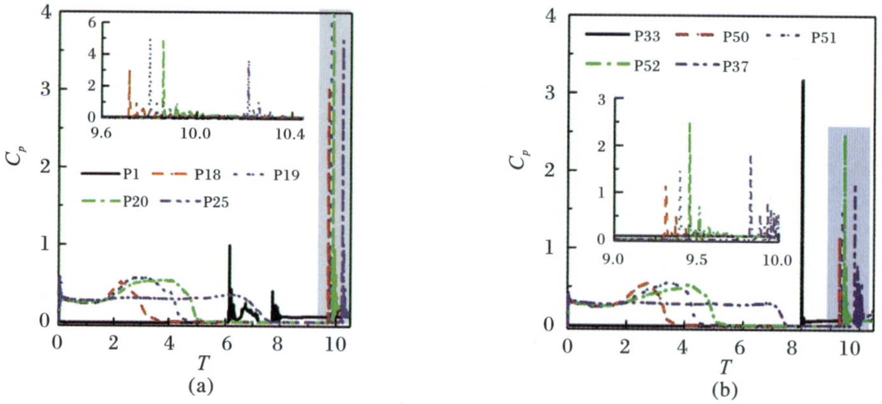


**图 5-31 发射时间间隔 1.0$L$ 次发航行器溃灭载荷演变曲线**

(a)内侧;(b)外侧

## 5.4 发射间距的影响

### 5.4.1 空泡溃灭干扰流场

本节将重点分析不同横向发射间距下航行器出水空泡溃灭流场以及载荷特性演变规律。图 5-32 为不同发射间距下航行器头部触及自由液面时刻的空泡流场状态，即空泡出水溃灭的初始时刻。可以发现：当 $\Delta D=2.5D$ 时，内侧空泡和外侧空泡不对称性明显，且内侧空泡即将发生大规模空泡断裂现象；当 $\Delta D=3D$ 时，空泡长度基本相同，但外侧空泡最大厚度比内侧较大，且外侧泡内会射流运动速度明显快于内侧空泡；随着发射间距增大至 $\Delta D=4D$，空泡形态在长度和厚度方面基本对称，然而外侧泡内会射流运动速度略快于内侧空泡；当发射间距增大至 $\Delta D=5D$ 时，空泡形态和回射流运动速度均基本对称，此时空化流场结构可以被视为无流动干扰现象。

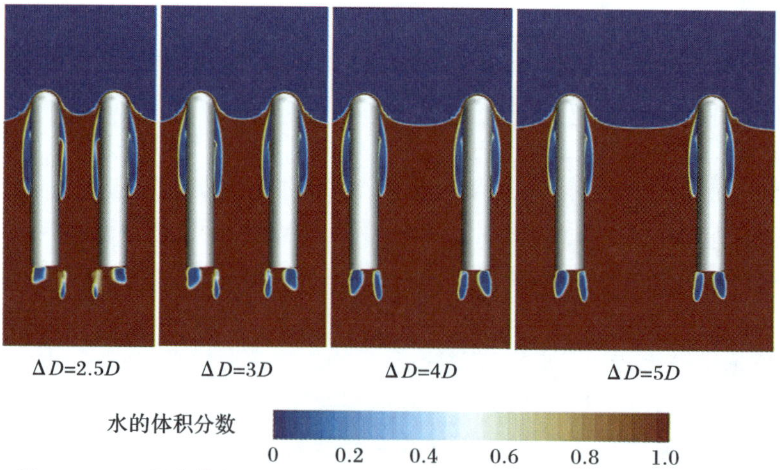


**图 5-32 不同发射间距下航行器头部触及自由液面时刻的空泡流场状态**

为了更清晰地分析航行器头部触及自由液面时泡内含气量分布以及回射流运动，图

5-33 给出了不同发射间距下首发航行器头部触及自由液面时刻的含气量分布。从图中可知，当横向发射间距较小(即 $\Delta D=2.5D$ 和 $\Delta D=3D$)时，内侧泡内回射流运动区域的含气量较小，主要以汽水混合为主，同时内侧回射流运动区域的空泡不再贴合航行器壁面，有远离的趋势。随着发射间距进一步增大至 $\Delta D=4D$，航行器两侧泡型基本相同，整体含气量较为均匀；当横向发射间距为 $\Delta D=5D$ 时，两侧空泡的形态对称性较好，且回射流运动的顶点基本对称。

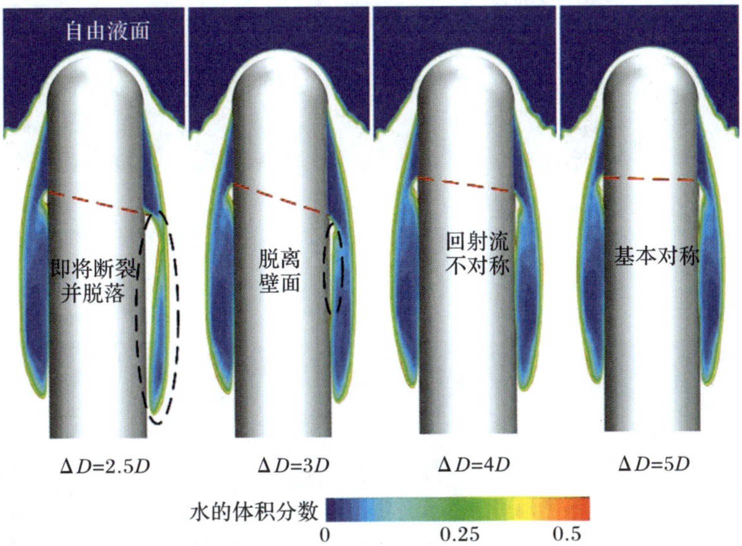


**图 5-33　不同发射间距下首发航行器头部触及自由液面时刻的含气量分布**

图 5-34(a)给出了无量纲横向发射间距 $\Delta D=2.5D$ 下的出水空泡溃灭流场演变。在航行器出水阶段前期可以发现，内侧空泡发生了大尺度断裂现象，断裂的空泡在水中逐渐溃灭。由于距离航行器壁面较近，可能会对航行器内侧产生冲击效应，所以在后续溃灭载荷分析过程中应重点关注一下。另外，由于出水前期内侧发生了大尺度空泡脱落现象，所以导致附着在航行器内侧的肩部空泡尺度极小，近似无空泡状态。外侧空泡在出水过程中与单体出水空泡溃灭过程基本相同，这里将不再赘述。出水阶段虽然时间较短，然而此过程中是流场变化最剧烈的现象。随着横向发射间距增大，图 5-34(b)(c)为无量纲横向发射间距 $\Delta D=3D$ 和 $\Delta D=4D$ 下的出水空泡溃灭流场演变。出水阶段前期由于内侧和外侧空泡内部的回射流运动速度不同，所以导致其回射流顶点并未沿着航行器中轴线对称，但 $\Delta D=4D$ 相比 $\Delta D=3D$ 泡内回射流运动速度具有更好的对称性。当 $\Delta D=3D$ 时，出水空泡溃灭过程中外侧空泡溃灭速度明显高于内侧，同时在溃灭末期，航行器均向内侧偏转，此现象与发射间距 $\Delta D=2.5D$ 空泡溃灭末期相似；当 $\Delta D=4D$ 时，虽然内侧和外侧空泡溃灭过程中还是存在轻微的不对称性，但是航行器的运动姿态在空泡末期并未发生明显的变化。随着横向发射间距的进一步增大，图 5-34(d)为无量纲横向发射间距 $\Delta D=5D$ 下的出水空泡溃灭流场演变。从图中可以发现，整个出水空泡溃灭过程中，空泡形态与回射流基本对称，与单体出水空泡溃灭过程基本相同。值得注意的是，尾空泡仍然存在流动干扰现象，对航行器的出水姿态稳定性具有一定的影响。总体

来看，当发射间距增大至 $\Delta D=4D$ 时，空泡形态可以被视为无流动干扰。

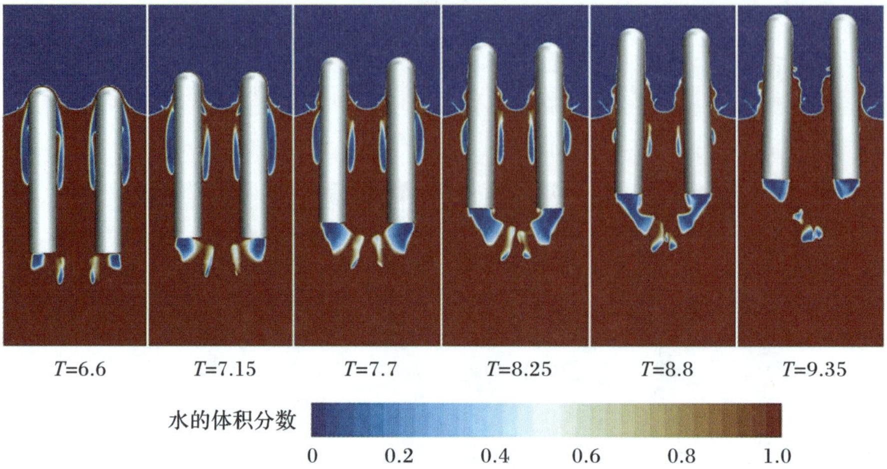


(a)

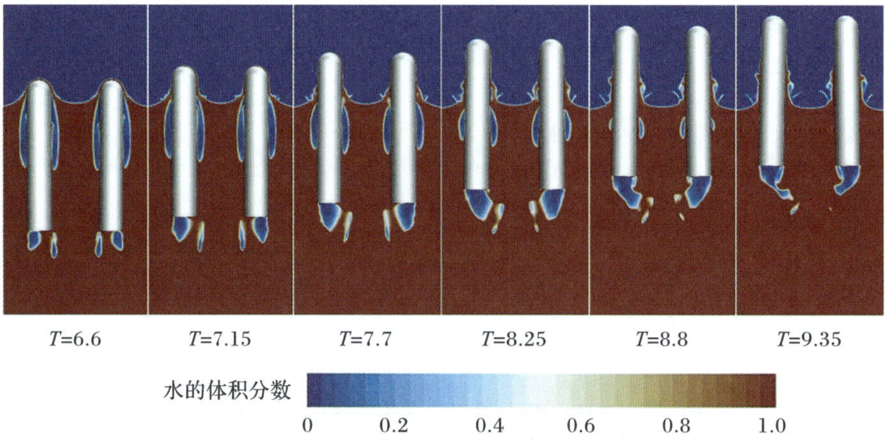


(b)

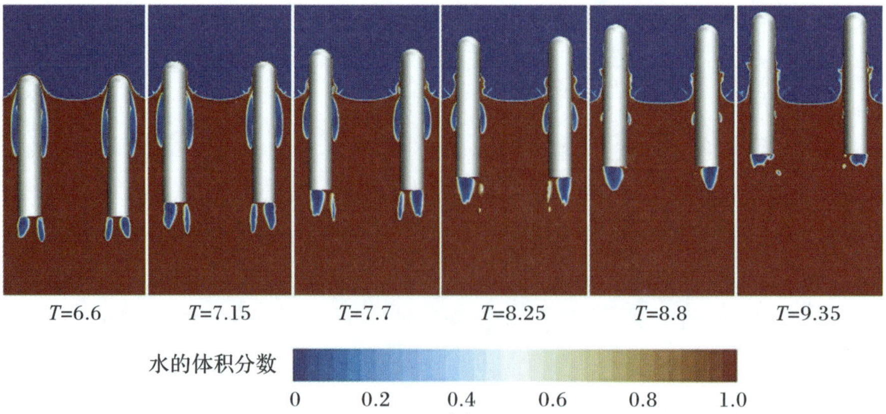


(c)

**图 5－34　不同无量纲横向发射间距下的出水空泡溃灭流场演变**

(a)2.5$D$；(b)3$D$；(c)4$D$

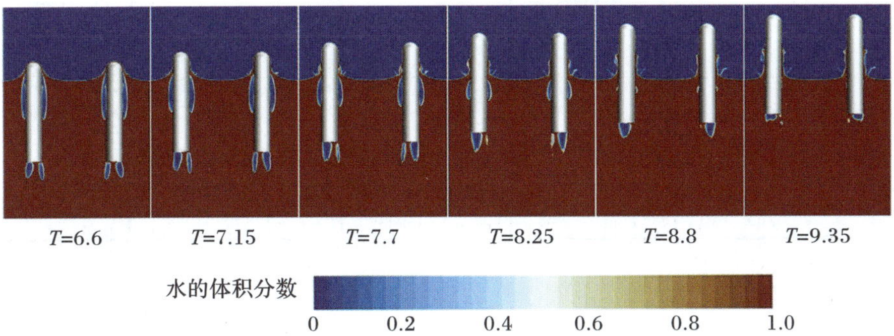


(d)

**续图 5-34 不同无量纲横向发射间距下的出水空泡溃灭流场演变**

(d)5$D$

图 5-35(a)(b)为发射间隔 2.5$D$ 下航行器内侧和外侧监测点含气量演变曲线。从图中分析可知,监测点 P1～P11 位置之间整个含气量演变规律基本相同。内侧 P48 位置的含气量明显较外侧对称点 P16 位置较高且稳定,从这一点上也能体现出内侧空泡在流动干扰下含气量极不稳定,导致泡内流场复杂。

随着发射间隔增大至 3.0$D$,如图 5-36(a)(b)所示,航行器内外侧泡内含气量演变规律与 2.5$D$ 下基本相同。如图 5-37(a)(b)所示,当发射时间间隔为 4.0$D$ 时,虽然外侧 P16 位置和所对称内侧 P48 位置以下区域含气量仍然与发射间距 2.5$D$ 和 3.0$D$ 相似,然而,外侧 P16 位置和所对称内侧 P48 位置在含气量初始跃升时刻和最终下降至 0 水平时刻保持相同,所不同之处在于含气量的峰值。对比发射间隔为 5.0$D$ 下含气量演变曲线可知,航行器内外侧泡内含气量演变规律与 4.0$D$ 下基本相同,如图 5-38(a)(b)所示。总体来看,由于回射流和流动干扰的影响,极有可能导致空泡末端附近含气量出现部分不同,但是该差异在可接受的范围内,所以在含气量方面,流动干扰效应消失的临界无量纲发射间距为 4.0$D$。

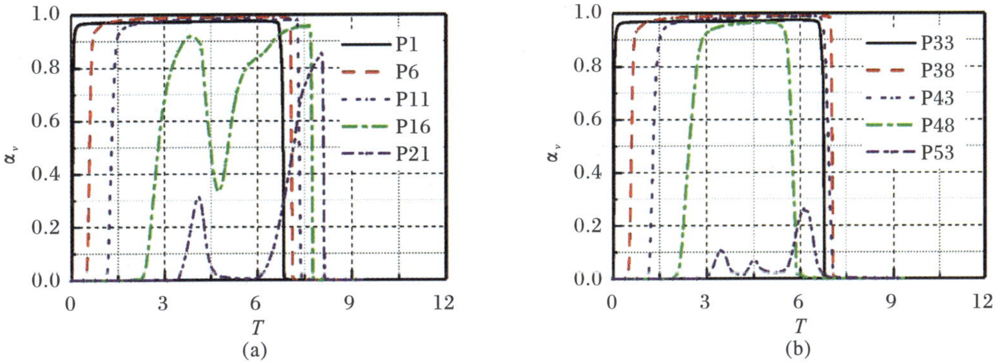


**图 5-35 发射间隔 2.5$D$ 下含气量演变曲线**

(a)内侧;(b)外侧

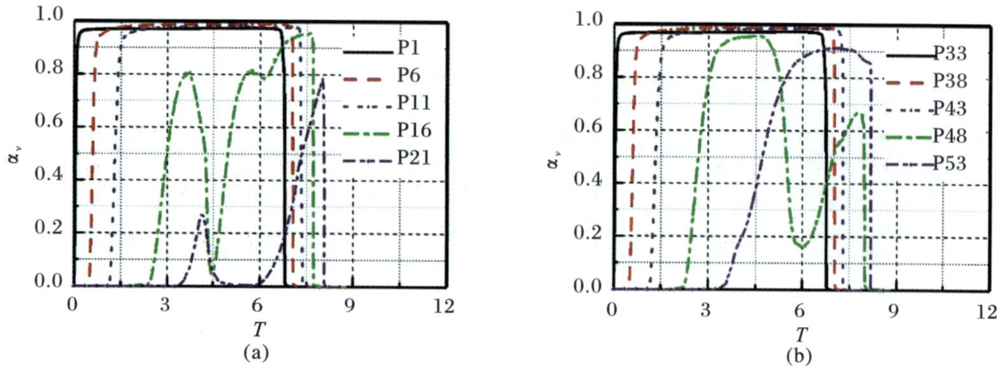


图 5-36 发射间隔 3.0$D$ 下含气量演变曲线

(a)内侧；(b)外侧

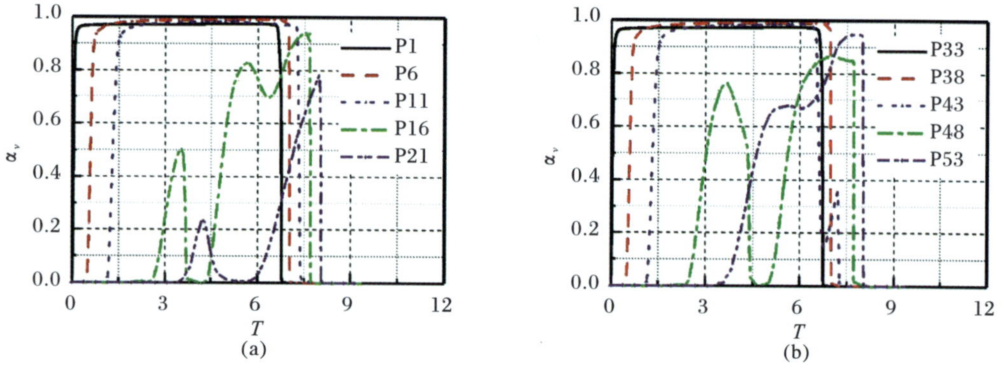


图 5-37 发射间隔 4.0$D$ 下含气量演变曲线

(a)内侧；(b)外侧

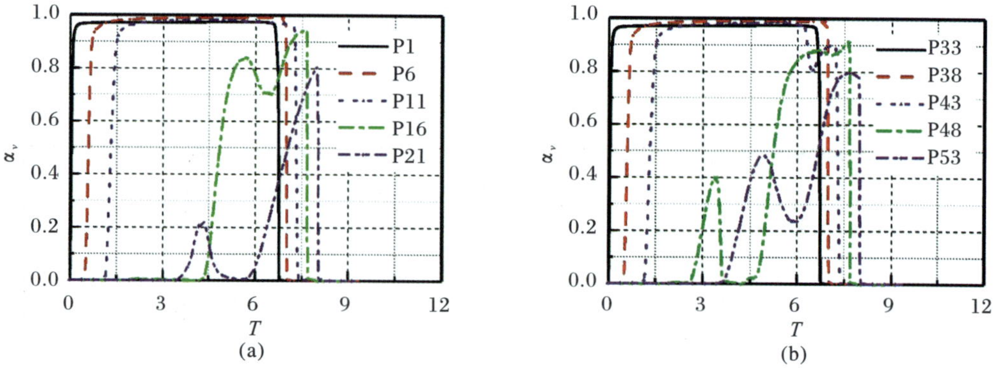


图 5-38 发射间隔 5.0$D$ 下含气量演变曲线

(a)内侧；(b)外侧

为了从不同角度来分析不同横向发射间距下的出水空泡溃灭流场结构演变，图 5-39 和图 5-40 分别给出了无量纲横向发射间距 2.5$D$ 下的出水等值面空泡、涡量场以及涡结构演变。从等值面空泡和涡量场演变可知，当 $\Delta D=2.5D$ 时，回射流运动区域的空泡界面存在高涡量特征，且空泡界面的高涡量分布直接显示出空泡两侧的不对称性。随着航行器向上运动，还未受回射流影响的上端空泡首先发生了自上而下的溃灭现象，随后，回射流运动区域的空泡也发生了自上而下的溃灭现象。值得注意的是，航行器内侧区域在自由液面附近涡量不断聚集，形成了较大范围的高涡量区域。值得注意的是，尾流区域也存在高涡量区域，且相互掺混融合，形成更大尺度的高涡量区域。

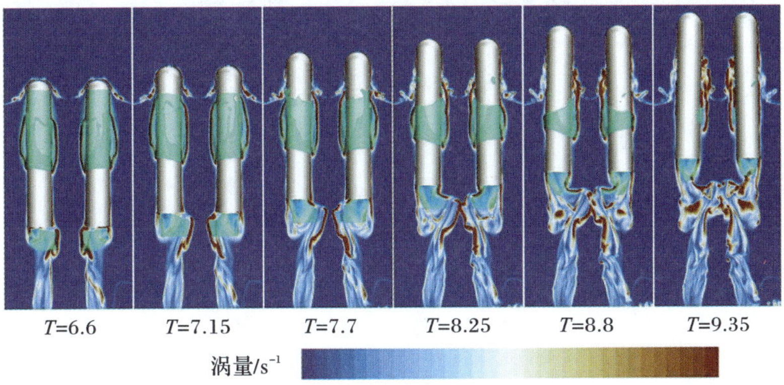


**图 5-39　无量纲横向发射间距 2.5D 下的出水等值面空泡与涡量场演变**

由图 5-40 分析可知，当 $\Delta D=2.5D$ 时，出水过程中，航行器内侧区域并未产生明显的以发卡涡为代表的湍流相干结构，与单体以一定攻角出水过程中有较大区别。值得注意的是，航行器出水部分在自由液面附近形成了大量的小尺度涡环，而内侧区域的小尺度涡环由于距离较近，所以出现了相互掺混的现象。进一步分析可知，此涡环主要是从出水部分的航行器表面形成的，并不断脱落在自由液面附近聚集。出水空泡与这些涡环相互作用，从而会产生极其复杂的湍流相干涡结构分布规律。另外，自由尾流涡结构演化特性不容忽视，涡结构相互吸引，掺混融合形成较大尺度的尾涡结构。

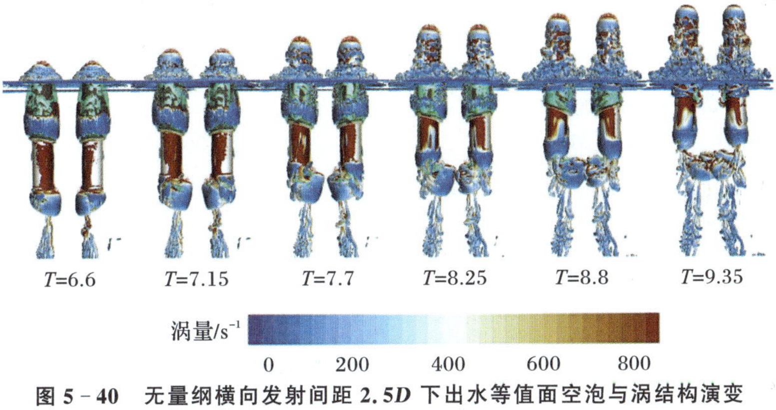


**图 5-40　无量纲横向发射间距 2.5D 下出水等值面空泡与涡结构演变**

如图 5-41 所示，当发射间距 $\Delta D=3D$ 时，肩部空泡出水溃灭过程中虽然仍存在不对称现象，但程度相较于 $\Delta D=2.5D$ 较小；当航行器大部分完成出水过程时，虽然内侧区域的高涡量区域大于外侧区域，但其内侧高涡量分布区域明显小于 $\Delta D=2.5D$。主要原因是随着横向发射间距的增大，其内侧区域逐渐扩大，流动干扰现象减弱，从而产生的高涡量区域能够快速传递，并未发生大规模聚集现象。航行器尾端的高涡量区域相互吸引并靠近，但由于发射间距的增大，所以两者并未发生掺混现象。从等值面涡结构演变过程来看，随着航行器不断完成出水过程，在自由液面附近形成的大量小尺度涡结构由于发射间距的增大，所以导致只有少量的小尺度涡环相互掺混，如图 5-42 所示。

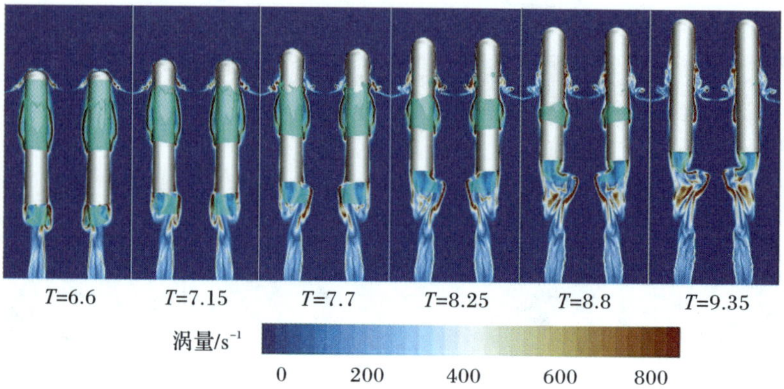


图 5-41　无量纲横向发射间距 3D 下出水等值面空泡与涡量场演变

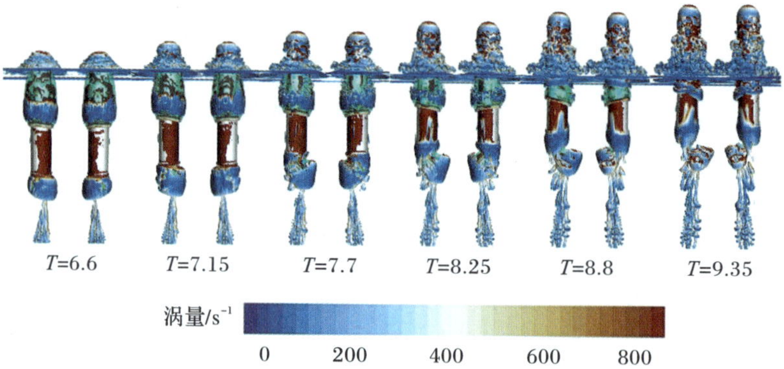


图 5-42　无量纲横向发射间距 3D 下出水等值面空泡与涡结构演变

随着发射间距进一步增大，图 5-43 和图 5-45 为无量纲横向发射间距 $\Delta D=4D$ 和 $\Delta D=5D$ 下的出水等值面空泡与涡量场演变。对比后发现，随着发射间距的增加，等值面空泡溃灭过程与单体出水空泡溃灭过程逐渐接近。然而，尾空泡发展过程中始终受到流动干扰的影响，均有相互靠近的趋势，但随着横向发射间距的增大而逐渐减小。当横向发射间距为 $\Delta D=5D$ 时，肩空泡出水溃灭过程中已经基本对称，尾空泡虽然仍受到轻微干扰，但整体来看横向发射间距为 $\Delta D=5D$ 下，齐射出水过程涡量流场干扰已经基本消失。图 5-44 和图 5-46 分别为无量纲横向发射间距 $\Delta D=4D$ 和 $\Delta D=5D$ 下的出水等值面空泡与涡结构演变。从涡结构演变过程中可知，随着发射间距增大，自由液面附近的小尺度涡环逐渐远离，并未发生干扰现象，同时其尾端逐渐发展出类似于发卡涡形状的涡包。因此，当无量纲横向发射间距 $\Delta D=5D$ 时，齐射出水过程三维涡结构干扰基本消失。

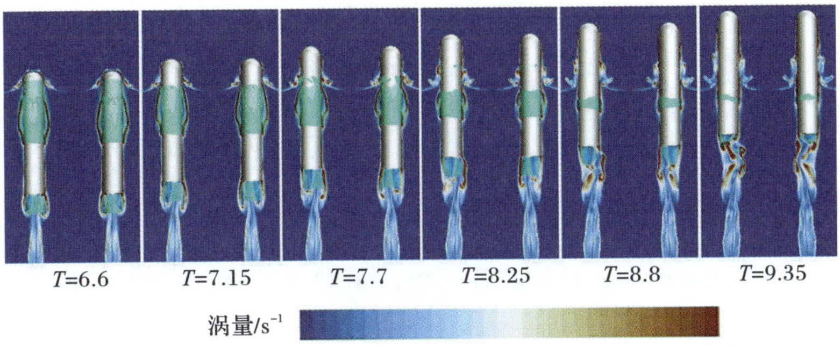


**图 5-43　无量纲横向发射间距 4D 下出水等值面空泡与涡量场演变**

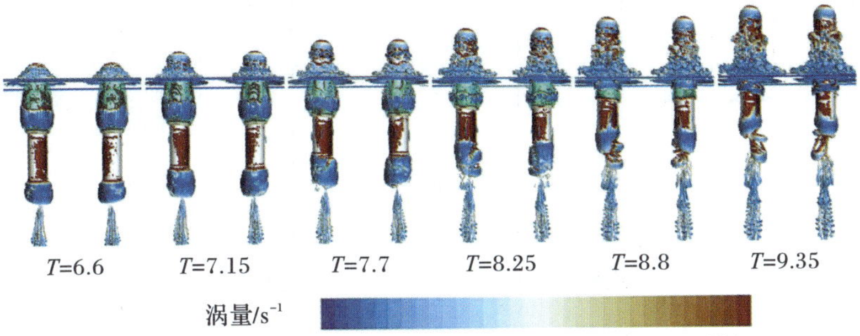


**图 5-44　无量纲横向发射间距 4D 下出水等值面空泡与涡结构演变**

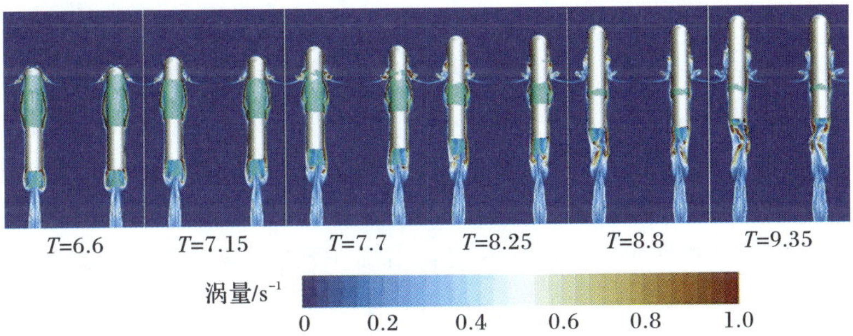


**图 5-45　无量纲横向发射间距 5D 下出水等值面空泡与涡量场演变**

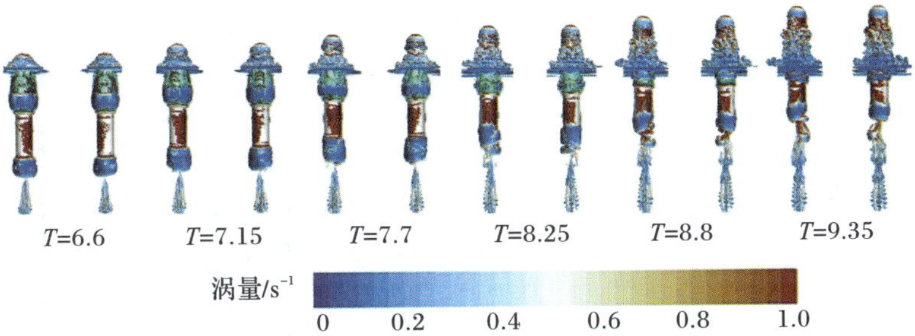


**图 5-46　无量纲横向发射间距 5D 下出水等值面空泡与涡结构演变**

### 5.4.2　载荷干扰流场

图 5-47 和图 5-48 分别为横向发射间距 2.5$D$ 下首发航行器外侧和内侧特征点溃灭载荷演变曲线。分析发现，出水过程外侧溃灭载荷与内侧具有较大差异。由于航行器

头部触及自由液面时刻内侧空泡即将发生大尺度断裂现象，所以内侧空泡特征点脉动载荷主要是脱落空泡溃灭过程冲击航行器壁面所导致的，外侧特征点载荷在 P9 位置出现了最大峰值。然而，最大溃灭载荷不应该出现在 P9，而是应该在 P20 附近。主要原因是在间距 $\Delta D=2.5D$ 下仍存在较强的干扰，首发在出水过程中向内侧小幅度偏转，其水平速度相对于轴向速度是小量。因此，可以将其偏转角大小近似看作航行器的攻角大小。当航行器以小攻角状态出水时，同时受到含气量分布的影响，直接影响溃灭载荷峰值演变规律。因此，筛选后的特征点脉动载荷最大峰值存在于 P9 及其对称位置而非 P20 位置附近。

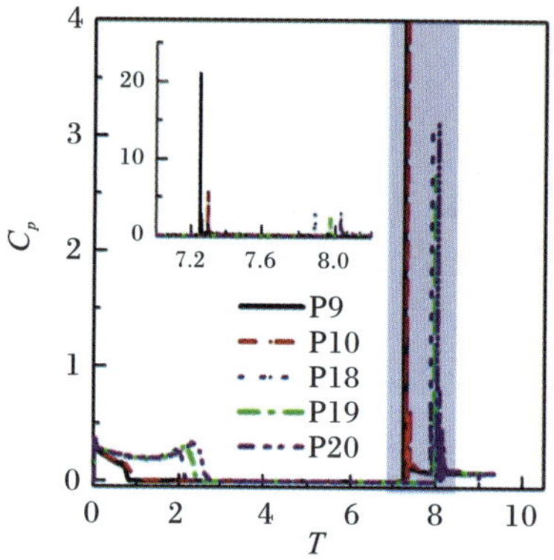


图5 47 横向发射间距 2.5D 下首发航行器外侧特征点溃灭载荷演变曲线

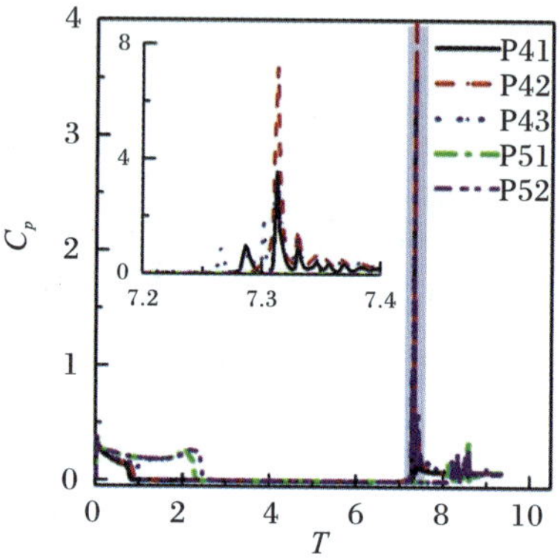


图 5 - 48 横向发射间距 2.5D 下首发航行器内侧特征点溃灭载荷演变曲线

随着发射间距增加，图 5 - 49 和图 5 - 50 分别为横向间距 $\Delta D=3D$ 下首发航行器外侧和内侧特征点溃灭载荷演变曲线。从上述空化流场结构分析可知，出水阶段前内侧空泡和外侧空泡并未发生明显的空泡断裂和脱落现象，主要是出水阶段由于受流动干扰的影响带有一定的攻角，且两侧空泡溃灭过程不对称性。在此基础上分析特征点溃灭载荷曲线可以发现，内侧和外侧的载荷最大峰值均出现在 P9 以及对称位置附近，并未出现同步溃灭峰值。当横向发射间距为 $\Delta D=4D$ 时，整体来看溃灭载荷峰值均出现在 P28 及其对称位置，且最大峰值近似相同，如图 5 - 51 和图 5 - 52 所示。

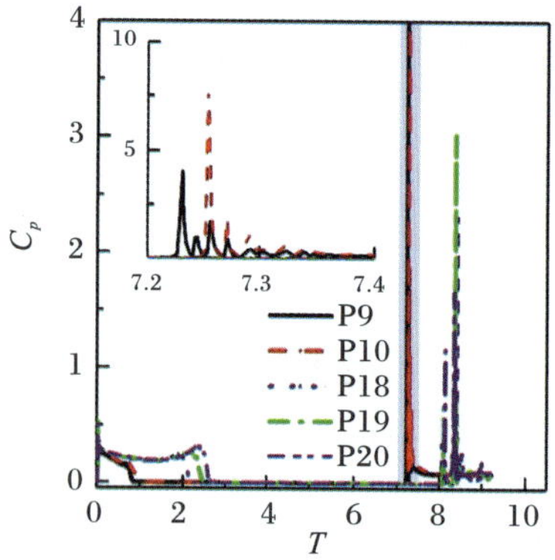


图 5 - 49 横向发射间距 3D 下首发航行器外侧特征点溃灭载荷演变曲线

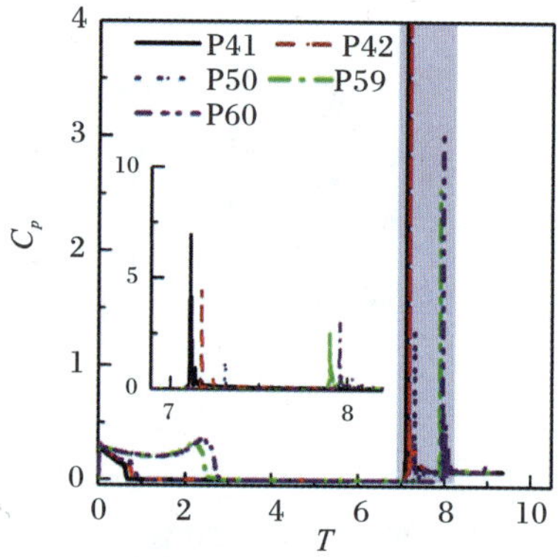


图 5 - 50 横向发射间距 3D 下首发航行器内侧特征点溃灭载荷演变曲线

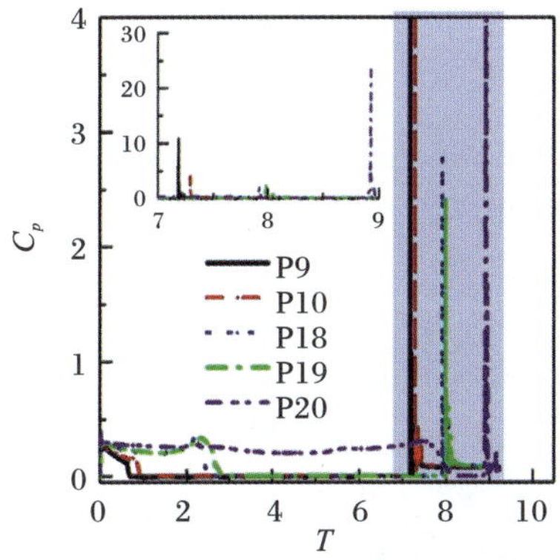


图 5-51　横向发射间距 4D 下首发航行器外侧特征点溃灭载荷演变曲线

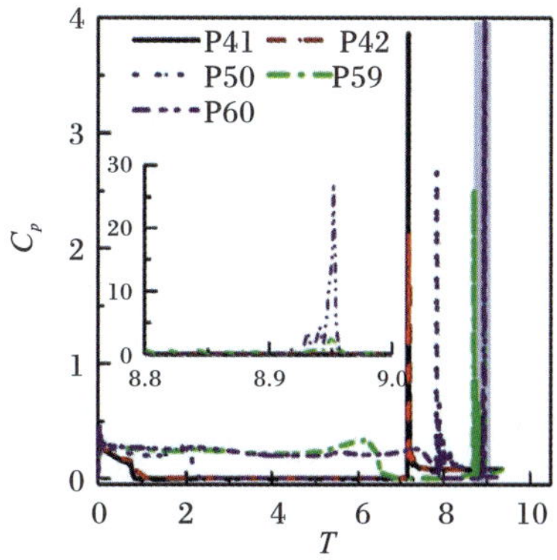


图 5-52　横向发射间距 4D 下首发航行器内侧特征点溃灭载荷演变曲线

空泡出水过程是自上而下溃灭，同时会产生较大的溃灭载荷，而外侧和内侧产生的溃灭载荷位置近似相同，均在 P9、P27 附近及其对称位置。然而，峰值的大小和时间有一定的差异。与发射间距 $\Delta D=4D$ 相比，当横向发射间距为 $\Delta D=5D$ 时，其同步溃灭产生的最大峰值相同，且时间上基本相同，如图 5-53 和图 5-54 所示。另外，其余溃灭载荷峰值产生的位置与间距 $\Delta D=4D$ 下相同，但仍存在峰值的大小和时间不相同的现象，差异极小。因此，从溃灭载荷的角度来看，当时间间隔为 $\Delta D=4D$ 时，从溃灭载荷方面可视为出水流动干扰消失。

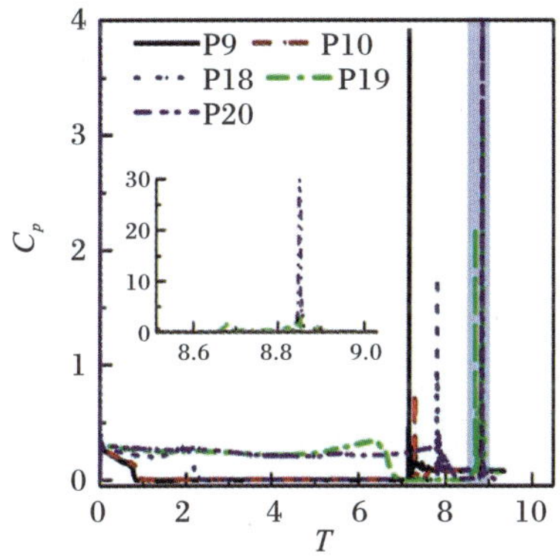


图 5-53　横向发射间距 5D 下首发航行器外侧特征点溃灭载荷演变曲线

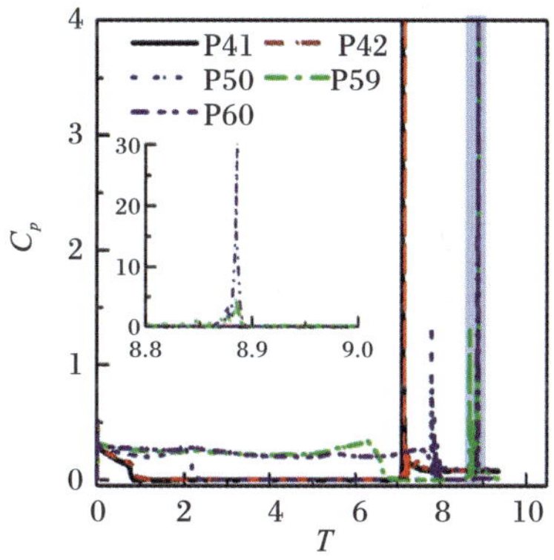


图 5-54　横向发射间距 5D 下首发航行器内侧特征点溃灭载荷演变曲线

第6章

# 水下齐射尾流水动力干扰研究

## 6.1 引　　言

在实际工程中，尾流常常由复杂的三维钝型物体产生。即使是一些非常简单的外形结构，其尾流涡旋结构演变就比圆柱、翼型以及球体等二维物体的复杂。在水下垂直发射领域中，常常伴随着复杂的三维湍流流动现象，具有强非线性、高湍流性以及混沌性等典型特征。尤其在近尾流湍流区域内，存在着大量尺度不一和强度各异的涡旋结构，这些涡旋结构在湍流生成和维持过程中发挥着极其重要的作用。同时，在水下齐射过程中，前一发航行器的尾流会对后一发航行器的运动姿态稳定性产生流动干扰现象。因此，研究水下发射尾流中的涡旋结构演变机理对解决多体水下齐射流动干扰难题具有重要的意义。

## 6.2 水下发射过程尾流演变机理

### 6.2.1 尾流流场结构

航行器水下发射过程一般可分为三个阶段：出筒阶段、水中航行阶段以及出水阶段。发射筒壁面与航行器壁面紧密接触，主要防止筒内高压气体的泄漏。在整个水下发射模拟过程中，采用底部通入高压气体的方式将航行器弹射出筒，其中航行器在筒内沿着 $z$ 轴正方向加速运动。在航行器尾端离开发射筒口之后，以多自由度方式在水中航行运动，从而完成整个水下发射过程。

在横流效应下，航行器带有一定的攻角状态离开发射筒口，筒内的高压气体瞬间失去约束，从有界流域向无界流域迅速膨胀。尾流流场中的气团可分为三部分：与发射管出口相连的气团、附着在航行器尾端的气团（尾空泡），以及游离的筒口预置气团。气团的膨胀、收缩、运动和碰撞等变化，将直接对尾流区湍流涡旋流场演变具有重要的影响。涉及的无量纲参数有无量纲时间 $T$、无量纲时间横流强度 $U$ 以及雷诺数 $Re$，分别定义如下：

$$T=\frac{tv_0}{L} \tag{6-1}$$

$$U=\frac{u_\infty}{v_0} \tag{6-2}$$

$$Re=\frac{\rho_\infty v_0 D}{\mu} \tag{6-3}$$

式中：$\rho_\infty$ 和 $\mu$ 分别是液态水的密度和黏性系数；$u_\infty$ 和 $v_0$ 分别是横流速度和航行器出筒速度；$t$ 和 $\mu$ 分别是航行器运动时间和动力黏性系数。

图 6-1 为横流强度 $U=0.06$ 下的尾流气液相体积分数云图。当 $T=2.13$ 时，航行器已经完成了出筒阶段，高压气体从发射筒口的出口迅速喷出，同时预置气体被航行器挤压并溢出筒口。在横流作用下，溢出筒口的预置气团不断向下游移动。此外，发射筒口附近的气团随着航行器的运动而运动。其中，气团与航行器尾部相连，并与筒口连通。随着航行器不断向水面移动，尾部气泡不断拉长。在惯性力的作用下，尾部气泡持续膨胀，导致空腔体积迅速增加，压力急剧降低。另外，由于水的黏性阻力和气泡的内外压差，气团膨胀速度有所降低。最后，尾空泡体积不断减小，导致气泡尾端完全分离。进一步地，随着航行器不断向水面移动，尾空泡不断脱落。同时，脱落的气泡在横流作用下不断向下游移动。

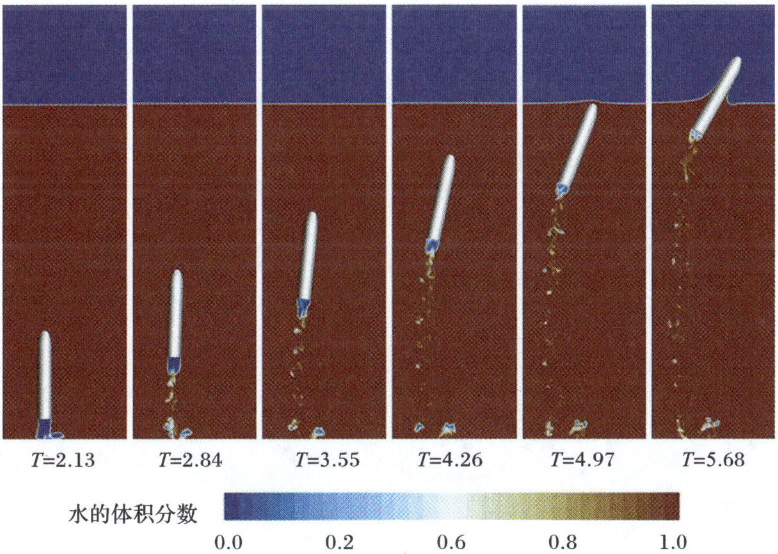


**图 6-1　横流强度 $U=0.06$ 下的尾流气液相体积分数云图**

图 6-2 显示了不同时刻下的航行器周围瞬态速度分布云图。当航行器在 $T=2.13$ 时刻离开发射筒口时，气体迅速溢出并形成尾空泡。此时，航行器尾部附近的流体速度非常高。当航行器向水面移动时，周围流体在加速后获得能量。值得注意的是，此时航行器壁面两侧的速度幅度较小。在水中航行阶段中，由于尾流高速流体核心区与低速自

由流相互作用，所以呈现出 Kelvin-Helmholtz 不稳定现象特征，这主要是由两种速度差混合流中剪切运动所引起的。在流动分离作用下，背流侧积累的涡量较多，并在航行器尾端形成脱落涡环进入尾流区内。

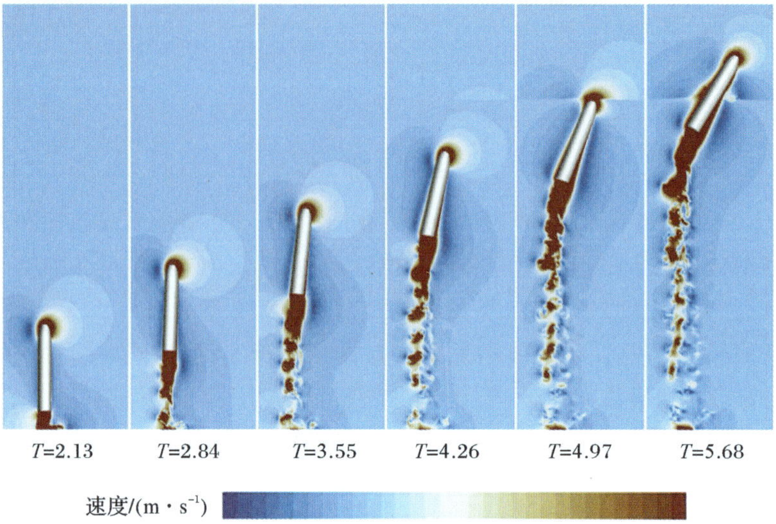


**图 6-2　横流强度 $U=0.06$ 下的尾流气液速度分布云图**

图 6-3 为横流强度 $U=0.06$ 下的尾流气液涡量分布云图。航行器在运动过程中，由于水的黏性效应，航行器的边界层附近会产生集中涡度，而航行器尾端的涡量聚集更多。随着流动分离形成脱落涡环，涡环核心区交替出现，并发生耗散。另外，在尾流中出现越来越多的涡核，并发生了涡核聚集现象。由于其不对称的涡结构，涡核周期性地进入尾流流场，并在对称平面内形成一对反对称涡对。随着攻角的增大，涡环脱落现象变得更加强烈。

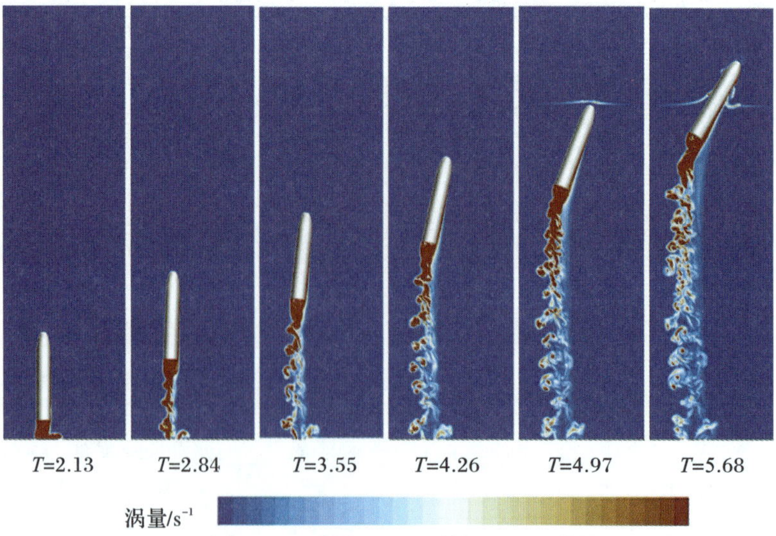


**图 6-3　横流强度 $U=0.06$ 下的尾流气液涡量分布云图**

图 6-4 为横流强度 $U=0.06$ 下的尾流压力分布云图。在发射筒入口停止通气后，出口附近的溢出气团发生了明显的收缩现象，形成了低压区域。随着航行器不断向自由液面运动，流场中溢出的气团增加了周围环境压力，主要是因为其内部初始状态是高压气体。随着筒口气团的等温膨胀，其内部压力逐渐降低，周围环境压力也随之降低。另外，尾空泡出现周期性的膨胀、收缩和脱落现象。为了进一步研究行为尾流的流动特性，图 6-5 给出了横流强度 $U=0.06$ 下的尾流湍动能分布云图。可以发现，尾流附近的流场湍动能变化极其剧烈，特别是在涡核附近的区域。随着尾流中气相和水相的剧烈掺混，涡结构耗散加剧，湍动能增加，进一步加剧了尾流流场演变的复杂性。

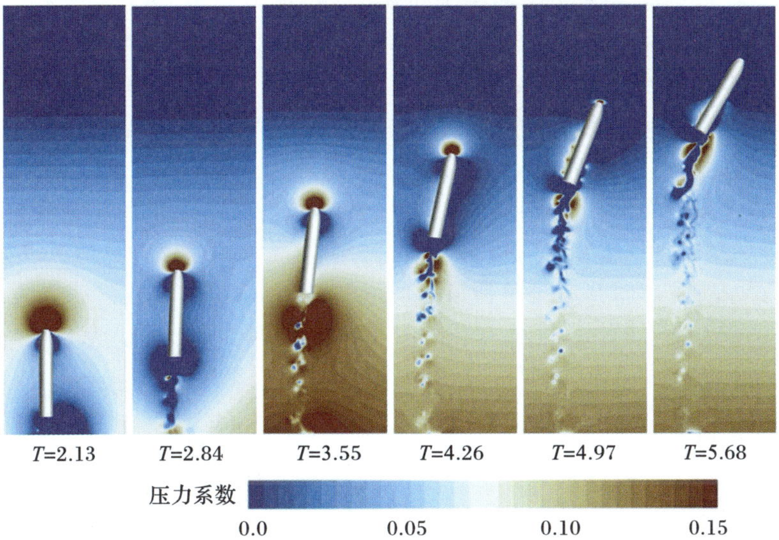


**图 6-4　横流强度 $U=0.06$ 下的尾流压力分布云图**

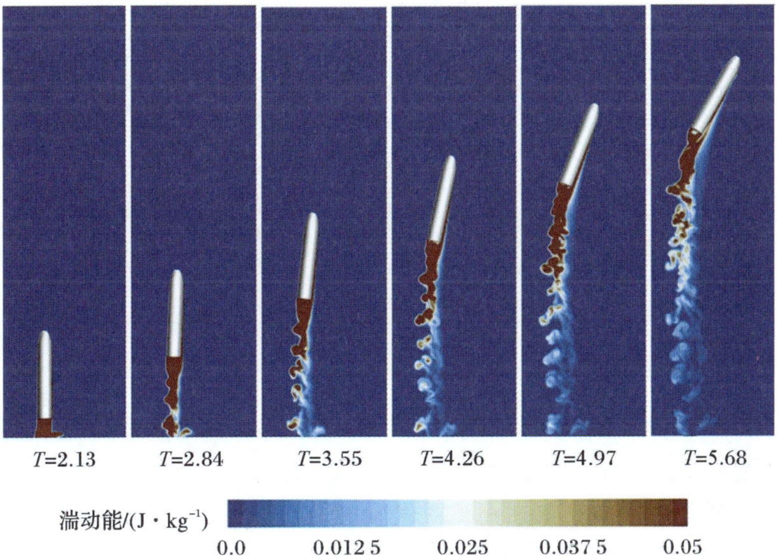


**图 6-5　横流强度 $U=0.06$ 下的尾流湍动能分布云图**

### 6.2.2 涡旋结构

在横向来流的影响下,航行器在离开发射筒口时带有一定的攻角状态。在水中航行阶段,攻角直接导致流动分离现象,从而产生不同尺度的涡结构,其中大尺度尾涡结构是水下齐射过程中引起流场干扰的关键影响因素之一。在水下航行过程中,尾涡常常以一定的频率脱落,从而在流场中形成尾涡序列。

在横流效应下,当航行器表面附着涡量到达其尾端时,由于其壁面发生旋转,所以形成低压涡旋,导致流动围绕周围涡核中心,并卷起形成涡环,与横向来流相互作用,发生了准周期性脱落,形成多个涡环,也称为涡环包。在此过程中,涡管沿着流向发生拉伸形成涡腿,涡环包与涡腿形成弧状结构发卡涡。总体来看,尾涡结构由一系列“发卡涡”相互锁定的“发卡涡包”组成,其形态具体表现为不规则状。另外,随着发卡涡包结构的形成,二次涡结构在尾流中也不断衍生并发展。图 6-6 为横流强度 $U=0.06$ 下的不同时刻尾涡结构演化细节。从图中可以发现,单个发卡涡一般不会在航行器尾流区单独存在,而是由多个发卡涡沿轴向间隔排列,组成发卡涡包存在于航行器尾流中。当尾流中大尺度涡环发生脱落现象时,随机产生二次涡结构,形成完整的“发夹涡包”。不同的发夹涡包大致沿轴向排列,并通过拉伸形成的涡腿连接。因此,将这些大尺度的发夹涡包系列称为主涡结构。同时,由主涡衍生的二次涡不断产生和发展。从图 6-6 中分析可知,二级涡结构主要由下游的圆柱形涡和上游的 U 形涡组成。

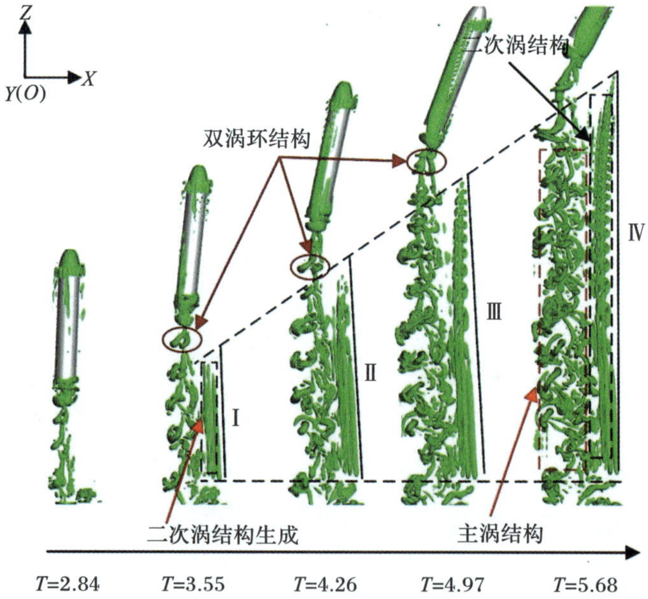


**图 6-6 横流强度 $U=0.06$ 下的尾涡结构演化**

基于上述对主涡和二次涡结构的分析,可以发现,主涡的产生和相互作用机制在湍流相干结构演变中扮演着极其重要的作用。图 6-7 显示了尾流中主涡和次涡结构的演变细节。可以发现,尾涡结构随着尾流中气液湍流流场的发展而不断丰富。主涡环在尾流中衍生出几个次级涡环,形成涡环包。不同的涡环包彼此靠近,并通过拉伸的涡腿连接,形成发夹涡包。如图 6-7(a)(b)所示,尾流中不同轴向高度的发夹涡包沿中轴线两侧大致对称分布。二次涡的产生和演化在湍流分布中也起着重要的作用。另外，U 形涡处于二次涡结构的上半部分，而圆柱形涡主要存在于二次涡结构的下端部分。

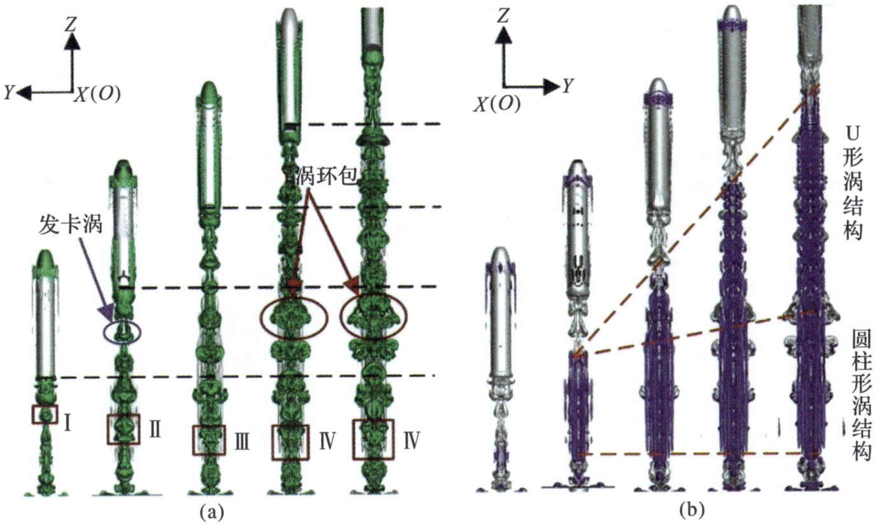


**图 6 - 7　横流强度 $U=0.06$ 下的尾涡结构演化**

(a)主涡细节；(b)次涡细节

图 6 - 8 为不同横流强度下的尾涡结构演变细节。随着横流强度的增加，航行器离开发射筒口时所带攻角有所增大，导致尾流区脱落涡结构的强度明显增强，同时二次涡结构演变更为丰富。在水中航行阶段中，二次涡结构中圆柱形涡的尺度随着初始攻角的增大而显著增大。同时，二次涡结构中的 U 形涡尺寸显著增大，变得更加紧凑。图 6 - 9 为不同弗劳德数下的尾涡结构演变细节。随着弗劳德数增大，尾流中的涡环数量急剧减少，大量的二次涡逐渐变成小尺度涡环，最终形成单个涡环，而涡环与涡环之间由涡腿连接，形成发夹涡包。两个涡腿的内部主要由持续拉伸的反向旋转涡对所主导。在相同的横流速度下，随着弗劳德数增大，航行器出筒时刻的攻角减小，二次涡整体结构丰富度减小。因此，弗劳德数对二次涡结构中圆柱形涡的影响较小，而对 U 形涡的产生和发展有显著影响。

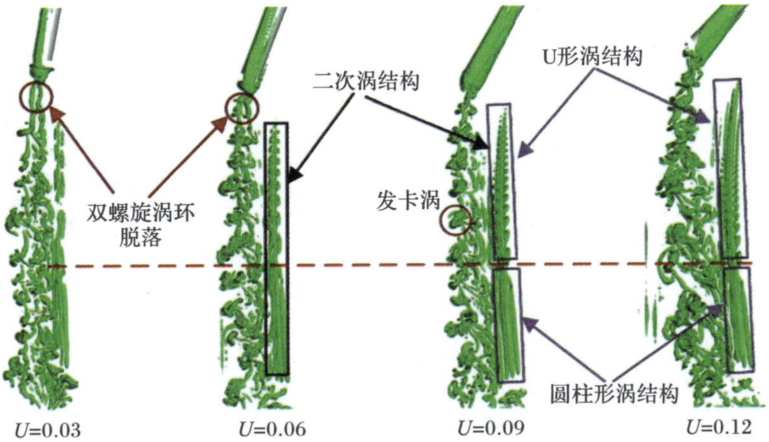


**图 6 - 8　不同横流强度下的尾涡结构演变细节**

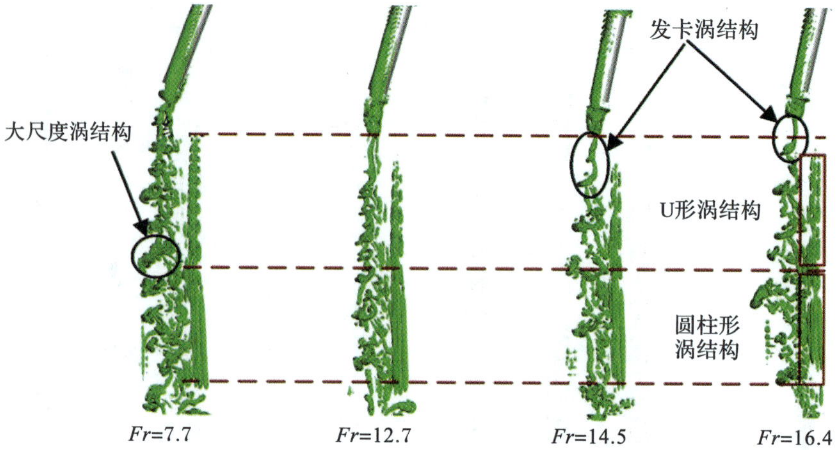


**图 6-9　不同弗劳德数下的尾涡结构演变细节**

### 6.2.3　载荷特性

图 6-10 为弗劳德数 $Fr=7.7$、不同横流速度下的横向受力演变曲线。在水中航行阶段，横向受力随着横流强度的增大而增大。然而，侧向力的增长率明显下降。在航行器出水阶段中，侧向力急剧减小至 0。图 6-11 为横流强度 $U=0.06$、不同弗劳德数下的横向受力演变曲线。随着发射速度增大，弗劳德数增大，导致航行器的横向力近似线性增大。同样地，横向力在出水阶段急剧减小，由于振荡效应，导致横向受力出现明显的脉动现象。图 6-12 为不同横流强度下的垂向受力演变曲线。垂向力主要是压力阻力、黏性阻力、重力和浮力的合力。在横流影响下，垂向受力呈现脉动现象，且脉动峰值逐渐减小并趋于稳定。从图 6-13 分析可知，随着弗劳德数的增大，垂向脉动受力的幅度不断增大，平均力也有所增大。

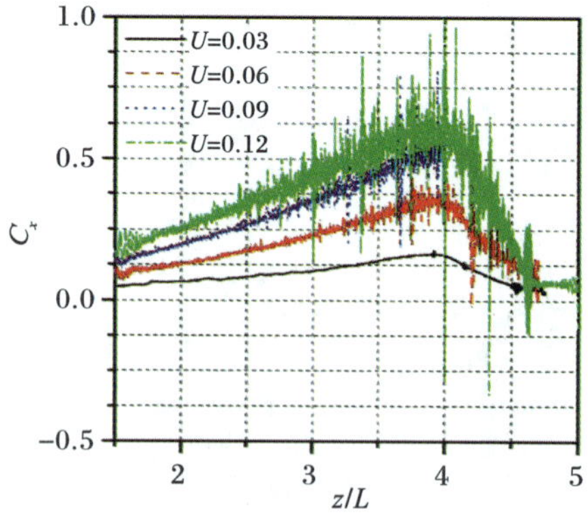


**图 6-10　不同横流强度下的横向受力演变曲线**

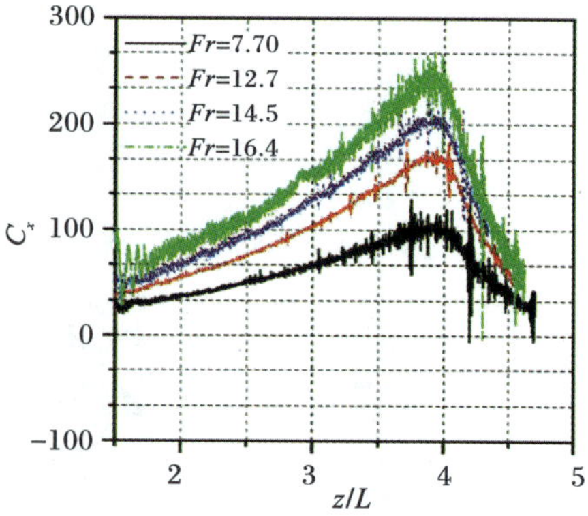


**图 6-11　不同弗劳德数下的横向受力演变曲线**

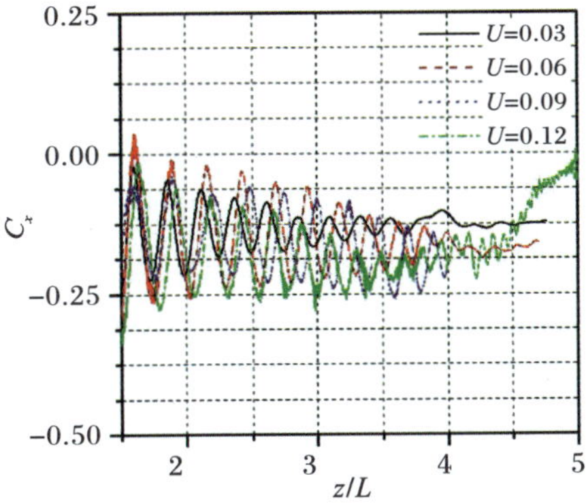


图 6-12　不同横流强度下的垂向受力演变曲线

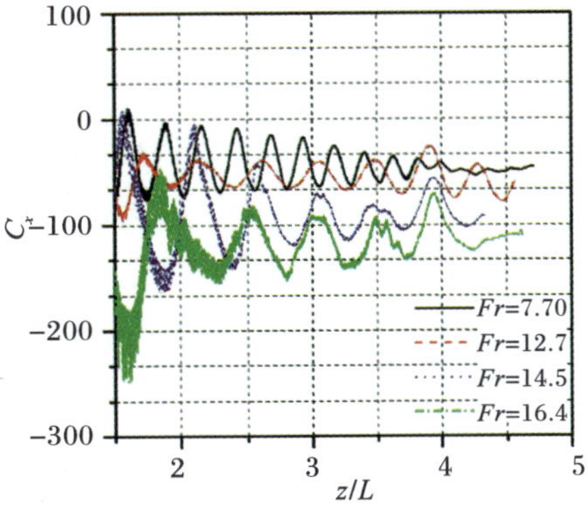


图 6-13　不同弗劳德数下的垂向受力演变曲线

图 6-14 为航行器穿越自由液面过程中所受力矩演变示意图。在航行器头部接触水面之前，航行器所受的浮心和重心位置不变，导致浮力矩不会发生变化。在航行器穿越自由液面的过程中，航行器的浮心向下移动，导致浮力矩方向发生变化，并加剧了航行器的偏转幅度。从图 6-15 分析可知，随着横流强度的增大，在航行器头部接触自由液面前，力矩逐渐增大。在航行器出水阶段中，力矩方向发生变化，且具有较大的脉动特性规律。图 6-16 为不同弗劳德数下的力矩演变规律。随着弗劳德数的增大，虽然平均力矩有所增大，但增大的范围很小。

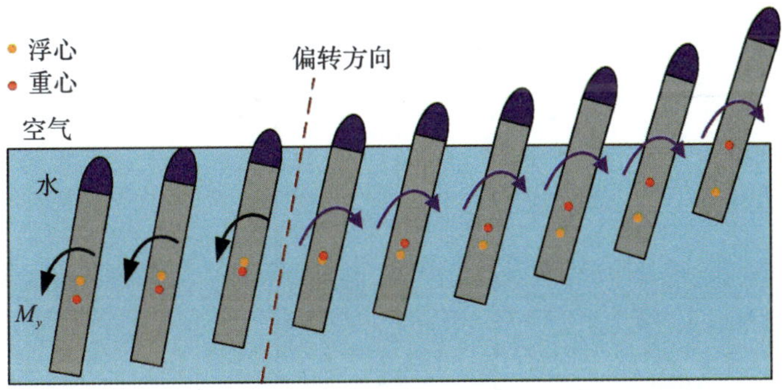


图 6-14　航行器穿越自由液面过程中的力矩演变示意图

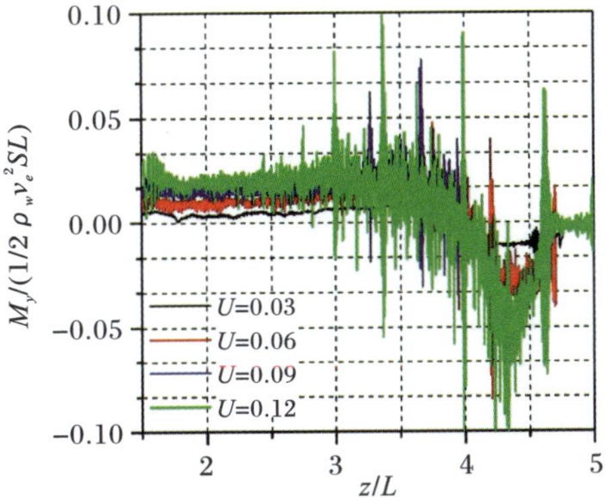


图 6-15　不同横流强度下的力矩演变曲线

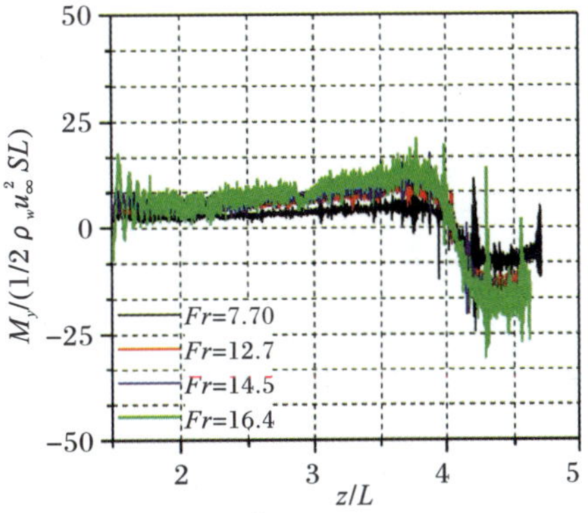


图 6-16　不同弗劳德数下的力矩演变曲线

### 6.2.4 运动特性

由于航行器的出水姿态直接决定着发射安全性，所以研究航行器的出水姿态演变规律具有重要意义。图 6－17 为不同横流速度下航行器的运动轨迹演变曲线。在相同的横向位移下，随着横流速度的增大，垂直位移量减小。

如图 6－18 所示，随着弗劳德数增大，在相同的横向位移下，垂直位移量增大。然而，增大的幅度明显减小。图 6－19 为不同横流强度下的偏转角度演变规律。相比 $U=0.03$，横流强度 $U=0.06$ 下航行器的偏转角度增大量较小。随着横流强度的增大，当 $U=0.09$ 时，偏转角度增大幅度较大。从图 6－20 可知，随着弗劳德数的增大，偏转角度先增大后减小。

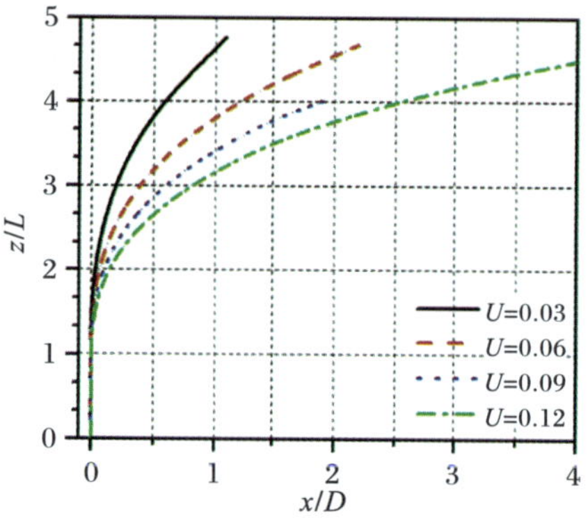

图 6－17　不同横流强度下的轨迹演变曲线

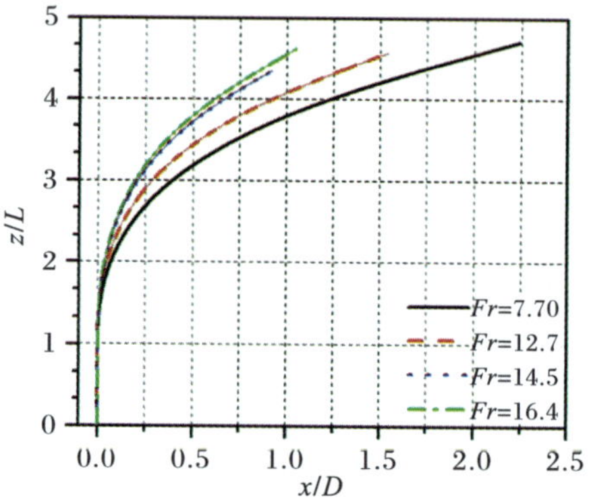

图 6－18　不同弗劳德数下的轨迹演变曲线

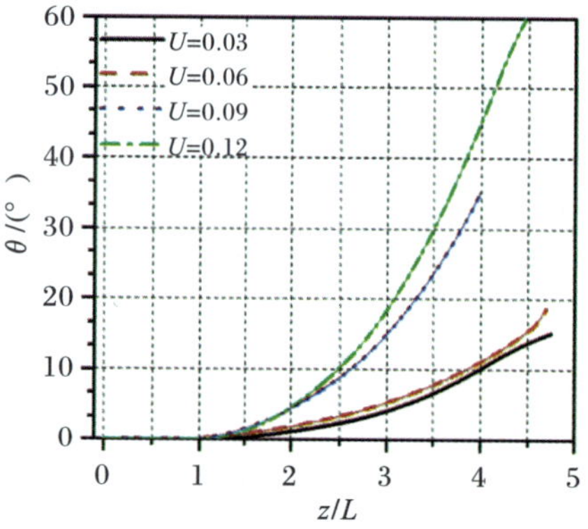

图 6－19　不同横流强度下的偏转角演变曲线

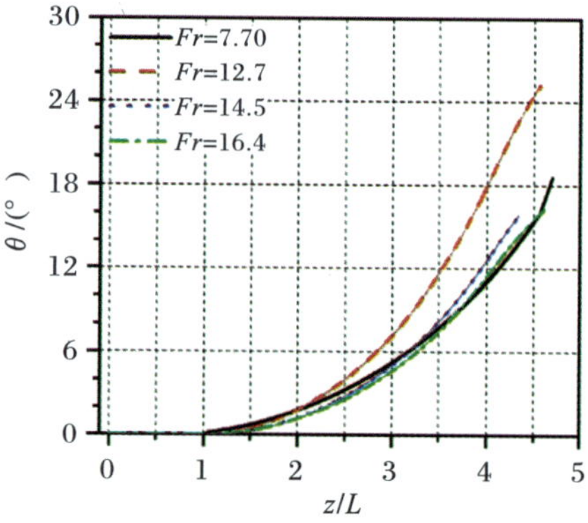

图 6－20　不同弗劳德数下的偏转角演变曲线

## 6.3 水下齐射过程尾流干扰机理

### 6.3.1 尾流干扰流场

图 6－21 为顺序发射 $Fr=3.78$ 下的尾流气-液流场结构演变云图。当首发航行器离开发射管时，筒内的高压气体迅速溢出流场，并在次发航行器筒口附近发生聚集现象。尾流流场中的气液混合气团基本可分为三部分：与发射筒相连的筒口气泡、与航行器尾

部相连的空泡以及流场中的游离气团。尾流中气液混合气团发生膨胀、收缩、运动以及碰撞等复杂现象，直接影响次发航行器的周围流场以及运动姿态。

当 $T=1.57$ 时，首发航行器肩部和发射筒之间的预置气体随着航行器的运动而发生溢出现象。在横向来流作用下，逐渐形成游离气团，并不断向次发航行器的筒口附近移动。在首发航行器离开发射筒口后，筒内的高压气体迅速溢出，形成尾部空泡。在航行器尾端离开筒口后，其尾空泡不断被拉伸。同时，当尾空泡在惯性力作用下向外膨胀时，空泡的体积不断增大，但压力不断降低。另外，由于水的黏性阻力和泡内外压差，尾空泡沿水平方向的膨胀速度明显降低。随后，空泡在水体作用下发生了反弹效应，体积减小，导致航行器尾端的空泡与筒口的气体完全分离，发生拉断现象。最后，水体回流到发射筒内，产生水锤效应。在航行器出筒阶段中，空泡常常伴随着尾流周期性脱落。随着泡内压力降低，航行器尾端会产生凹形射流现象。

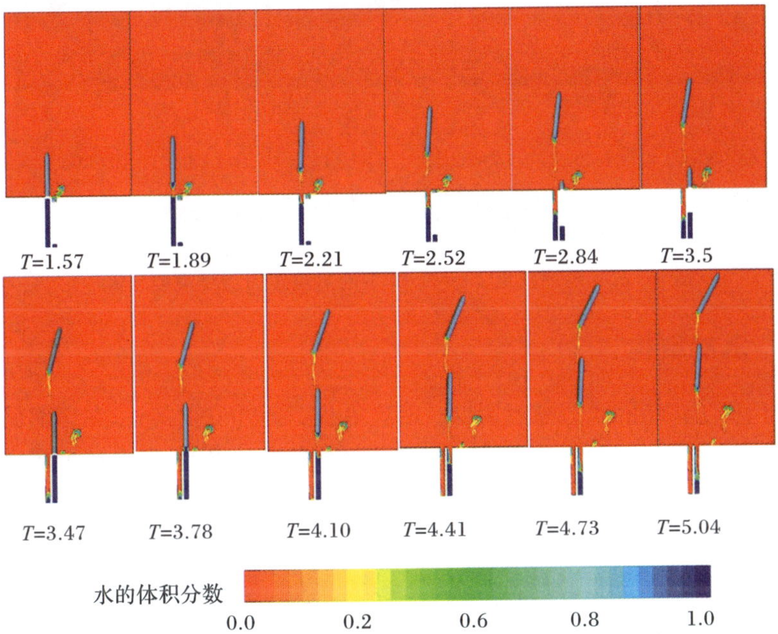


**图 6-21　顺序发射 $Fr=3.78$ 下的尾流气-液流场结构演变云图**

当 $T=2.84$ 和 $T=3.15$ 时，次发航行器在发射筒内不断移动，筒内预置气体溢出，次发航行器头部逐渐接近首发航行器的尾端。当 $T=3.47$ 时，次发航行器的尾端处于发射筒口附近，首发航行器尾流逐渐丰富，并直接作用在次发航行器表面。当 $4.10 \leqslant T \leqslant 4.73$ 时，次发航行器离开发射筒口，少量的筒内高压气体附着在其侧壁，并逐渐发生脱落。与首发航行器相比，次发航行器的尾空泡在形态上更大，游离气团演变也更加复杂。

图 6-22 为顺序发射 $Fr=3.78$ 下的尾流压力流场演变云图。当 $T=1.57$ 时，首发航行器完全离开发射筒，筒内的高压气体欲脱离航行器尾端约束。当 $T=1.89$ 时，在筒内和筒外的压差作用下，高压气体迅速溢出，在筒口附近造成大面积的高压现象。在随后的航行阶段中，航行器头部出现驻点，产生局部明显高压现象。另外，自由气体最初是高压气体，导致周围环境压力增大。根据能量方程，流体能量在速度和压力之间转换。

在航行器的运动过程中,头部顶点是静止流的一个点,并产生局部高压。由于横向来流的影响,航行器迎流测和背流侧的压力分布明显不对称,迎流测的压力明显高于背流侧。随后,次发航行器紧随首发航行器尾端,其尾流附近流场的压力变化极为复杂。

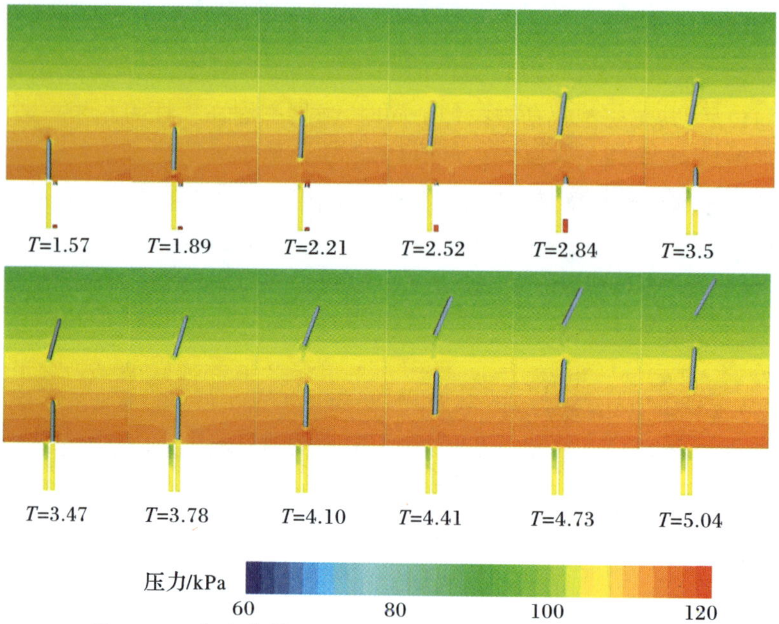


图 6-22　顺序发射 $Fr=3.78$ 下的尾流压力流场演变云图

### 6.3.2　涡旋结构

在横向来流的影响下,首发航行器以一定攻角状态离开发射筒口,在尾涡结构中发现了一种新的湍流相干结构——发卡涡。这主要是因为发卡涡常见于高雷诺数下的壁面剪切湍流中,而在航行器水下发射过程中关于发卡涡的相关研究相对较少。图 6-23(a)为无量纲发射时间间隔 $\Delta T=0.5$ 下的水下齐射过程等值面尾涡结构云图。在横向来流的作用下,首发航行器的背流侧中心线附近逐渐形成了两条展向涡结构,并沿着展向和轴向拉伸。在展向涡结构沿轴向拉伸过程中,形成了反向旋转涡对,导致在航行器尾流区形成发卡形的弧状涡结构,即为发卡涡的头部,而两侧为发卡涡的腿部。如图 6-23(b)所示,在发卡涡头形成的过程中,由于反向旋转流向涡对作用,发生了喷射事件,在流向涡对之间堆积低速流体而形成低速条带区域。同时,在反向旋转流向涡对两侧发生了扫掠事件。

尾涡序列是航行器尾流场中的一个重要结构特征。由于航行器壁面边界层的流动分离,所以在运动过程中会产生一系列尾流涡结构,其中大尺度尾涡结构是引起流场结构扰动的主要因素。在航行器运动过程中,尾涡按照一定的频率脱落,在流场中形成尾涡序列,对尾流流场产生有规律的扰动。图 6-24 为水下齐射过程中的尾涡结构脱落细节云图。由于壁面的高速旋转效应,所以当航行器壁面附着涡流到达其底部时,流体绕过航行器的尾部产生康达尔效应并形成低压涡流。气流在涡核周围卷起形成涡环,在航行器底部发生涡环脱落现象。航行器上游涡度积累较少,尾涡首先从底部分离。从分离点开始，尾涡沿底部边缘顺时针和逆时针膨胀，形成涡环。在壁面的阻力作用下，涡环平面倾斜上升，涡管沿流动方向延伸并向上弯曲，形成涡腿，最后两侧的分离点在航行器的背流侧汇合，尾涡完全脱落，形成对称结构的发夹涡。

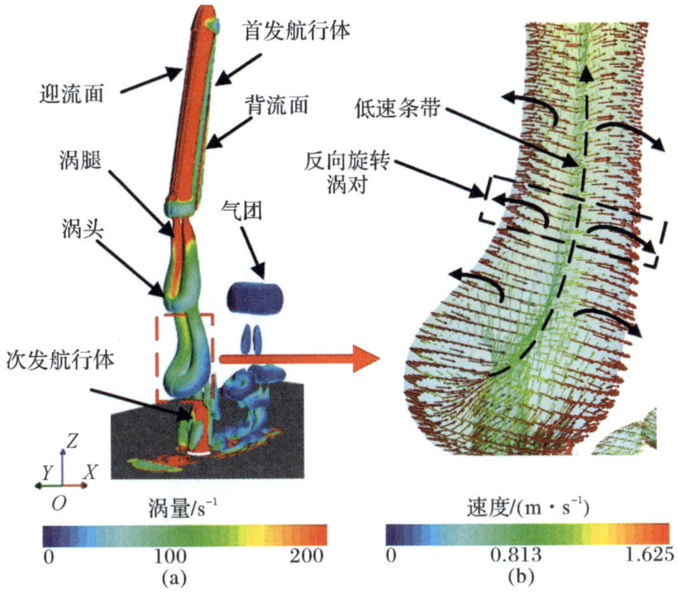


**图 6-23　无量纲时间间隔 $\Delta T=0.5$ 下的水下齐射过程中尾流区湍流相干结构云图**

(a)尾涡结构云图；(b)发卡涡速度矢量云图

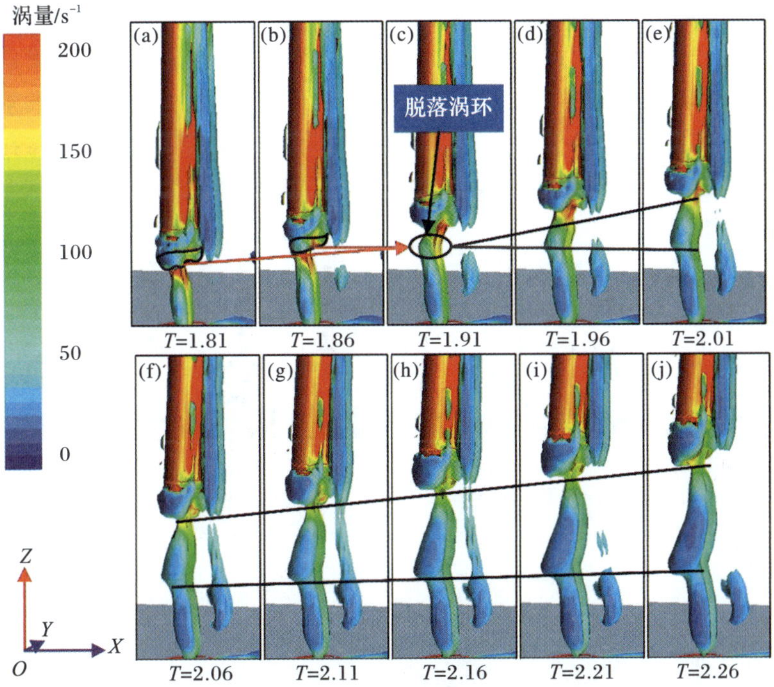


**图 6-24　水下齐射过程中的尾涡结构脱落细节云图**

尾涡序列是航行器尾流场中的一个重要结构特征，首发航行器的尾涡序列云图如图

6－25所示。由于尾涡序列中涡旋结构脱落的周期性，所以不同的涡旋结构经历了不同时间过程的发展。因此，尾涡序列在一定程度上反映了流场中尾涡结构的演变规律。从图6－25分析可知，尾涡序列中两级涡旋结构之间的脱落期约为特征长度的一半。随着尾涡结构的发展，发夹涡的涡头和涡腿的边界逐渐清晰，结构相对独立。航行器底部逐渐发展为对称结构的涡环，其厚度分布不均匀，涡环平面向后侧上升。涡管从涡环后侧的连接处向下伸展，沿流动方向弯曲，导致涡管进一步延伸成涡腿结构，而两个涡腿对称分布。

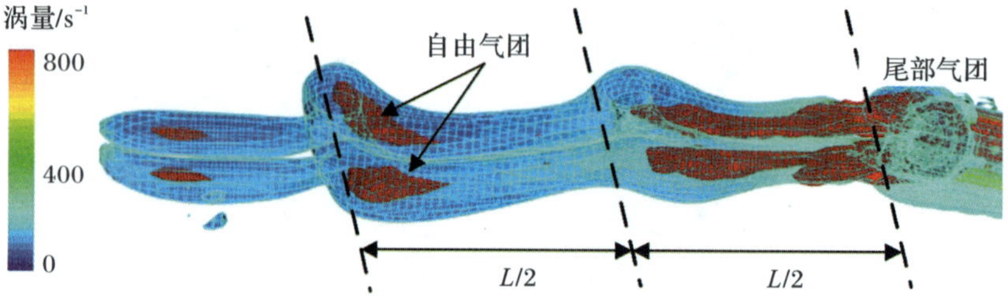


图6－25　首发航行器的尾涡序列云图

图6－26为无量纲时间间隔$\Delta T=0.5$下的水下齐射过程中等值面尾涡演变过程。从图中可以分析发现，当$T=3.05$时，首发航行器尾流区发卡涡包由两个形态近似相同、强度不同的发卡涡组成。随着航行器不断运动，首发航行器尾部脱落的涡腿形成发夹涡头，并沿横向流动方向运动。当$T=3.36$和$T=3.66$时，次发航行器在高压气体的推动下不断向自由液面运动，并穿过首发航行器尾流形成的发卡涡低速条带区域。由于初级发夹涡的强度很高，所以涡头一般不会发生破裂现象。当$T=4.27$时，次发航行器完全离开发射筒。在黏性耗散作用下，初生发卡涡强度减小，头部发生了破碎现象。当$T=4.57$时，首发航行器尾流区内形成了包含4个发卡涡的发卡涡包，而初生发卡涡和次生发卡涡都已经发生了破碎；当$T=5.18$、$T=5.79$、$T=6.40$时，次发航行器在首发航行器尾流区发卡涡包低速条带区域运动，并在其尾端生成新的发卡涡包，强度不断减小。

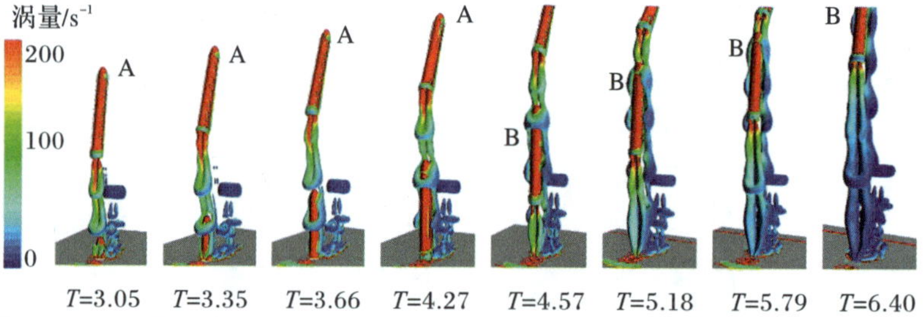


图6－26　无量纲时间间隔$\Delta T=0.5$下的水下齐射过程中等值面尾涡演变过程

# 第7章 不同发射参数对尾流水动力干扰影响

## 7.1 引 言

当无量纲齐射时间间隔较大时，水下齐射流动干扰方式主要以尾流遭遇干扰为主，即前一发航行器尾流会对后一发航行器周围流场及运动姿态稳定性产生干扰现象，严重影响航行器水下齐射安全性。因此，本章将在第6章水下发射过程尾流精细结构演变机理的研究基础上，主要开展无量纲齐射时间间隔、无量纲齐射次序与无量纲横流强度对尾流水动力干扰影响规律的研究。

## 7.2 齐射时间间隔的影响

### 7.2.1 尾涡干扰流场

不同水下齐射时间间隔下次发航行器周围流场有较大的差异，从而直接影响次发航行器周围的水动力特性和运动姿态规律。图7-1为不同时间间隔 $\Delta T=0.5$、$\Delta T=1.0$、$\Delta T=1.5$、$\Delta T=2.0$ 下的次发航行器运动1倍弹长尾涡干扰对比。此时，次发航行器尾端刚刚离开出筒，航行器之间的空间相对位置和首发航行器尾涡结构演变如图7-1所示。从图中分析可知，随着发射时间间隔的增大，沿着首发航行器尾流区形成多级发卡涡，结构尺度逐渐增大，形态得到了充分发展。在横流效应下，首发航行器尾迹区发卡涡包由次发航行器上游逐渐转移到下游。在此过程中，次发航行器穿过了首发航行器尾流区发卡涡包上游侧、涡头中心以及下游区域。另外，当次发航行器处于首发航行器尾流区发卡涡包不同位置时，受到的流体动力干扰也将有所不同。

图7-2为不同时间间隔下的次发航行器运动2倍弹长尾涡干扰对比。当无量纲发射时间间隔 $\Delta T=0.5$ 时，次发航行器被首发航行器尾流区发卡涡包完全包裹，并沿着发卡涡包中低速条带穿过。由于发卡涡包结构尺度较小，所以多级涡头发生断裂现象。另

外，两发航行器在 $T=5.79$ 发生了碰撞事件；当无量纲发射时间间隔 $\Delta T=1.0$ 时，尾涡结构进一步得到发展，次发航行器表面大部分被发卡涡包包裹。随着发射时间间隔增大至 $\Delta T=1.5$，尾涡结构和次发航行器逐渐远离，次发航行器受到的扰动不断减小。最后在 $\Delta T=2.0$，尾涡结构得到充分发展并发生夹止，次发航行器基本不受扰动。

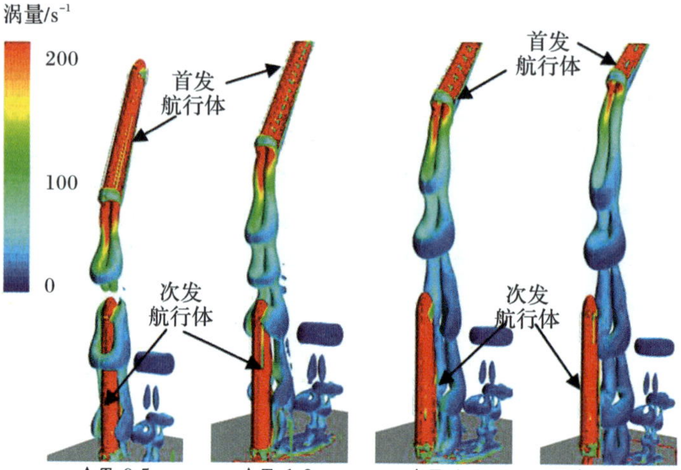


图 7-1　不同时间间隔下的次发航行器运动 1 倍弹长尾涡干扰对比($U=0.25$)

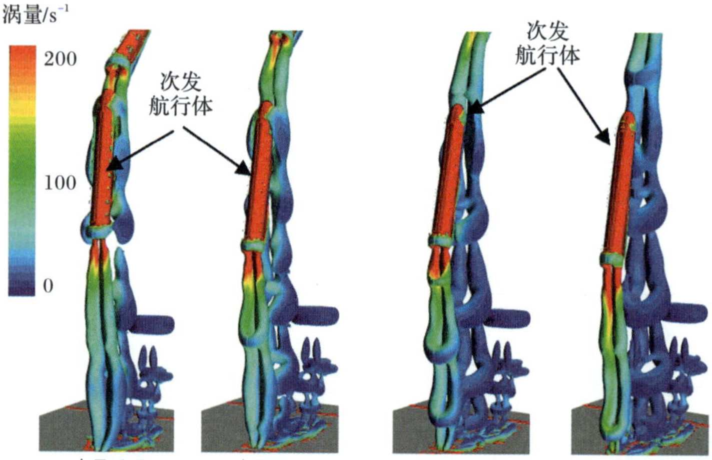


图 7-2　不同时间间隔下的次发航行器运动 2 倍弹长尾涡干扰对比($U=0.25$)

### 7.2.2　水动力特性

图 7-3 为不同发射时序下的次发航行器运动 1 倍弹长时刻表面压力曲线对比。在横向来流的作用下，航行器表面发生了绕流现象，导致其表面压力分布呈现出不对称性。然而，此时航行器刚好完全出筒，迎流面压力略大于背流面。总的来说，此时首发航行器尾尾流对次发航行器表面压力分布的影响规律并不十分显著，但是次发航行器被包裹部位的压力明显小于未受扰动状态。图 7-4 为不同发射时序下的次发航行器运动 1.2 倍弹长时刻表面压力云图对比，首发航行器发生了俯仰运动，压力极大值点出现在头部迎

流面附近。随着发射时间间隔的增大，次发航行器压力极大值点不断增大，即 A＜B＜C＜D≈E。另外，受首发航行器尾尾涡结构的影响，次发航行器表面压力分布受横流影响明显小于未受扰动状态。

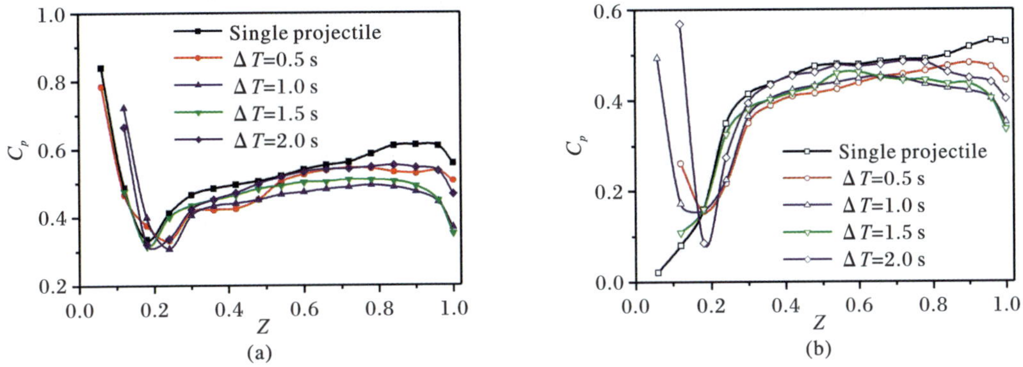


**图 7－3　不同发射时序下的次发航行器运动 1 倍弹长时刻表面压力曲线对比($U$＝0.25)**

(a)迎水面压力；(b)背水面压力

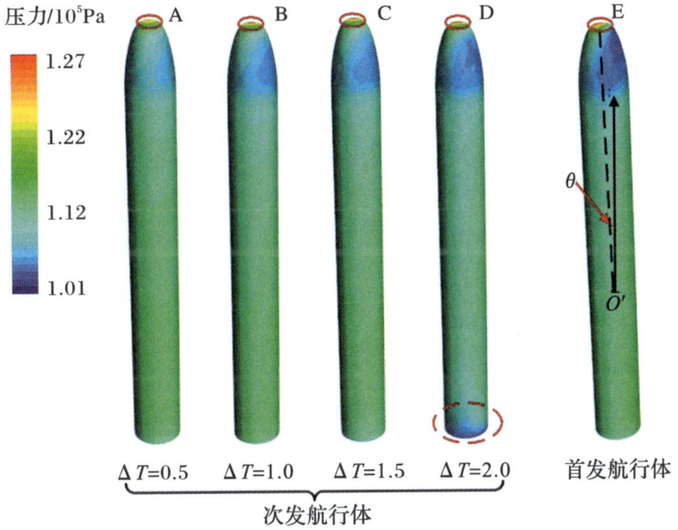


**图 7－4　不同发射时序下的次发航行器运动 1.2 倍弹长时刻表面压力云图对比($U$＝0.25)**

如图 7－5 所示，在水下航行阶段中，随着航行器向自由液面运动，迎、背流面压力演变得更加明显。当发射时间间隔 $\Delta T=0.5$ 时，迎流面附近的无量纲平均压力约是未受扰动状态的 0.6 倍，背流面无量纲平均压力约是未受扰动状态的 0.7 倍。另外，次发航行器的迎、背流面压差较小，近似为等压面。主要原因是：此时次发航行器穿越首发航行器的尾流区发卡涡包中心区域，而发卡涡包中心区域存在一条近似等压低速条带。在次发航行器穿越此低速条带的过程中，极大地改善了其表面的压力分布特性。随着发射时间间隔的增大($\Delta T=1.0$ 和 $\Delta T=1.5$)，尾涡中发卡涡包在横流作用下不断移动，导致次发航行器迎、背水面压力不断增大。当发射时间间隔 $\Delta T=2.0$ 时，次发航行器基本不受首发航行器的尾涡结构影响，其迎、背水面压力与未受扰动状态基本相同。

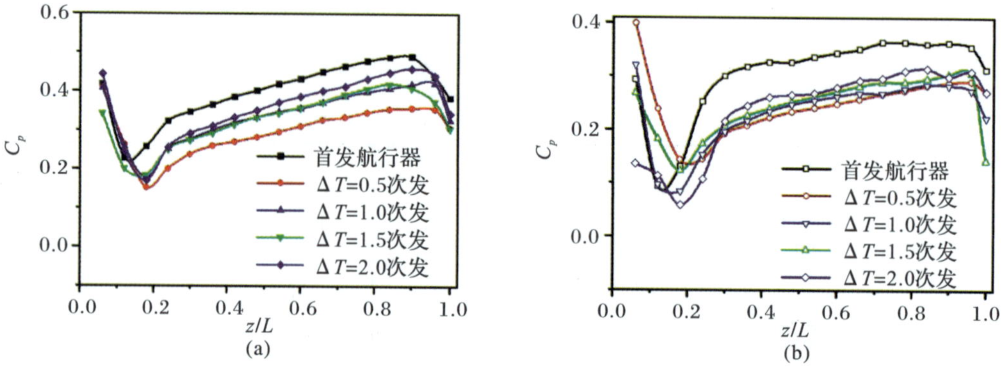


**图 7-5　不同发射时序下的次发航行器运动 2 倍弹长时刻表面压力曲线对比($U$=0.25)**

(a)迎水面压力;(b)背水面压力

下面为了分析时间间隔对水下齐射过程中航行器流体动力参数的影响规律,开展了不同无量纲时间间隔下的水下齐射仿真。图 7-6 显示了不同时间间隔下($\Delta T=0.5$、$\Delta T=1.0$、$\Delta T=1.5$、$\Delta T=2.0$)的次发航行器升力系数与未受扰动状态对比曲线。从图中分析可知,当发射时间间隔 $\Delta T=0.5$ 和 $\Delta T=2.0$ 时,次发航行器分别运动了 2.5 倍航行器直径和 3.5 倍航行器直径。整个水下航行阶段,未受扰动航行器所受的平均升力系数约为−0.1。随着航行器不断向自由液面运动,升力系数逐渐约为 0。进一步分析可知,随着时间间隔增大,平均升力系数均为正,并不断减小,即发射时间间隔 $\Delta T=0.5$、$\Delta T=1.0$、$\Delta T=1.5$、$\Delta T=1.5$,次发航行器的平均升力系数分别近似为 0.025、0.05、0.1 和 0.15。

图 7-7 为不同时间间隔下的次发航行器阻力系数与未受扰动状态对比曲线。随着发射时间间隔的增大,次发航行器阻力系数不断增大,即发射时间间隔 $\Delta T=0.5$、$\Delta T=1.0$、$\Delta T=1.5$、$\Delta T=2.0$,次发航行器的平均阻力系数分别近似为 0.175、0.225、0.275 和 0.325。图 7-8 为不同时间间隔下的次发航行器力矩系数与未受扰动状态对比曲线。经过分析可以发现,未受扰动航行器的力矩系数不断减小直至为 0。随着时间间隔增大,力矩系数为正,并逐渐增大,即发射时间间隔 $\Delta T=0.5$、$\Delta T=1.0$、$\Delta T=1.5$、$\Delta T=2.0$,次发航行器的平均力矩系数分别近似为 0.098、0.015 1、0.017 6 和 0.025。当发射时间间隔 $\Delta T=2.0$ 时,次发航行器平均力矩系数与未受扰动状态近似相等。

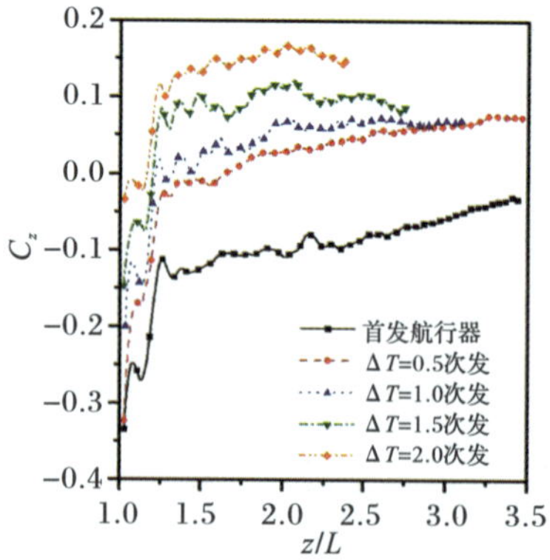


**图 7-6　不同时间间隔下的次发航行器升力系数与未受扰动状态对比曲线**

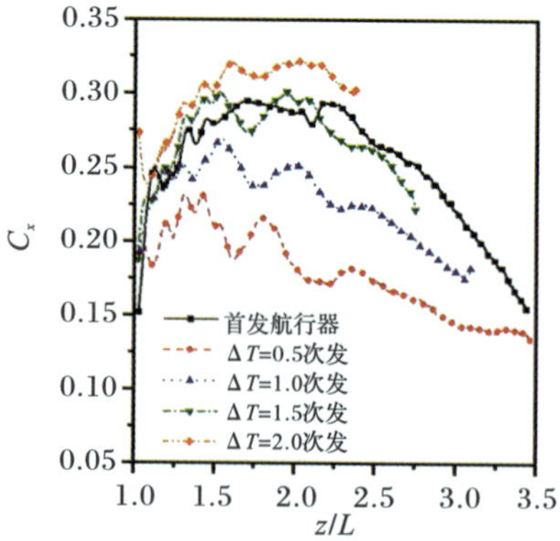


**图 7-7　不同时间间隔下的次发航行器阻力系数与未受扰动状态对比曲线**

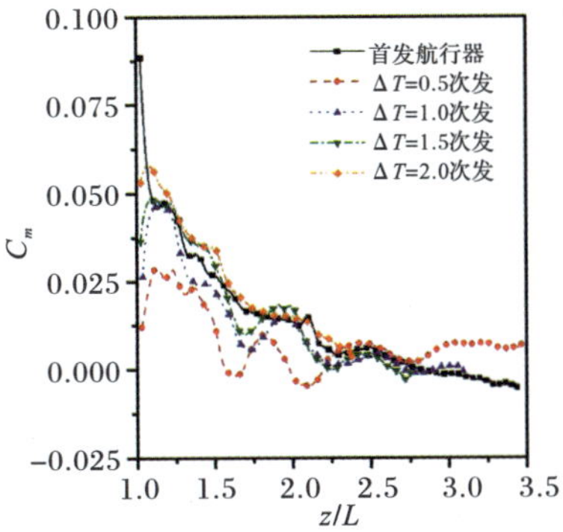


**图 7-8　不同时间间隔下的次发航行器力矩系数与未受扰动状态对比曲线**

### 7.2.3　运动姿态

图 7-9 和图 7-10 分别为不同时间间隔下的次发航行器运动轨迹、俯仰角与无干扰状态对比曲线。在水下航行初期，不同发射时间间隔下的次发航行器运动轨迹、姿态角与无尾流干扰状态近似一致。无尾流干扰状态航行器受横流影响，运动轨迹沿水平方向偏移并发生俯仰运动，其中偏移量约为 6 倍航行器直径，俯仰角度约为 40°。随着发射时间间隔增大，运动轨迹的曲率减小，俯仰角度的曲率增大。在 $\Delta T=0.5$，相同竖直位移条件下，水平位移和俯仰角度相比无扰动状态最小，运动姿态更加稳定。然而，由于发射时间间隔较小，所以在 $T=6.27$ 时，两发航行器发生了碰撞。在 $\Delta T=1.0$ 和 $\Delta T=1.5$，水平方向偏移量和俯仰角度相比 $\Delta T=0.5$ 不断增大。在 $\Delta T=2.0$，次发航行器轨迹和俯仰角度与无干扰状态近似一致。由于发射时间间隔较大，所以当首发航行器运动至上方流域边界时，次发航行器运动轨迹和俯仰角的变化历程不完整。

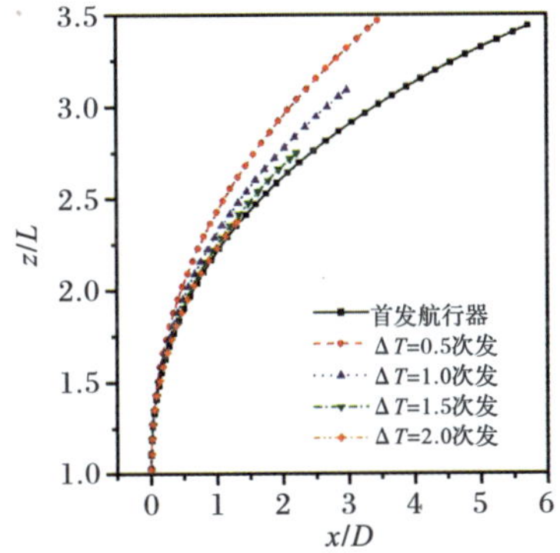


**图 7-9　不同时间间隔下的次发航行器运动轨迹与无干扰状态对比曲线**

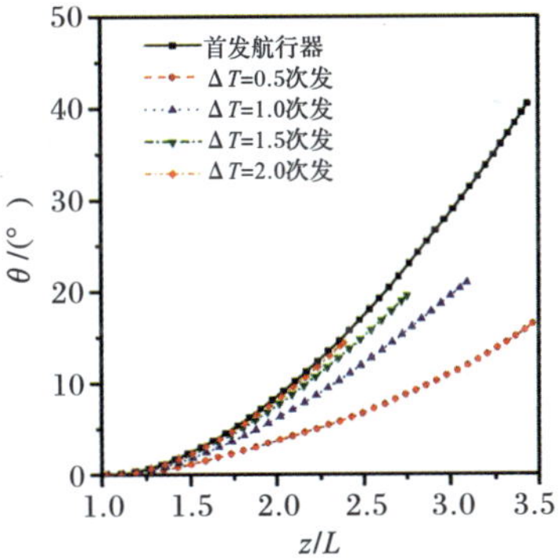


**图 7-10　不同时间间隔下的次发航行器俯仰角与无干扰状态对比曲线**

## 7.3　齐射次序的影响

### 7.3.1　尾涡干扰流场

图 7-11 为前序齐射顺序下的等值面尾流涡结构干扰演变。在 $Fr=2.52$ 下，首发航行器的尾流中第一个发卡涡完全发展并沿着横向移动。随着航行器向自由液面运动，

尾流涡结构中的涡腿逐渐形成，并随着横流不断移动至第二个发卡涡头处。在 $Fr=2.84$ 和 $Fr=3.15$ 下，发卡涡包在横向来流影响下逐渐接近次发航行器，但并没有发生断裂现象。在横向来流作用下，发卡涡①和发卡涡②向次发航行器头部移动。进一步地，次发航行器在垂直方向上运动并与发卡涡包发生碰撞，导致第一发卡涡和第二发卡涡均发生了破裂现象。在 $T=4.10$ 和 $Fr=4.41$，次发航行器壁面被尾流发卡涡包包裹，导致发生涡头破裂，对次发航行器周围的水动力和运动姿态均产生重大影响。发卡涡③头部在完全发展之前与次发涡结构掺混融合，因此其后续演变受到一定的抑制作用。

图 7-12 为后序齐射顺序下的等值面尾流涡结构干扰演变。与前序齐射顺序相比，尾流发夹涡包发展更为丰富。在水下齐射过程中，首发航行器的尾流发夹涡包结构包含五个完整的发卡涡，分别被标记为①②③④⑤。在首发航行器离开发射筒口后，筒口附近的气团在横流和水的黏性耗散共同作用下，发卡涡①脱离发夹涡包约束，与尾流主涡结构发生了断裂现象。次发航行器由于攻角作用，导致其后侧接近发卡涡结构，直接影响次发航行器尾流场演变。另外，次发航行器尾流中只形成了两个细长的涡腿，而涡头并未形成。

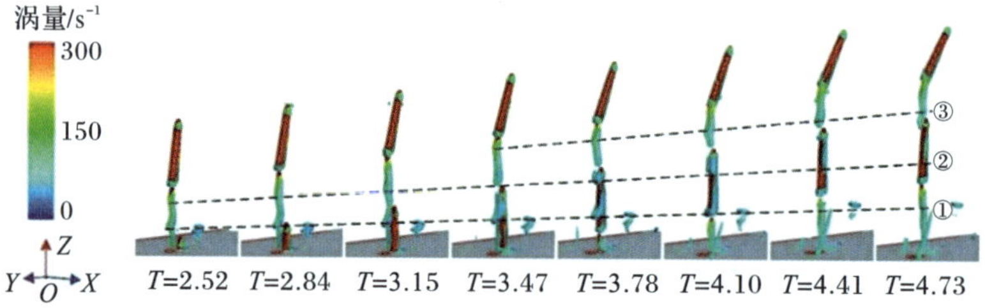


**图 7-11 前序齐射顺序下的等值面尾流涡结构干扰演变（$Fr=3.78$）**

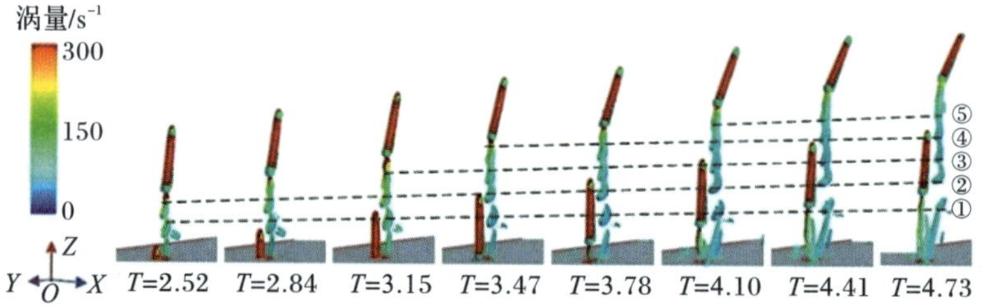


**图 7-12 后序齐射顺序下的等值面尾流涡结构干扰演变（$Fr=3.78$）**

图 7-13(a)为不同弗劳德数下的前序齐射顺序尾流涡结构干扰演变。当首发航行器出筒攻角增加时，航行器尾流中发夹涡包的级数随着弗劳德数的增加而增加，并沿横向来流方向运动。同时，发卡涡的涡头强度也随之增加。在 $Fr=3.78$，次发航行器已经完全离开发射筒，此时首发航行器的尾流发夹涡包与次发航行器壁面碰撞，导致其发夹涡头破裂，直接影响发夹涡包尾流涡结构发展。在 $Fr=4.93$，首发航行器尾流发展得更为充分，随后与次发航行器发生碰撞。在 $Fr=6.32$ 和 $Fr=7.57$，次发航行器穿过首发航行器尾流中的发夹涡包中心；随后，多级发夹涡头均发生破碎现象。图 7-13(b)为不同弗劳德数下的后序齐射顺序尾流涡结构干扰演变。在横向来流作用下，首发航行器的尾流涡结构逐渐远离次发航行器，航行器之间的干扰相对较小。

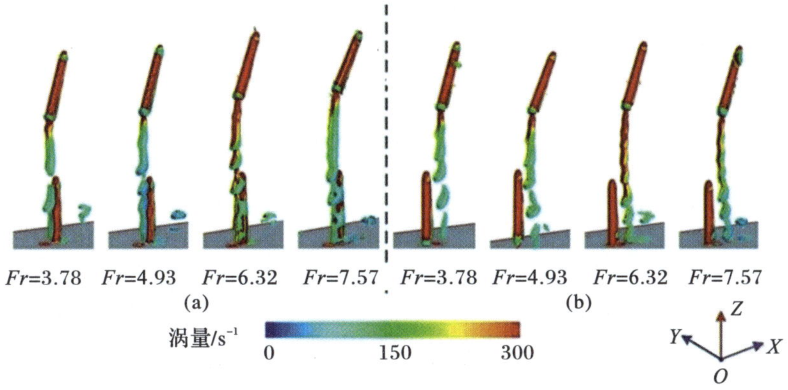


**图 7-13　不同弗劳德数下的尾流涡结构干扰演变**

(a)前序齐射顺序；(b)后序齐射顺序

### 7.3.2　水动力特性

图 7-14 为前序齐射顺序下的首发航行器不同时刻表面压力曲线。在 $T=1.575$，首发航行器尾端已经完全离开发射筒口，航行器头部附近迎流面动压最大，而其肩部附近发生了明显的流动分离现象，如图 7-14(a)所示。随着首发航行器不断向自由液面运动，其周围的静水压力降低，导致航行器迎流面和背流面表面上压力降低。在横向来流的影响下，第一个航行器首发航行器的背流面压力值变化较大。在 $T=1.575$ 和 $T=2.520$，航行器背流面的压力从头部到肩部逐渐增加，并在其背流面肩部以下区域趋于平稳。然而，在 $T=2.835$ 和 $T=3.780$，背流面从航行器头部到其肩部的压力先减小后增加，最后趋于平稳，如图 7-14(b)所示。

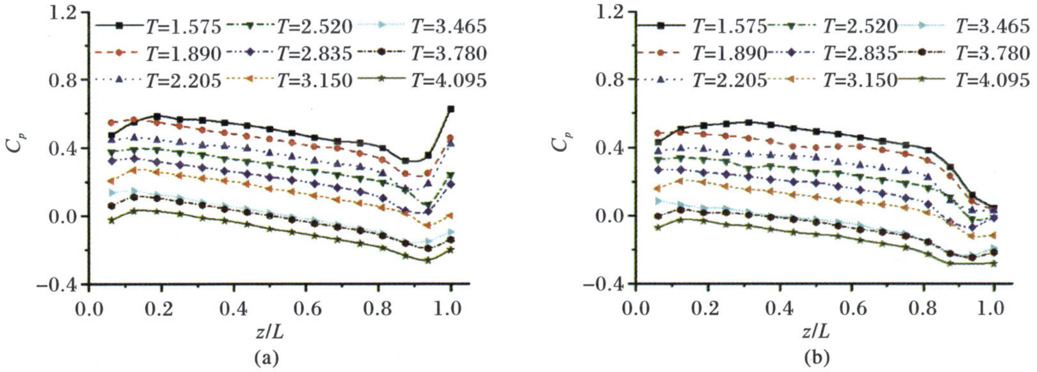


**图 7-14　前序齐射顺序下的首发航行器不同时刻表面压力曲线($Fr=3.78$)**

(a)迎流侧压力；(b)背流侧压力

图 7-15 为后序齐射顺序下的首发航行器不同时刻表面压力曲线。在水下齐射过程中，次发航行器始终处于首发航行器的尾流场中，受到其尾涡结构和尾空泡等干扰影响。在尾流涡结构和尾空泡的共同作用下，次发航行器的迎流面和背流面的压力随着周围静水压力降低而降低。在 $T=3.465$ 和 $T=3.780$，航行器尾部的压力变化规律失去了单调性特征，主要是由于筒口处气团和航行器之间的强相互干扰作用。进一步分析发现，与

气团干扰影响相比，首发航行器的尾流对次发航行器的表面压力分布规律影响不是很显著。这可能是因为尾流中涡腿内部是低速流体区域，涡腿外部是高速流体区域。另外，随着航行器不断向自由液面运动，首发航行器尾流涡结构得到充分发展，当次发航行器被尾流基本包裹时，其表面覆盖区域的压力几乎恒定，近似为等压区。

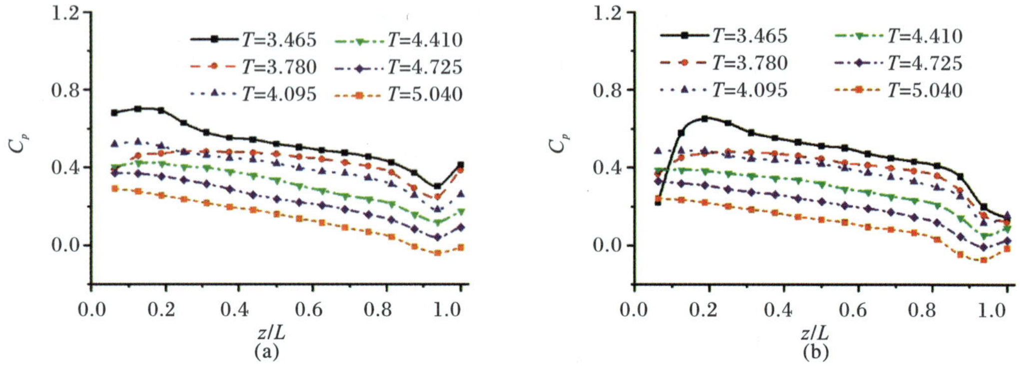


**图 7－15　后序齐射顺序下的首发航行器不同时刻表面压力曲线（$Fr=3.78$）**

（a）迎流侧压力；（b）背流侧压力

### 7.3.3　运动特性

图 7－16 为不同弗劳德数下的前序齐射顺序轨迹曲线。由于无量纲时间间隔和计算域的限制，所以部分齐射过程中运动轨迹的变化规律历程较短。随着弗劳德数的增加，首发航行器的运动轨迹斜率减小，而次发航行器的运动轨迹表现出较强的不稳定性，主要是因为受到首发航行器的尾流干扰作用。图 7－17 为不同弗劳德数下的前序齐射顺序偏转角曲线。从图中分析可知，两发航行器的偏转角与弗劳德数并不是现象关系。当 $Fr=3.78$、$Fr=4.93$ 及 $Fr=6.32$ 时，首发航行器德偏转角减小，同时在相同的无量纲发射时间间隔下俯仰角速度减小，如图 7－18 和图 7－19 所示。总的来看，次发航行器的运动轨迹斜率明显高于首发航行器。在相同竖直方向位移下，次发航行器的偏转角明显低于首发航行器。因此，当 $3.78 \leqslant Fr \leqslant 7.75$ 时，首发航行器的尾流对次发航行器的运动姿态具有重要的影响。

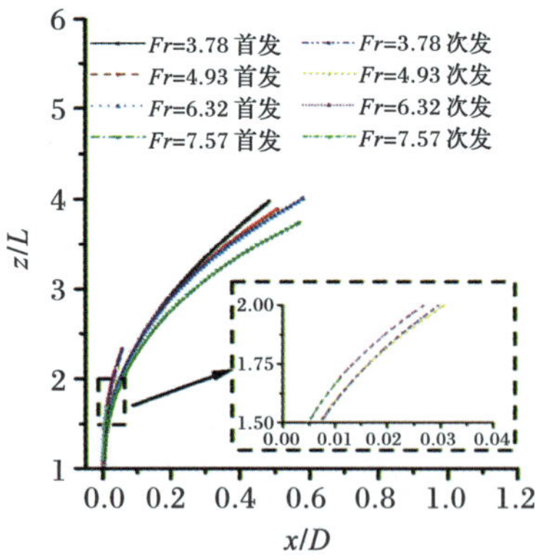


**图 7－16　不同弗劳德数下的前序齐射顺序轨迹曲线**

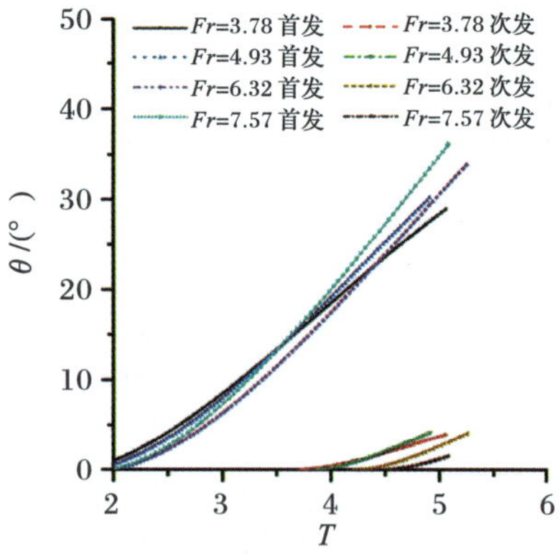


**图 7－17　不同弗劳德数下的前序齐射顺序偏转角曲线**

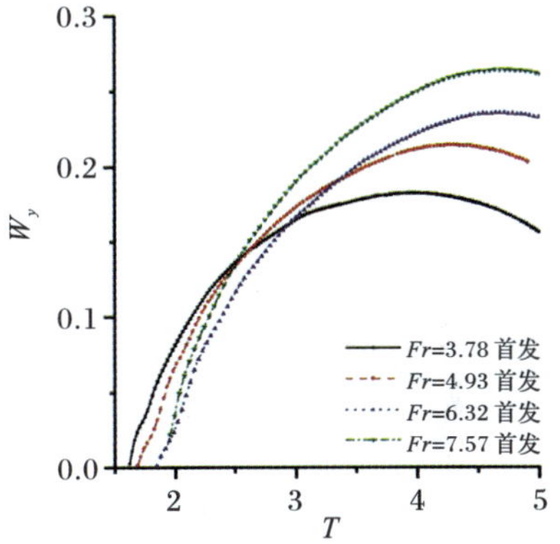


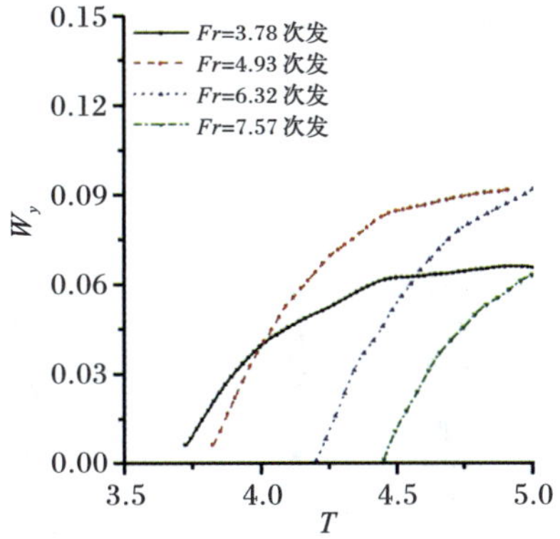


**图 7－18　不同弗劳德数下的首发角速度曲线**　**图 7－19　不同弗劳德数下的次发角速度曲线**

图 7－20 为不同弗劳德数下的后序齐射顺序轨迹曲线。分析可知，首发和次发航行器的运动轨迹演变规律基本相同。在横向来流的影响下，首发航行器的尾迹逐渐远离次发航行器的周围流场，同时，筒口附近溢出的高压气团沿着横流方向运动，远离次发航行器。因此，首发航行器和次发航行器之间的流动干扰效应几乎没有。图 7－21 为不同弗劳德数下的后序齐射顺序偏转角曲线，其中，首发航行器在后序齐射顺序下的偏转角度演变规律与前序齐射顺序具有较大的不同，主要是后序齐射顺序下的次发航行器的周围流场几乎不受首发航行器的尾流干扰。综上所述，为了提高航行器水下齐射的安全性和成功率，应尽可能采用后序齐射模式。

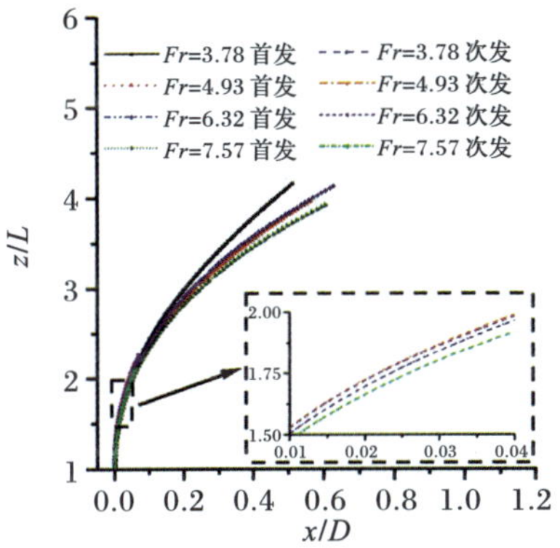


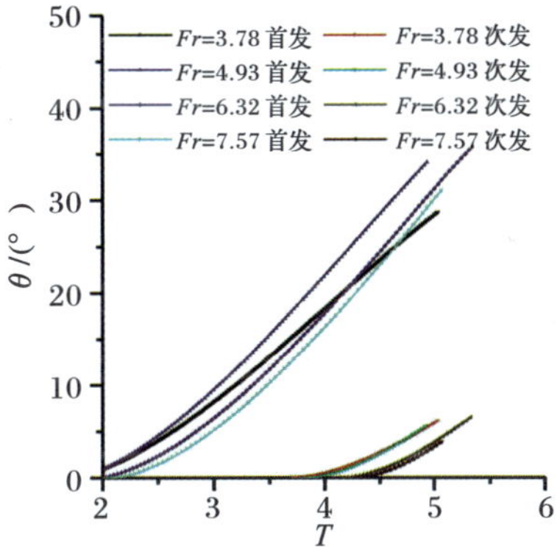


**图 7－20　不同弗劳德数下的后序齐射顺序轨迹曲线**　**图 7－21　不同弗劳德数下的后序齐射顺序偏转角曲线**

## 7.4　横流强度的影响

### 7.4.1　尾涡干扰流场

在水下齐射过程中，首发航行器出筒时刻的攻角大小对尾流干扰研究极其重要，在航行器出筒速度保持不变的前提下，通过改变横流强度可实现出筒攻角变化。图 7－22 为不同横流强度($U$＝0.1,$U$＝0.15,$U$＝0.2,$U$＝0.25)下的次发航行器运动 1 倍弹长尾流涡结构干扰云图。从图中分析可知，当横流强度较小时，首发航行器的尾流涡结构发展较为丰富,次发航行器穿越尾涡结构中前两级发卡涡头,而发卡涡头并未发生断裂现象。随着横流强度增大,次发航行器穿越发卡涡过程中,涡头与涡腿发生了明显的断裂现象。在航行器继续向自由液面运动的过程中,首发航行器的尾流涡结构与次发航行器的尾流涡结构发生了掺混融合现象,干扰现象变得更加复杂。

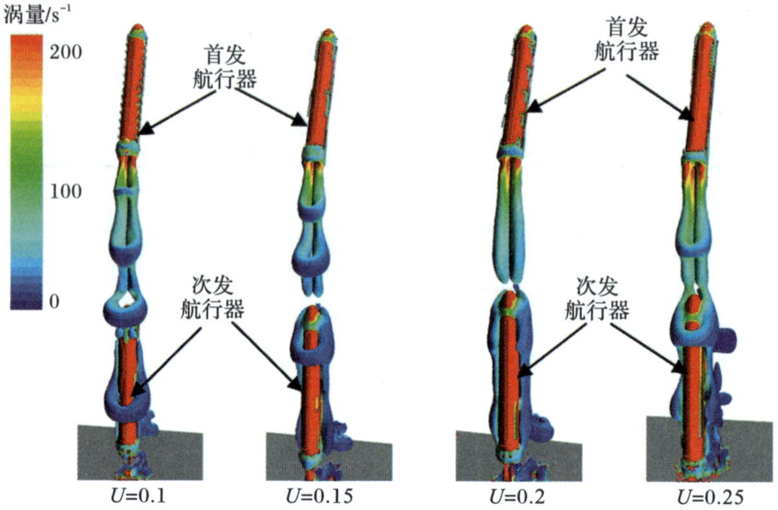


**图 7-22　不同横流强度下的次发航行器运动 1 倍弹长尾流涡结构干扰云图**

图 7-23 为不同横流强度下的无量纲时间 $T=6.4$ 时刻尾流涡结构干扰云图。当横流强度较小($U=0.1$)时,次发航行器穿越多级发卡涡头,而多级涡头仍然未发生断裂现象。随着横流速度增大至 $U=0.15$,发卡涡包结构不断发展丰富。在次发航行器穿越多级发卡涡头的过程中,一部分涡头发生了断裂现象。当 $U=0.2$ 时,多级发卡涡头全部发生了断裂。同时,次发航行器尾流中多级发卡涡不断生成。最后,当 $U=0.25$ 时,首发航行器尾涡结构发生了夹止。另外,受首发航行器尾涡结构发展的影响,次发航行器尾流区内发卡涡头级数不断减小。

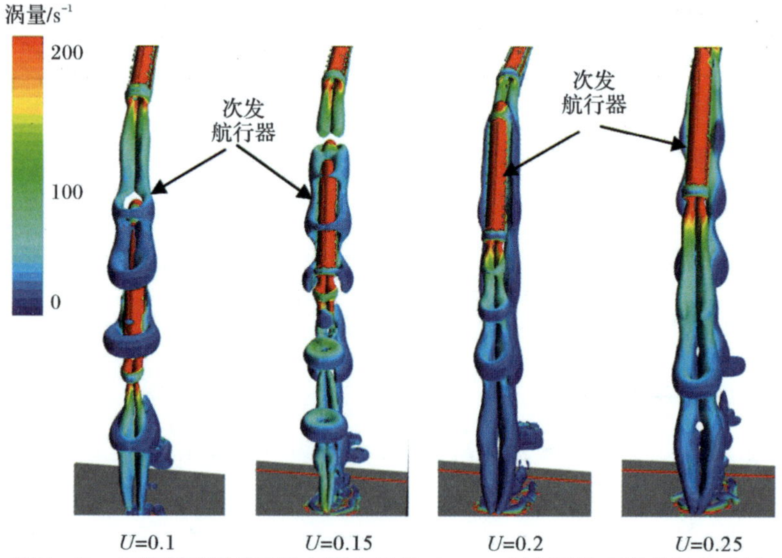


**图 7-23　不同横流强度下的无量纲时间 $T=6.4$ 时刻尾流涡结构干扰云图**

### 7.4.2　水动力特性

图 7－24 为不同横流强度下的次发航行器无量纲升力曲线。在水下航行阶段中，随着横流强度的增大，平均升力系数均为正，并不断增大。然而，升力系数增加幅度相对较小。图 7－25 为不同横流强度下的次发航行器无量纲阻力曲线。从图中分析可知，随着横流强度增大，次发航行器阻力系数不断增大，即横流强度 $U=0.1$、$U=0.15$、$U=0.20$、$U=0.25$ 下，次发航行器的平均阻力系数分别约为 0.085、0.015、0.017 5 和 0.225。图 7－26 为不同横流强度下的次发航行器无量纲力矩曲线。随着横流强度增大，力矩系数为正，并逐渐增大，即发射时间间隔 $U=0.1$、$U=0.15$、$U=0.20$、$U=0.25$，次发航行器的平均力矩系数分别约为 0.005、0.075、0.085 和 0.015。

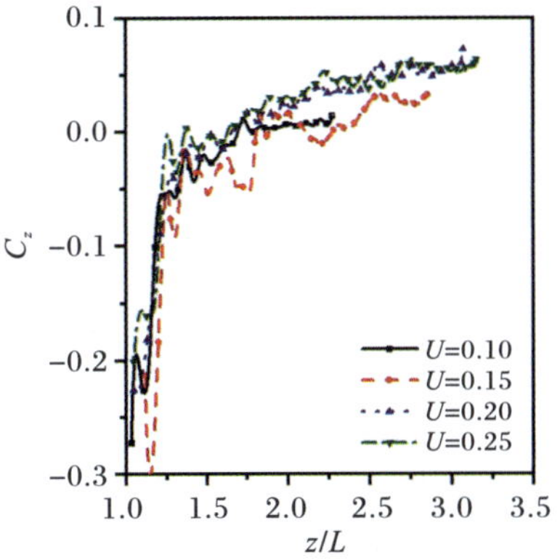


图 7－24　不同横流强度下的次发航行器无量纲升力曲线

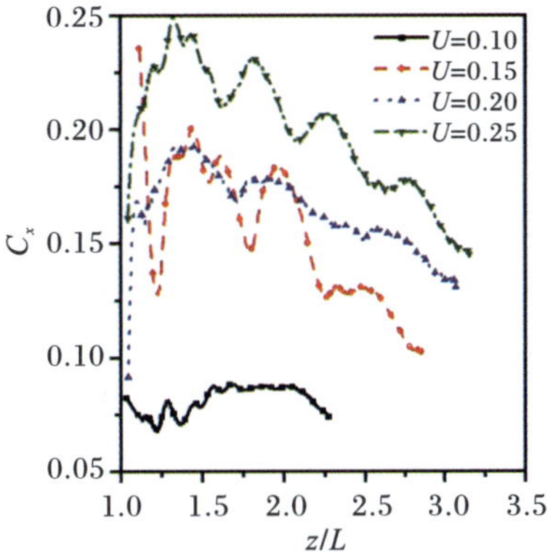


图 7－25　不同横流强度下的次发航行器无量纲阻力曲线

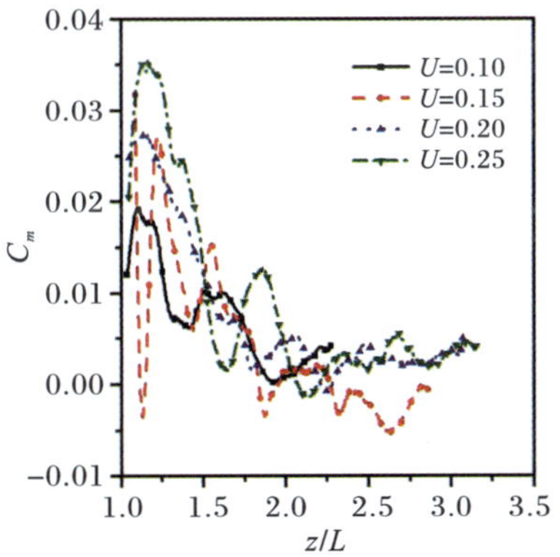


图 7－26　不同横流强度下的次发航行器无量纲力矩曲线

### 7.4.3　运动姿态

下面进一步地分析横流强度对水下齐射过程航行器运动姿态的影响规律，图 7－27 和图 7－28 分别为不同横流强度下的次发航行器无量纲轨迹和偏转角曲线。在水下航行初期，随着横流强度的增大，运动轨迹曲率减小，偏转角曲率增大。当横流强度 $U=0.1$ 时，在运动相同竖直位移下，水平位移和偏转角最小，运动姿态更加稳定。然而，由于发射时间间隔较大，所以当首发航行器运动至上边界时，次发航行器运动轨迹和偏转角的变化历程不完整，后序将针对这一现象开展进一步研究。

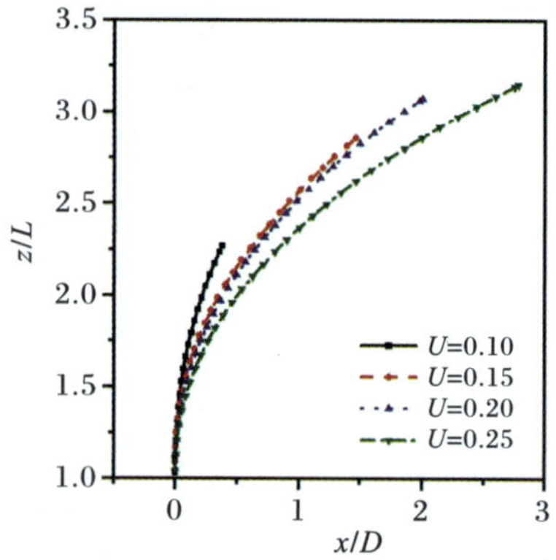


**图 7-27　不同横流强度下的次发航行器无量纲轨迹曲线**

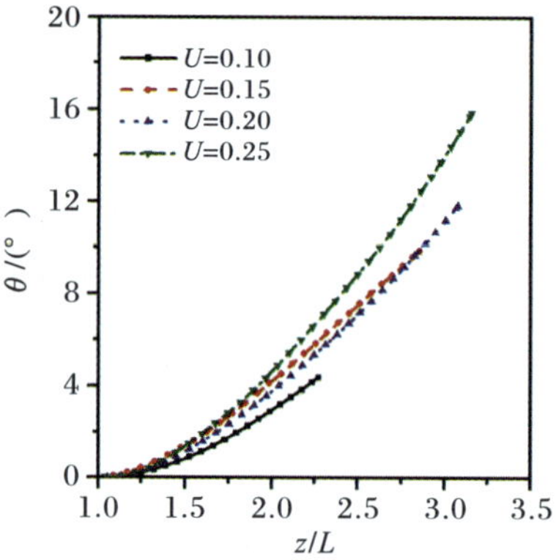


**图 7-28　不同横流强度下的次发航行器无量纲偏转角曲线**

# 第8章 波浪环境下齐射出水空化干扰研究

## 8.1 引言

自然界中不存在无波浪的静止水面，波浪环境的存在会导致水下发射航行器出水过程中呈现出较强的非对称特性。不同的波浪相位、波浪等级等均会对航行器的空泡流演化与空泡溃灭过程产生不同程度的扰动，进而对航行器的俯仰、偏航等运动特性产生影响。航行器的水下发射过程本来就涉及气液多相掺混过程，其表面载荷分布较为复杂，而较大的波浪力的存在会加剧表面的不对称压力分布特性，使航行器的出水过程变得更加复杂。为了研究波浪环境下航行器水下发射过程的空化流场演变特性及航行器表面压力分布特性，本章基于数值仿真方法开展典型波浪环境下的单发航行器出水过程数值模拟研究，为下面波浪环境多体齐射数值仿真研究奠定基础。在极端环境潜射航行器的出水过程中，高海况波浪环境的存在使得水质点受到剧烈扰动，从而对航行器形成附加攻角，环境的干扰会影响和加剧空泡界面的不稳定程度，因此导弹周围流域特征表现出强的非对称性。不同波浪等级、波浪周期以及导弹出水相位等均会对导弹的俯仰与偏航姿态产生较大影响。导弹出水过程历时越长，波浪力对导弹产生的影响越明显。较大的波浪力会导致导弹表面压力分布不均匀加剧，局部载荷增加，出水过程变得更加复杂。因此，研究波浪环境对航行器的空化特性、运动特性和载荷特性的影响变得尤为重要。

## 8.2 波浪基础理论

数值波浪水池（Numerical Wave Tank，NWT）技术是近年来涌现的一种具有广泛应用与研究前景的水动力学模拟方法，通过编程和算法计算来模拟现实中波浪水池的特性并生成波浪场，从而达到研究和分析海洋、河流等水域环境中水流、波浪动力学的目的。数值波浪水池以计算机模拟为基础，克服了物理实验设备的局限性，使得科研工作者能够更加灵活、迅速地开展实验，为水动力学研究提供了较为便捷和高效的途径。

### 8.2.1 波浪数学模型

波浪是指水体受扰动后水面高度的最大值与最小值随时空变化而交替出现的自然现象，波浪水质点的运动参数会周期性地产生变化，随着水深的增加，波浪效应不断衰减。目前，研究波浪效应下航行器水下发射过程的方法主要分为基于势流理论的规则波与随机波理论模型以及基于 N－S 方程的数值造波方法。

基于势流理论的波浪模型是一种经典的理论模型，采用频域方法求解波浪问题。该方法的基本思路是将波浪场分解为一系列不同波长与波幅的波浪成分，采用波浪线性叠加原理将各个波浪组分分别计算进而求出整个波浪场的解析解，通过对波浪模型中的势流方程进行求解，可以准确刻画波浪的运动过程。基于 N－S 方程的数值造波方法是指通过模拟波动时水体的物理特性，采用数值分析的方法对波浪的运动过程进行求解。由于 N－S 方程是描述流体运动的基本方程，所以该方法可以更直接地描述波浪流场与航行器出水之间的相互作用过程。总的来说：基于势流理论的波浪模型计算速度快、精度高，但对于强非线性、非对称波浪场的描述具有局限性；基于 N－S 方程的数值造波方法虽然可以精确地模拟复杂的波浪场，但对计算资源的要求很高。本节主要研究不同波浪参数对航行器出水过程的影响，航行器对波浪流场的反作用基本可以忽略，因此采用基于势流理论的波浪模型来构建数值波浪水池。

描述波浪运动的基本控制方程包括连续性方程、动量方程及能量方程，但热量的输运过程对波浪运动影响很小，因此本节不对能量方程进行介绍。

连续性方程为

$$\frac{\partial u}{\partial x}+\frac{\partial v}{\partial y}+\frac{\partial w}{\partial z}=S_m \tag{8-1}$$

式中：$u$、$v$、$w$ 分别为 $x$、$y$、$z$ 方向的速度；$S_m$ 为源项，当数值波浪水池采用非源项造波法时，$S_m=0$。

动量方程为

$$\left.\begin{aligned}
&\frac{\partial u}{\partial t}+u\frac{\partial u}{\partial x}+v\frac{\partial u}{\partial y}+w\frac{\partial u}{\partial z}=f_x-\frac{1}{\rho}\frac{\partial p}{\partial x}+\frac{\mu}{\rho}\left(\frac{\partial^2 u}{\partial x^2}+\frac{\partial^2 u}{\partial y^2}+\frac{\partial^2 u}{\partial z^2}\right)\\
&\frac{\partial v}{\partial t}+u\frac{\partial v}{\partial x}+v\frac{\partial v}{\partial y}+w\frac{\partial v}{\partial z}=f_y-\frac{1}{\rho}\frac{\partial p}{\partial y}+\frac{\mu}{\rho}\left(\frac{\partial^2 v}{\partial x^2}+\frac{\partial^2 v}{\partial y^2}+\frac{\partial^2 v}{\partial z^2}\right)\\
&\frac{\partial w}{\partial t}+u\frac{\partial w}{\partial x}+v\frac{\partial w}{\partial y}+w\frac{\partial w}{\partial z}=f_z-\frac{1}{\rho}\frac{\partial p}{\partial z}+\frac{\mu}{\rho}\left(\frac{\partial^2 w}{\partial x^2}+\frac{\partial^2 w}{\partial y^2}+\frac{\partial^2 w}{\partial z^2}\right)
\end{aligned}\right\} \tag{8-2}$$

式中：$f_x$、$f_y$、$f_z$ 分别为单位体积力在 $x$、$y$、$z$ 方向上的分量。

波浪运动规律是在一定的初始条件与边界条件下对流体力学控制方程求解得出的，边界条件通常包括自由表面条件及海底条件。自由表面运动学条件的具体形式如下：

自由表面波面方程为

$$z=\eta(x,y,t) \tag{8-3}$$

波面水质点在 $z$ 方向的速度可以通过对波面方程偏微分求解得出，即

$$\frac{\mathrm{d}z}{\mathrm{d}t}=\frac{\partial\eta}{\partial t}+\frac{\partial\eta}{\partial x}\frac{\partial x}{\partial t}+\frac{\partial\eta}{\partial y}\frac{\partial y}{\partial t} \tag{8-4}$$

式中：$x$、$y$、$z$ 为波面水质点的空间坐标，分别对时间求导便可得出水质点各个方向的运动速度，即

$$\left(\frac{\partial x}{\partial t},\frac{\partial y}{\partial t},\frac{\partial z}{\partial t}\right)=(u,v,w)=\left(\frac{\partial\phi}{\partial x},\frac{\partial\phi}{\partial y},\frac{\partial\phi}{\partial z}\right) \tag{8-5}$$

式中：$\phi$ 为波面势函数。将式(8－5)代入

$$\frac{\partial\phi}{\partial z}=\frac{\partial\eta}{\partial t}+\nabla\phi\cdot\nabla\eta \tag{8-6}$$

式(8－6)即为波浪运动的自由表面边界条件。另外，根据作用于波面上的压力等于大气压力，便可得到自由表面动力学边界条件为

$$\frac{\partial\phi}{\partial t}+\frac{1}{2}|\nabla\phi|^2+g\eta=-\frac{p_a}{\rho} \tag{8-7}$$

式中：$p_a$ 表示大气压力。消去 $\eta$ 便可得到运动学与动力学综合自由表面条件，即

$$\frac{\partial^2\phi}{\partial t^2}+g\frac{\partial\phi}{\partial z}+2\nabla\phi\cdot\nabla\frac{\partial\phi}{\partial t}+\frac{1}{2}\nabla\phi\cdot\nabla(\nabla\phi\cdot\nabla\phi)=0 \tag{8-8}$$

假设海底不可穿透，那么海底的法向速度与流体质点的速度一致，海底条件具体表达式为

$$\frac{\partial h}{\partial x}\frac{\partial\phi}{\partial x}+\frac{\partial h}{\partial y}\frac{\partial\phi}{\partial y}+\frac{\partial\phi}{\partial z}=0 \tag{8-9}$$

式中：$h=h(x,y,t)$ 表示海底至自由表面的距离。

波浪运动在空间及时间上的初始条件表达式为

$$\phi|_{t=0}=f_1(x,y),z=\eta(x,y,0) \tag{8-10}$$

$$\frac{\partial\phi}{\partial t}\Big|_{t=0}=f_2(x,y),z=\eta(x,y,0) \tag{8-11}$$

由于波浪运动所涉及的基本方程、边界条件及初始条件等均为非线性方程，所以方程求解过程十分困难。因此，人们开始对非线性方程做出假设以简化非线性关系式，从而得出了多种适用于不同海况的波浪理论。

### 8.2.2　波浪理论简介

当根据以上定解条件对流动控制方程进行求解时，以波陡(波高与波长之比)为参数将定解条件做不同阶数的摄动函数展开，由此便引出了不同的波浪理论。

为了对非线性的波面边界条件进行简化，人们采用线性化假设，提出了线性波理论(微幅波理论)。线性波理论假设波幅相较于波长无限小，流体质点运动速度较慢，此时波动的自由液面产生的非线性影响可以忽略。这是一种经过简化的最简单的波动，波面水质点以固定频率做简谐振动，简谐状的波形以波速不断向前传播，波浪中线位置与静水面位置重合。虽然实际海洋的波面不能用简单的波动描述，但这种最简单的波动是研

究复杂的有限振幅波的基础，对解决复杂波动问题是十分必要的。线性波的波浪要素如下：

速度势函数为

$$\phi=\frac{gH}{2\omega}\frac{chk(z+d)}{chkd}\sin\theta \tag{8-12}$$

波面方程为

$$\eta=\frac{H}{2}\cos\theta,\ \theta=kx-\omega t \tag{8-13}$$

色散方程为

$$L=\frac{gT^2}{2\pi}\tanh kd \tag{8-14}$$

式中：$k=\frac{2\pi}{L}$；$\omega=\frac{2\pi}{T}$；$L$ 为波长；$T$ 为波周期；$k$ 为波数。通过速度势函数可以求出速度表达式：

$$u=\frac{\partial\phi}{\partial x}=A\omega\frac{chk(z+d)}{shkd}\cos\theta \tag{8-15}$$

$$w=\frac{\partial\phi}{\partial z}=A\omega\frac{shk(z+d)}{shkd}\sin\theta \tag{8-16}$$

式中：$u$、$w$ 分别为 $x$、$z$ 方向的速度分布。

当波幅较小时，线性波可以用来对波面进行描述。而实际海洋中波高通常可达数米甚至数十米，波面振幅较大，波动的自由液面产生的非线性效应不能被忽略。为了获取更高阶的非线性解，需要建立波浪摄动展开的二阶及更高阶问题的解，由此得出波浪的永形波即 Stokes 波。Stokes 波与线性波类似，也是无旋的、表面周期性起伏的波动。所不同的是，斯托克斯在波浪理论推导过程中考虑了波陡的影响，认为波陡是决定波动性质的关键。Stokes 波的波面不是简单的余弦形式，而是表现出一种波谷较宽且波峰较窄的类似于摆线的形状。Stokes 波浪理论假设波浪运动的速度势、波速以及波面位移等都可以展开为小参数 $\varepsilon$ 的幂级数的形式（参数 $\varepsilon$ 是与波动特征值相关的无因次常量），从而将速度势非线性的定解问题转化为不同 $\varepsilon$ 阶速度势的线性问题。因此展开式中截止阶数越高，该阶数的 Stokes 波就越接近实际的波浪特征。1945 年，Miche 导出了目前常用的二阶近似 Stokes 波，波浪要素如下：

速度势函数为

$$\phi=\frac{\pi H}{kT}\frac{\cosh ks}{\sinh kd}\sin\theta+\frac{3}{8}\frac{\pi H}{kT}\left(\frac{\pi H}{L}\right)\frac{\cosh 2ks}{\sinh^4 kd}\sin 2\theta \tag{8-17}$$

波面方程为

$$\eta=\frac{H}{2}\cos\theta+\frac{H}{8}\left(\frac{\pi H}{L}\right)\frac{\cosh kd}{\sinh^3 kd}(\cosh 2kd+2)\cos 2\theta \tag{8-18}$$

色散方程为

$$L=\frac{gT^2}{2\pi}\tanh kd \tag{8-19}$$

二阶 Stokes 波的一个明显特征是其波面水质点的运动轨迹不封闭，水质点在波浪传播方向上运动一个周期后存在一个微小的净位移，这种净水平位移也会造成波面的水平流动，因此，二阶 Stokes 波运动过程中会伴随质量的迁移现象。1961 年，Skjelbreia[180] 提出了五阶 Stokes 波，Fenton[181] 于 1985 年对波浪参数进行了修正，采用修正后的五阶 Stokes 波浪理论来建立数值波浪模型，波浪要素如下：

速度势函数为

$$\phi=\frac{c}{k}\sum_{n=1}^{5}\lambda_n\sin[n(kx-\omega t)]\cosh[nk(z+d)] \tag{8-20}$$

波面方程为

$$\eta=\frac{1}{k}\sum_{n=1}^{5}\lambda_n\cos[n(kx-\omega t)] \tag{8-21}$$

波面水质点 $x$ 与 $z$ 方向速度分别为

$$u=c\sum_{n=1}^{5}n\lambda_n\cos[n(kx-\omega t)]\cosh[nk(z+d)] \tag{8-22}$$

$$w=c\sum_{n=1}^{5}n\lambda_n\sin[n(kx-\omega t)]\sinh[nk(z+d)] \tag{8-23}$$

令 $c=\cosh(kd)$，$s=\sinh(kd)$，则上述公式的系数可以表示为

$$\lambda_1=\lambda A_{11}+\lambda^3A_{13}+\lambda^5A_{15},\lambda_2=\lambda^2A_{22}+\lambda^4A_{24}$$

$$\lambda_3=\lambda^3A_{33}+\lambda^5A_{35},\lambda_4=\lambda^4A_{44},\lambda_5=\lambda^5A_{55}$$

式中

$$A_{11}=\frac{1}{s},A_{13}=-\frac{c^2(5c^2+1)}{8s^5}$$

$$A_{15}=-\frac{1\,184c^{10}-1\,440c^8-1\,992c^6+2\,641c^4-249c^2+18}{1\,536s^{11}}$$

$$A_{22}=\frac{3}{8s^4},A_{33}=\frac{-4c^2+13}{64s^7},A_{24}=\frac{192c^8-424c^6-312c^4+480c^2-17}{768s^{10}}$$

$$A_{35}=\frac{512c^{12}+4\,224c^{10}-6\,800c^8-12\,808c^6+16\,704c^4-3\,154c^2+107}{4\,096s^{13}(6c^2-1)}$$

$$A_{44}=\frac{80c^6-816c^4+1\,338c^2-197}{1\,536s^{10}(6c^2-1)}$$

$$A_{55}=-\frac{2\,880c^{10}-72\,480c^8+324\,000c^6-432\,000c^4+163\,470c^2-16\,245}{61\,440s^{11}(6c^2-1)(8c^4-11c^2+3)}$$

$$\mu_1=\lambda,\mu_2=\lambda^2B_{22}+\lambda^4B_{24},\mu_3=\lambda^3B_{33}+\lambda^5B_{35},\mu_4=\lambda^4B_{44},\mu_5=\lambda^5B_{55}$$

$$B_{22}=\frac{(2c^2+1)c}{4s^3},B_{24}=\frac{(272c^8-504c^6-192c^4+322c^2+21)c}{384s^9},B_{31}=\frac{3(8c^6+1)}{64s^6}$$

$$B_{22}=\frac{(2c^2+1)c}{4s^3},B_{24}=\frac{(272c^8-504c^6-192c^4+322c^2+21)c}{384s^9},B_{31}=\frac{3(8c^6+1)}{64s^6}$$

$$B_{35}=\frac{88\,128c^{14}-208\,224c^{12}+70\,848c^{10}+54\,000c^8-21\,816c^6+6\,264c^4-54c^2-81}{12\,288s^{12}(6c^2-1)}$$

$$B_{44}=\frac{(768c^{10}-488c^{8}-48c^{6}+48c^{4}+106c^{2}-21)c}{384s^{9}(6c^{2}-1)}$$

$$B_{55}=\frac{192\,000c^{16}-262\,720c^{14}+83\,680c^{12}+20\,160c^{10}-7\,280c^{8}+7\,160c^{6}-1\,800c^{4}-1\,050c^{2}+225}{12\,288s^{10}(6c^{2}-1)(8c^{4}-11c^{2}+3)}$$

$$C_1=\frac{8c^{4}-c^{2}+9}{8s^{4}},C_2=\frac{640c^{10}-576c^{8}-528c^{6}-256c^{4}+948c^{2}-147}{512s^{10}}$$

其中,参数 $\lambda$ 与波长 $L$ 可以通过下式确定:

$$\begin{cases}\lambda=\dfrac{\pi H}{L\left[1+\lambda^{2}B_{33}+\lambda^{4}(B_{35}+B_{55})\right]}\\ L=\dfrac{gT^{2}\tanh\left[kd(1+\lambda^{2}C_1+\lambda^{4}C_2)\right]}{2\pi}\end{cases}$$

### 8.2.3 数值波浪水池

根据功能的不同,可将数值波浪水池划分为造波区、工作区及阻尼消波区三个区域。造波区是波浪产生的区域,可以通过不同的造波方法控制波浪的生成与发展。常见的造波法包括源项造波法、推板造波法以及速度边界造波法三种。其中:通过源项造波法生成波浪的波高沿波浪水池方向衰减较快,且波浪对网格尺寸变化较敏感;推板造波法生成的波浪更接近于理论波形,但该方法计算效率相对较低;而速度边界造波法生成的波浪沿波浪水池衰减较慢,且拥有较高的计算效率。因此,在数值波浪水池中选择速度边界造波法对波浪的生成过程进行模拟。工作区是进行波浪仿真研究的区域,通过对比工作区内的模拟波形与理论波形的差异、不同监测点处的水平与垂向速度误差等,可以改善数值波浪品质,验证数值造波方法的有效性。阻尼消波区是用来控制波浪干涉与反射的区域。数值波浪水池内生成的波浪如果无法得到有效的耗散,可能会不断反射与干涉,同时与新生成的波浪相互叠加,波浪波幅不断增大而形成不稳定的状态,导致波浪品质降低,从而影响仿真研究的准确性。因此,必须采用适当的方法对波浪进行吸收与消散。在波浪水池右侧设置消波区,采用阻尼消波的方式对波浪进行吸收。阻尼消波是通过给特定区域内的动量方程添加阻尼源项的方式来削弱或消除该区域内的波动,阻尼消波区内的动量方程为

$$\frac{\partial u}{\partial t}+u\frac{\partial u}{\partial x}+v\frac{\partial u}{\partial y}+w\frac{\partial u}{\partial z}=\upsilon\left(\frac{\partial^{2}u}{\partial x^{2}}+\frac{\partial^{2}u}{\partial y^{2}}+\frac{\partial^{2}u}{\partial z^{2}}\right)-g_x-\frac{1}{\rho}\frac{\partial p}{\partial x}-\mu(x)u \tag{8-24}$$

$$\frac{\partial w}{\partial t}+u\frac{\partial w}{\partial x}+v\frac{\partial w}{\partial y}+w\frac{\partial w}{\partial z}=\upsilon\left(\frac{\partial^{2}w}{\partial x^{2}}+\frac{\partial^{2}w}{\partial y^{2}}+\frac{\partial^{2}w}{\partial z^{2}}\right)-g_x-\frac{1}{\rho}\frac{\partial p}{\partial z}-\mu(x)u \tag{8-25}$$

$$\mu(x)=\frac{\alpha(x-x_1)}{x-x_2},\quad x_1\leqslant x\leqslant x_2 \tag{8-26}$$

式中:$\mu(x)$为消波阻尼系数,在波浪传播方向呈线性分布;$\upsilon$ 为水的运动黏度;$\alpha$ 为经验系数;$x_1$ 与 $x_2$ 分别为消波区的起点与终点。

如图 8-1 所示,波浪水池长度为 240 m,高度 60 m,水深 44 m,能够满足不同海况等

级下的仿真需求。其中，蓝色部分为水，自由液面以上为空气，$x$ 轴正向为波浪传播方向，$z$ 轴为水深方向。航行器直径为 0.8 m，长径比为 6，采用 $k-\omega$ SST 湍流模型进行求解，同时基于 VOF 多相流方法对自由液面进行捕捉。

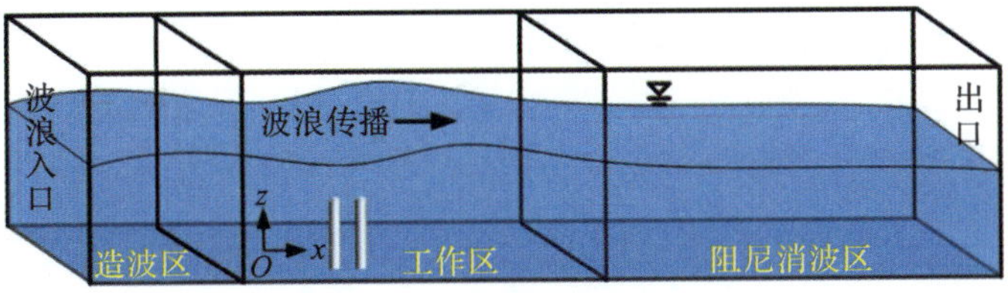


**图 8-1　数值波浪水池建立**

边界条件的设置与网格划分是影响数值波浪品质与仿真计算效率的关键因素。下面采用速度边界造波法与阻尼消波法对波浪的生成与吸收过程进行模拟。数值波浪水池分为背景域与重叠域，背景域左侧设置为速度入口来模拟波浪的生成过程，右侧与顶部均设置为压力出口边界条件，且右侧出口处设置阻尼消波区来消除波浪的反射作用，底部与后侧采用无滑移壁面边界条件。为了减小计算量，采用半模开展仿真计算过程，因此背景域前侧采用对称面边界条件。同时，采用用户自定义函数对背景域的压力梯度及相分布进行定义与划分。重叠域中航行器表面为无滑移壁面边界条件，重叠域外侧采用重叠网格边界条件，背景域与重叠域之间通过重叠网格方法完成流场信息的实时传递。

数值波浪水池采用切割体网格，为了改善数值波浪品质、提高计算精度，对自由液面附近及航行器运动区域的网格进行逐层加密。如图 8-2 所示，工作区长度为 4 个波长，在静水面一个波高范围内单个网格尺寸为 $H/60$，波面处网格长宽比为 1∶1.2。在一个波长内的波峰、波谷、峰前、峰后四个波面相位处布置波浪监测点，通过对比监测点处的波形振动曲线与五阶 Stokes 理论波形来验证数值造波方法的有效性。结果表明，所测波形与理论波形高度吻合，且在工作区内，波浪形态能够保持稳定，在波浪的传播方向上波幅无明显的衰减，可以表明数值波浪水池能够精确生成五阶 Stokes 波。

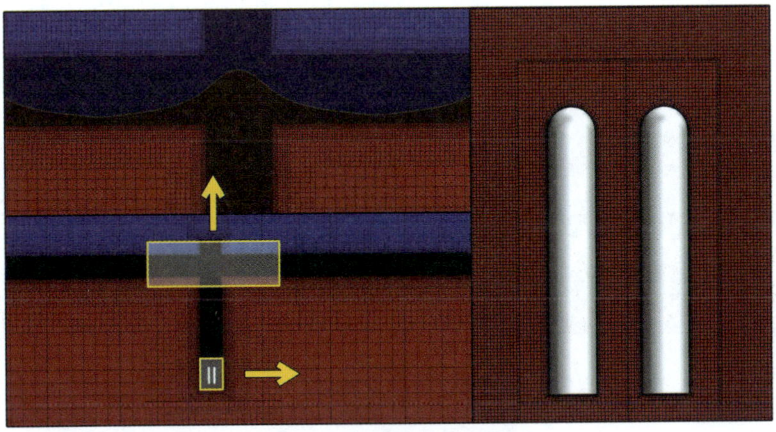

**图 8-2　网格划分细节**

## 8.3 典型空泡流场演变

### 8.3.1 瞬态空泡流场演变

本节开展静水环境与典型波浪环境下航行器出水过程数值仿真研究，通过对比航行器出水过程中的空化流场结构演变、运动与载荷特性变化及肩部空泡溃灭特征来研究波浪环境的存在对航行器出水过程带来的影响。其中：航行器发射水深为 4.8 m，静水环境发射速度为 32.5 m/s（空化数为 0.275，弗劳德数为 11.61）；而波浪环境的海况等级为 6 级，波长 40 m，浪高为 4 m，波浪的传播方向为从左至右，传播速度为 8.5 m/s。

航行器携带肩部空泡从水下不断向自由液面靠近，然后穿越水汽界面，直至航行器的尾部完全脱离水面的过程称为航行器的出水阶段。在这一阶段，由于航行器周围的介质密度发生突变，并且与外部大气接触，所以航行器肩部空泡在内外压差的作用下难以维持，逐渐脱落并不断溃灭。空泡的溃灭过程历时极短，空泡溃灭瞬间，其壁面附近的水层在压差的作用下迅速冲击航行器表面而产生剧烈的瞬时脉冲载荷，对航行器的结构安全产生不利影响。由于波浪效应的影响主要体现在近水面附近，所以本节对航行器的水中航行与出水阶段进行重点探讨。

图 8-3～图 8-6 分别为静水环境与典型波浪环境下航行器出水过程不同时刻的空泡形态的演化发展过程与压力分布云图。在水中航行阶段，航行器头部不断受到来流中流体质点的撞击，质点动能不断转化为势能，从而形成了向周围辐射的高压区域。当上游来流沿着航行器头部表面流经头部与肩部的弧形过渡区域时，航行器壁面对来流在空间上的阻隔作用逐渐减弱。随着流动速度不断提高，航行器肩部附近压力逐渐降低，当局部压力降低至当地的饱和蒸气压以下时，流体中的微小气核逐渐膨胀为小气泡，众多小气泡进一步聚集融合为水蒸气空腔并附着在航行器表面。随着航行器不断运动，附着在航行器表面的空泡不断演化发展，在出水阶段逐渐脱落溃灭。除此以外，航行器肩部附近发生了流动分离，原因在于当来流沿着航行器壁面不断向下游运动时，航行器壁面附近的流体在壁面摩擦力与逆向压力的共同作用下流速不断减慢直至停止并发生了反向流动，来流逐渐被排挤而远离航行器壁面。

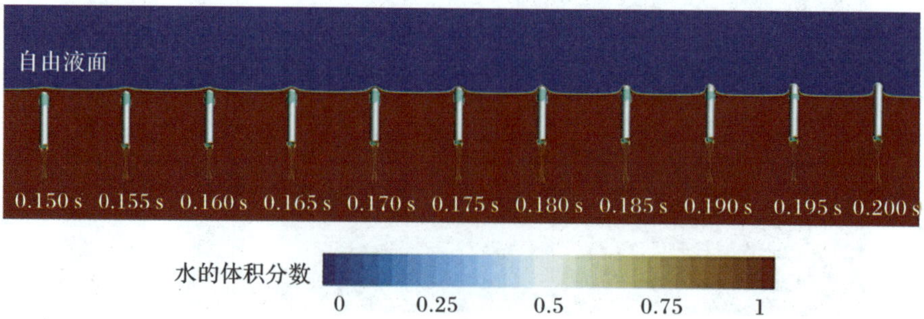


图 8-3　静水环境下航行器出水过程不同时刻的空泡形态的演化发展过程

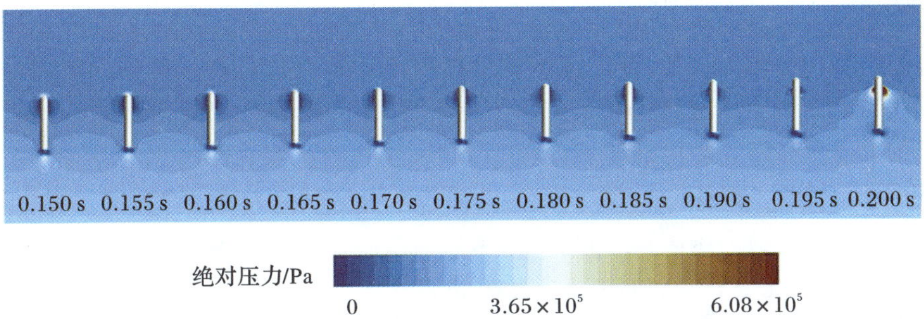


**图 8-4　静水环境下航行器出水过程不同时刻的压力分布云图**

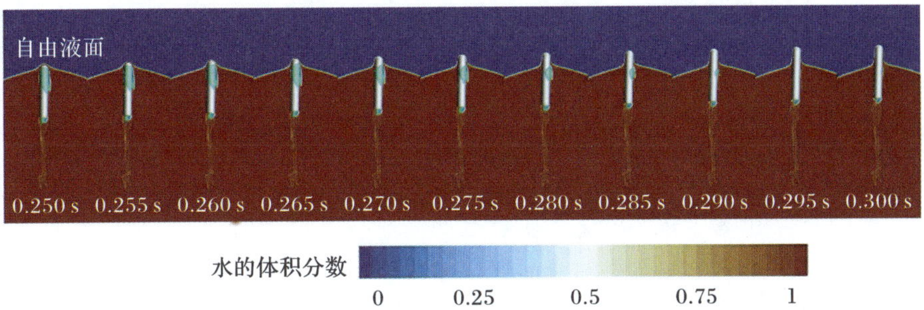


**图 8-5　典型波浪环境下航行器出水过程不同时刻的空泡形态的演化发展过程**

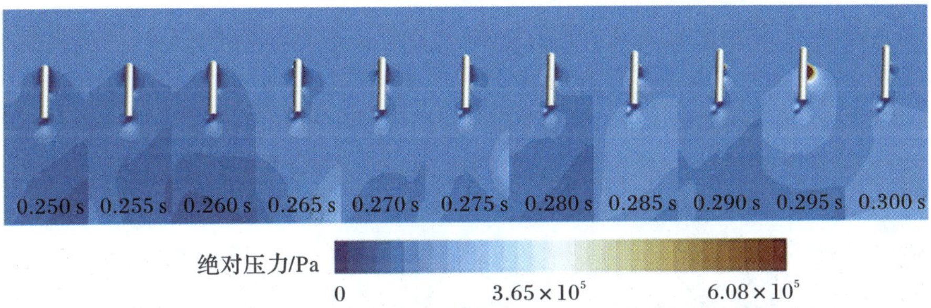


**图 8-6　典型波浪环境下航行器出水过程不同时刻的压力分布云图**

通过对比静水环境与波浪环境航行器出水过程可以发现，静水环境下航行器出水前左、右两侧空泡尺度相当，其肩部附近的低压区及整个流域的压力分布均表现出高度对称特征。当 $t=0.2$ s 时，在航行器左、右两侧观测到明显的空泡溃灭，肩部附近出现了溃灭高压。波浪环境下航行器出水前迎流侧空泡短而薄，背流侧空泡长且厚，且背流侧空泡末端出现了明显的回射流现象。在 $t=0.285\sim0.295$ s 的时间段内，在航行器背流侧过次观测到空泡溃灭产生的高压。总之，静水环境航行器出水空泡对称性较高，航行器肩部两侧空泡溃灭与脱落的时间基本同步；而波浪环境下航行器肩部空泡具有明显的非对称性，波峰相位出水时航行器背流侧尺度远大于迎流侧。非对称空泡从迎流测开始溃灭，随着出水过程的不断推进，空泡溃灭点逐渐向背流侧移动，最终完成整个空泡的溃灭。

### 8.3.2　齐射空泡流场干扰

图 8-7 与图 8-8 为静水环境下航行器齐射出水的相分布云图与压力分布云图。航

行器头部触水前可以在压力分布云图中明显观察到头部高压区、肩部低压区以及尾部高压区。航行器在运动过程中，当来流中的流体质点运动至航行器头部壁面附近时，瞬时速度迅速衰减为零而达到滞止状态。由伯努利方程可知，速度降低伴随着压力升高，流体质点的动能逐渐转化为局部流域的压力势能，因此航行器头部出现了高压区，高压呈辐射状向周围流域不断扩散，双发航行器头部的高压区保持大致对称分布。在出水过程中并未观测到头部的高压区，原因在于出水前后航行器速度衰减量较小，但介质密度变化极大，动能的变化量只会引起极小的压力势能变化。来流中的一部分流体质点与航行器头部发生碰撞而产生了头部高压，而另外一部分流体质点以较高的相对速度沿着航行器壁面向下游运动，同样根据伯努利原理，速度升高会使得压力降低，因此航行器肩部逐渐形成了低压区域。如果航行器在水中航行过程中肩部压力低于当地环境水的饱和蒸气压力，则会有空化现象产生。如图 8－8 所示，双体在航行过程中其肩部低压区对称程度较高，因此其空泡形态也能够保持对称分布。值得注意的是，双体外侧的低压条带区域与内侧相比更加均匀细长，因此外侧空泡厚度一般小于内侧，双体之间的狭长流域或有助于空泡的充分发展。当上游流体质点运动至航行器尾部时，失去航行器表面的几何约束后在惯性的作用下向航行器轴线汇聚。多股流体在汇聚过程中，速度方向相同的流体相互叠加运动，而速度方向相反的流体相互碰撞，损耗的动能不断转化为压力势能，这是航行器尾部的高压区的成因。整体来看，静水环境下双体齐射出水过程中航行器周围的空化流场结构演变基本保持高度对称。对于其中的单发航行器而言，靠近外侧的空泡短而薄，而内侧空泡长且厚，说明双体之间产生的狭长流域有助于空泡的发展。另外可以注意到，外侧的空泡溃灭时间早于内侧。

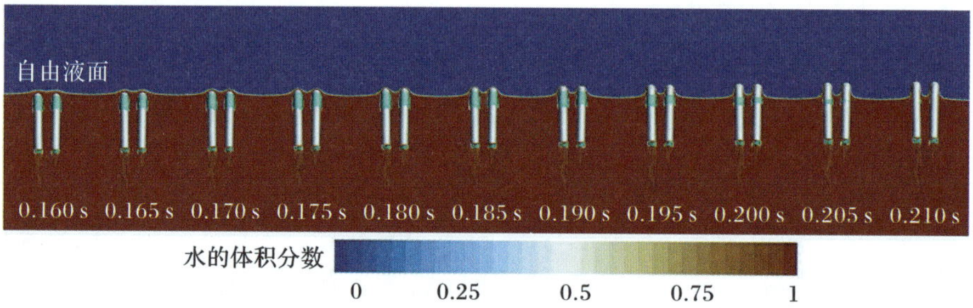


**图 8－7　静水环境下航行器齐射出水的相分布云图**

图 8－9 与图 8－10 分别为典型波浪环境下双发航行器齐射出水的相分布云图与压力分布云图。根据压力分布云图，双发航行器及其迎背流面的压力分布均出现了非对称特征。首先，两发航行器背流侧的低压区均明显大于迎流侧，原因在于波峰相位水质点具有水平向右的速度分量，波浪的扰动使得航行器具有一定的有效攻角，从而导致肩部压力的非对称演化。双体内侧狭长流域中各自的低压区相互融合，使低压范围不断扩大。其次，双发航行器各自的迎背流侧压力分布差异程度也不相同，左侧航行器的迎背流面差异更小。根据相分布云图中的空泡形态演化过程可以看出，双发航行器迎流侧空泡尺度均小于背流侧。同时，左侧航行器的迎流面空泡长度与厚度均大于右侧航行器，而其背流面空泡尺度又明显小于右侧航行器，即右侧航行器的迎背流面空泡形态的差异性更大。另外可以注意到，右侧航行器的迎流面空泡最早开始出现溃灭。与静水环境相

比，波浪环境对双体齐射出水流场压力分布及空泡形态演化均产生了明显的干扰，在一定程度上影响了航行器齐射出水的安全性与稳定性。

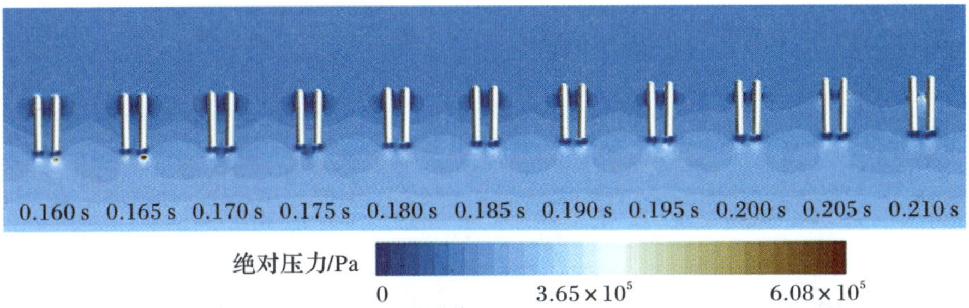


图 8-8　静水环境下航行器齐射出水的压力分布云图

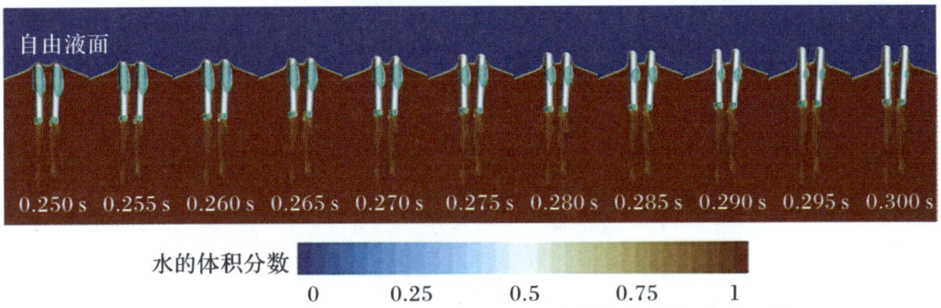


图 8-9　典型波浪环境下双发航行器齐射出水的相分布云图

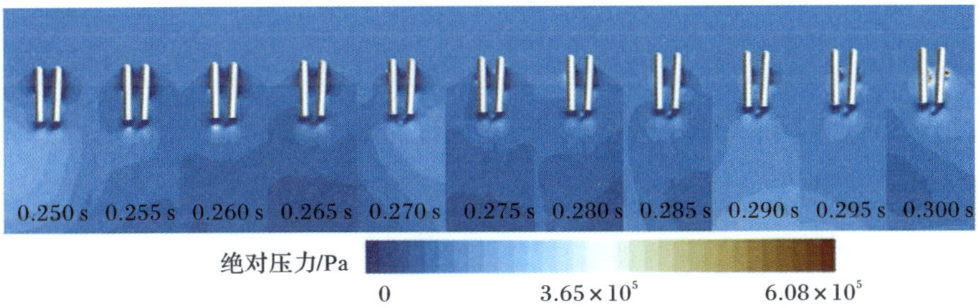


图 8-10　典型波浪环境下双发航行器齐射出水的压力分布云图

## 8.4　波浪相位对齐射空化水动力干扰影响

本节将开展波浪环境下航行器以波峰、波谷、峰前与峰后四个典型相位出水时其空化流场结构演化特性、运动与载荷特性以及空泡溃灭特性的研究。以一个波浪周期作为本节的研究对象，以 90°相位角进行划分，波谷相位为 0°，波峰相位为 180°，峰前与峰后相位分别为 90°和 270°。

本节在五阶海况（波高 4 m，波长 40 m，波速 8.5 m/s）条件下开展航行器水下发射的数值仿真工作。波浪模型为五阶 Stokes 非线性波，航行器的初始发射位置为水面以下 4.8 m，发射速度为 32.5 m/s。为了使航行器头部恰好以预设的相位出水，航行器开始运动前的水平位置与特定相位之间须存在一定的相位差。通常情况下，波浪的传播速度保持基本恒定，且航行器以相同的初速度水下发射至相同位置处时速度衰减量大致相似，因此只须测得不同相位下航行器头部到自由液面的距离，便可综合求出航行器发射前需要调整的横向位移量。

### 8.4.1 空泡流场

图 8-11 和图 8-12 为波浪理论模型水质点的运动轨迹与相位示意图，波浪的传播方向为从左到右。波面附近水质点的运动方向表现出周期性的变化规律，在一个波周期内，流体质点的速度矢量则表现出正负交替的特征。

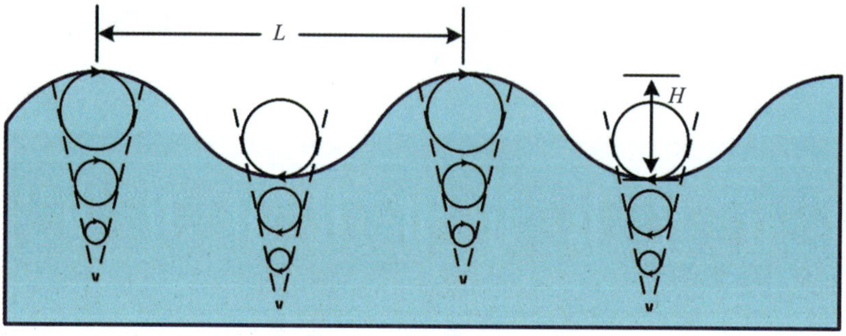


图 8-11 波浪理论模型水质点的运动轨迹示意图

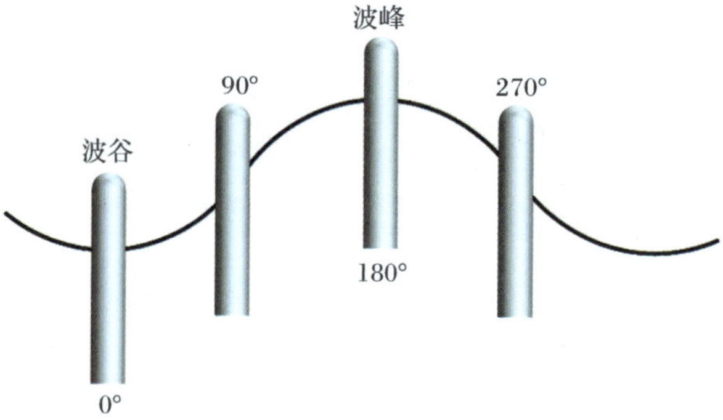


图 8-12 波浪理论模型水质点的相位示意图

图 8-13～图 8-16 分别为航行器以波峰、波谷、峰前与峰后相位出水时的空泡形态演化过程，下面通过对比不同相位下航行器肩部空泡的分布特性及迎背流侧的空泡差异来研究出水相位对航行器空化流场结构的影响规律。

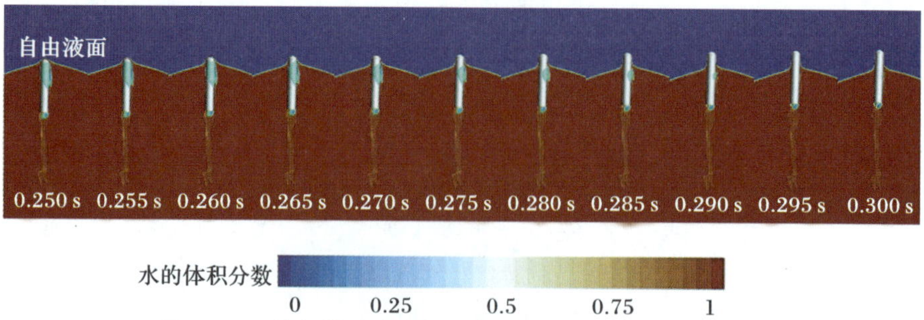


图 8-13 航行器以波峰相位出水时的空泡形态演化过程

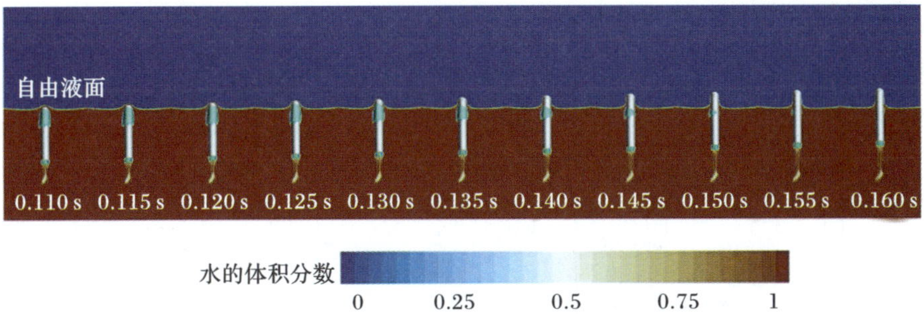


**图 8-14　航行器以波谷相位出水时的空泡形态演化过程**

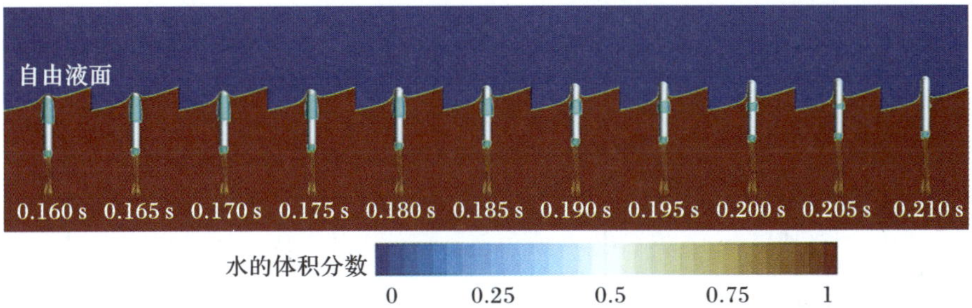


**图 8-15　航行器以峰前相位出水时的空泡形态演化过程**

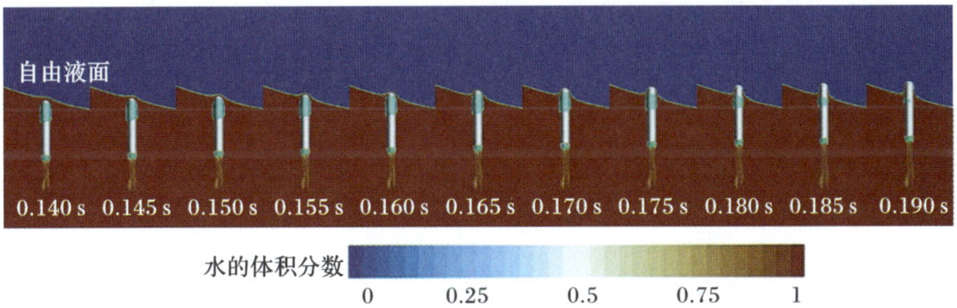


**图 8-16　航行器以峰后相位出水时的空泡形态演化过程**

如图 8-17～图 8-20 所示，通过对不同相位出水时航行器迎背流侧空泡长度与厚度数据提取，研究结果表明，航行器以波峰和波谷相位出水过程中，在波浪的扰动作用下，其肩部空泡出现了明显的非对称演化特性。当以波峰相位出水时，背流侧空泡长度远大于迎流侧；而当以波谷相位出水时，迎流侧空泡尺度更大。当航行器以峰前和峰后相位出水时，迎背流的空泡尺度大致相同，肩部空泡能够基本保持对称分布。因为波浪环境的存在使得自由液面附近流体质点的动力学特性在不同相位处存在差异，所以当航行器以不同相位出水时，流体质点对航行器肩部空泡剪切作用的方向与强弱不同，由此导致了空泡在空间上分布的非对称性。

由于波峰相位的水质点具有与波浪传播方向相同的速度分量，所以航行器即使在完全垂直出水时仍然具有水平向右的分速度，即产生了一定的有效攻角，从而导致肩部空泡逐渐向背流侧偏移。如图 8-21 所示，具体表现为迎流侧空泡短小、扁平且稳定，背流侧空泡具有更大的尺度。背流侧空泡末端具有强烈的回射流现象，液态水在高逆压梯度作用下逐渐延伸至空泡内部，根据图 8-21 所示的航行器的速度矢量分布图可以清楚地观察到空泡内部的回射流分布，但迎流侧空泡末端并未出现大尺度的回射流现象。

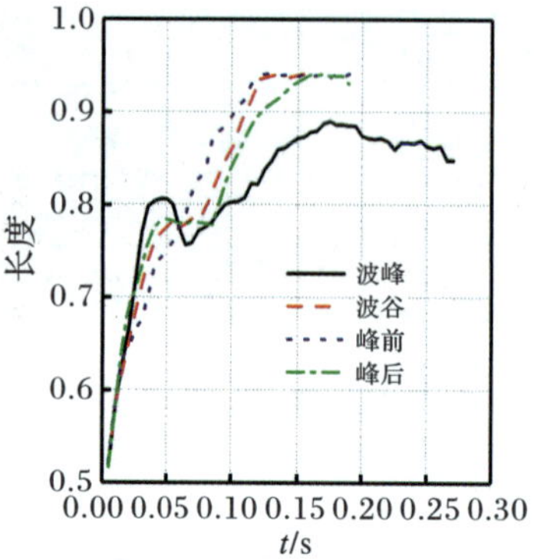


图 8-17 不同相位出水时航行器迎流侧空泡长度

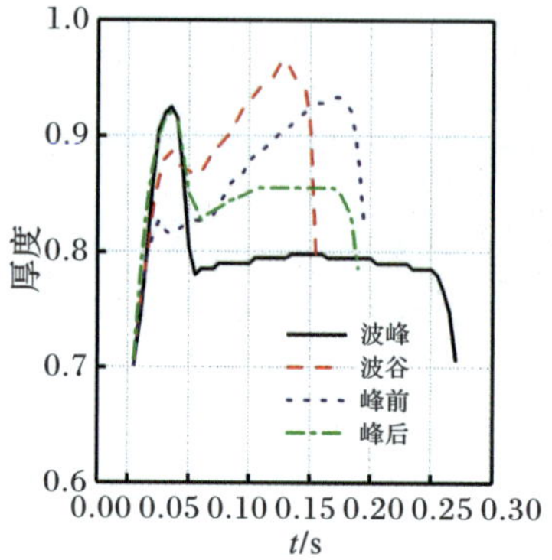


图 8-18 不同相位出水时航行器迎流侧空泡厚度

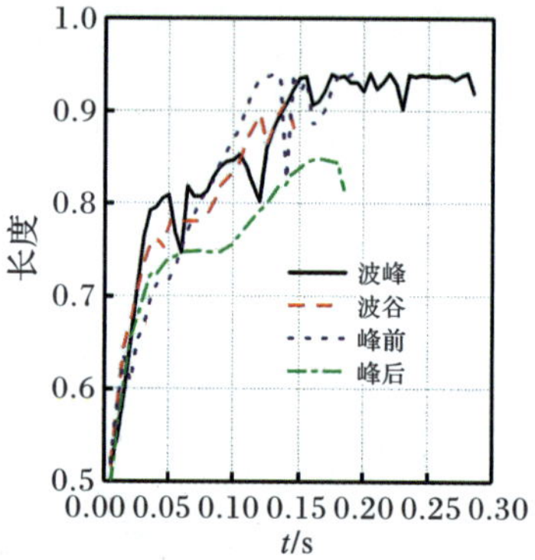


图 8-19 不同相位出水时航行器背流侧空泡长度

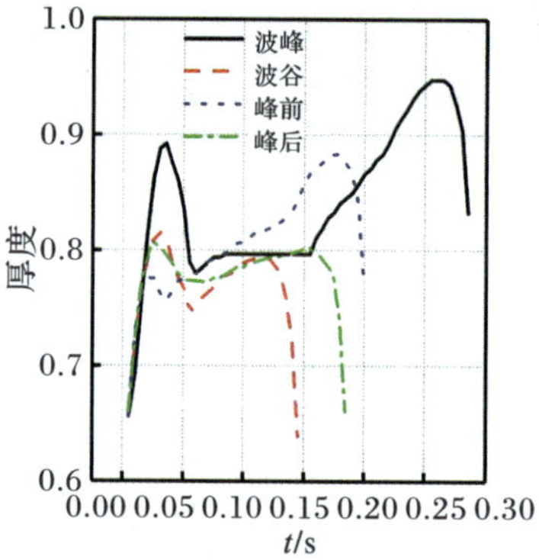


图 8-20 不同相位出水时航行器背流侧空泡厚度

波谷相位水质点速度矢量方向与波峰相位相反，波面位置具有与波浪传播方向相反的速度分量。因此，航行器垂直出水时由于速度分量产生有效攻角的方向与波峰相位相反。当以波谷相位出水时，航行器迎流侧空泡尺度更大。根据图 8-22 所示的速度矢量分布图，可以观察到航行器迎背流侧空泡内的回射流推进过程，背流侧回射流首先抵达空泡前缘，在与自由液面的共同挤压下将空泡从背流侧率先切断，空泡溃灭点从背流侧逐渐向迎流侧移动。

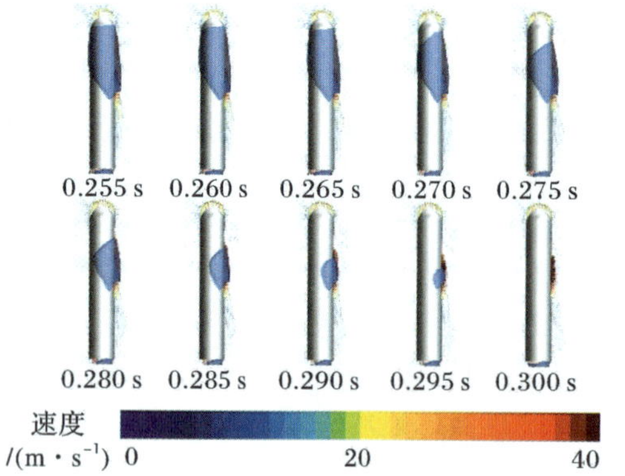


图 8-21 波峰相位出水时航行器的速度矢量分布图

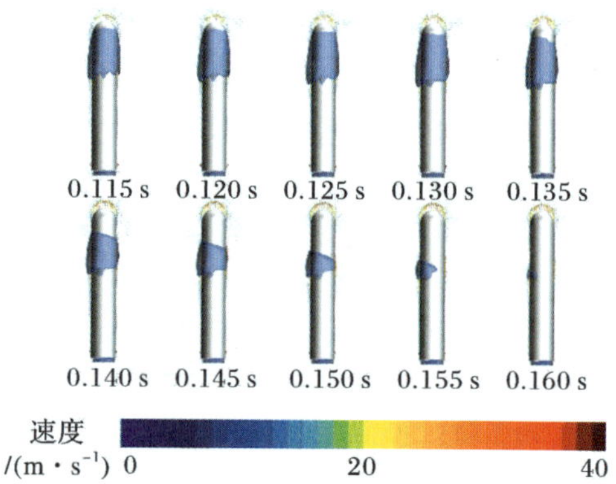


图 8-22 波谷相位出水时航行器的速度矢量分布图

图 8－23 和图 8－24 为航行器以峰前和峰后相位出水的速度矢量分布图。研究结果表明，当航行器以峰前、峰后相位出水时，肩部空泡形态在周向上保持近似对称分布。原因在于峰前、峰后相位波面水质点的速度矢量方向为数值向上和向下，不具有水平方向的速度分量，因此波浪诱导流动的有效攻角为零。同时可以发现，当以峰前相位出水时，肩部空泡尺度明显大于峰后相位，原因可能在于峰前相位水质点速度方向向上，而峰后相位速度方向向下，航行器出水过程中波面附近速度的叠加（峰前相位）或抵消（峰后相位）使得有效空化数发生改变，从而对空泡的演化发展过程产生影响。

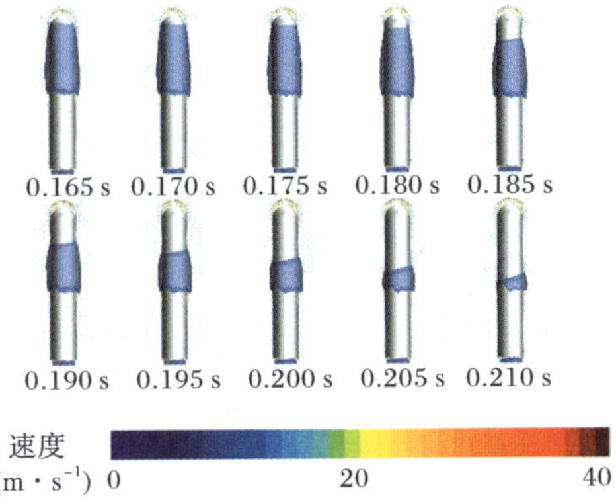


**图 8－23　峰前相位出水时航行器的速度矢量分布图**

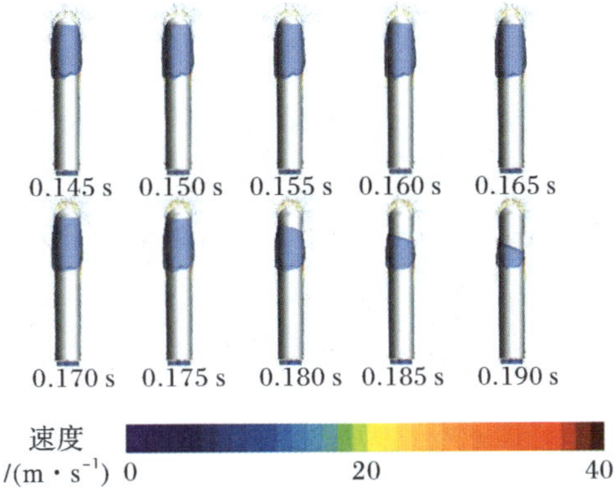


**图 8－24　峰后相位出水时航行器的速度矢量分布图**

图 8－25～图 8－28 分别为当航行器以波峰和波谷相位出水时的空泡形态演化与压力分布云图，下面通过对比不同相位下航行器肩部空泡的分布特性及迎背流侧的空泡差异来研究出水相位对航行器空化流场结构的影响规律。

由波峰相位齐射出水压力分布云图可知，双发航行器肩部低压区分布不对称，背流面的低压区范围更大。肩部空泡整体呈现出背流面尺度大于迎流面的非对称分布特征。右侧航行器的迎背流面空泡形态差异更大。另外，可以发现右侧航行器的迎流面空泡尺度小于左侧航行器，而其背流面空泡尺度大于左侧航行器。原因在于右侧航行器在受到波浪的横向干扰作用的同时，还受到左侧航行器的流动干扰，二者相互叠加，使得背流侧空泡受到扰动更加显著。仿真结果表明，波峰相位下双发航行器肩部空泡首先从迎流面开始溃灭，而由于右侧航行器的迎流面空泡尺度较小，所以稳定性相对较差，更容易发生溃灭。

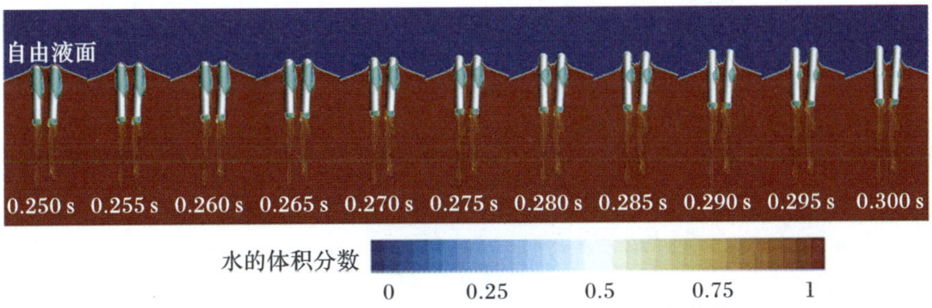


**图 8－25　双体以波峰相位出水时的空泡形态演化**

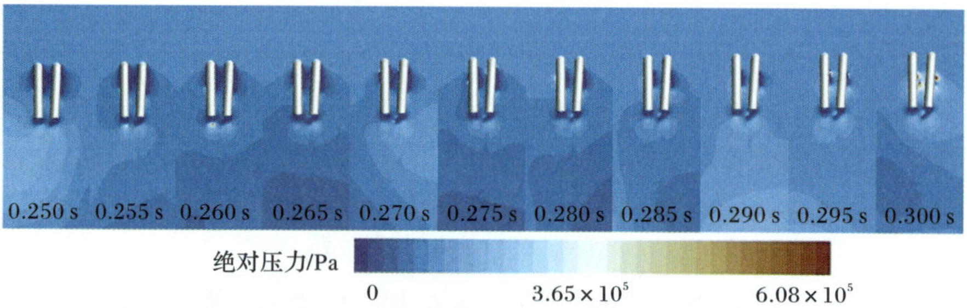


图 8-26　双体以波峰相位出水时的压力分布云图

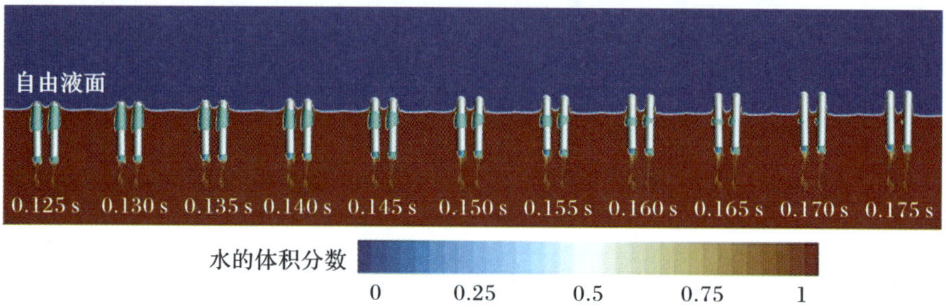


图 8-27　双体以波谷相位出水时的空泡形态演化

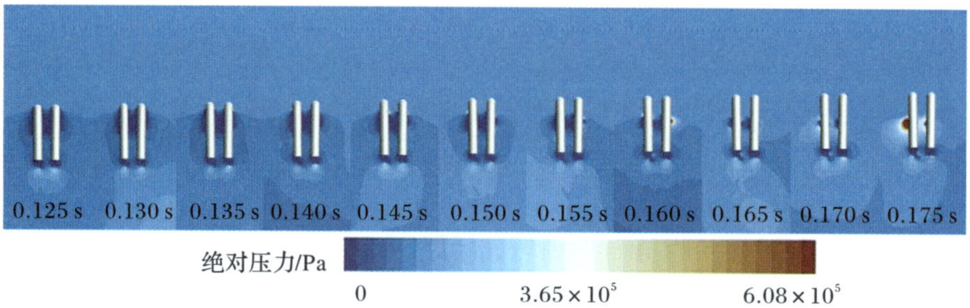


图 8-28　双体以波谷相位出水时的压力分布云图

当双发航行器以波谷相位齐射出水时，波浪质点具有向左的横向速度，在波浪的扰动与双体间流动干扰的共同影响下，航行器肩部低压区同样出现了非对称分布。与波峰相位出水不同，航行器迎背流面低压区差异相对较小，且迎流面的低压范围更大。根据空泡形态演化过程可以发现，迎流面空泡相对更长、更厚，同时，左侧航行器迎背流面空泡尺度与右侧航行器相比差异更小。空泡的溃灭过程率先从航行器的背流面开始，在航行器出水过程中，溃灭点不断左移。另外可以发现，右侧航行器的空泡溃灭过程比左侧航行器更早出现。

图 8-29～图 8-32 分别为当双体以峰前和峰后两个中间相位出水时的空泡形态演化与压力分布云图。峰前和峰后相位波浪水质点不具有水平方向的速度分量，峰前相位水质点速度方向竖直向上，峰后相位水质点速度方向竖直向下。因此，当航行器速度相同时，由于来流水质点具有初速度，所以当地的有效空化数也会发生变化，最终导致航行器的空泡形态出现差异，根据像分布云图可以看出，当航行器以峰前相位出水时，空泡长度明显大于峰后相位。

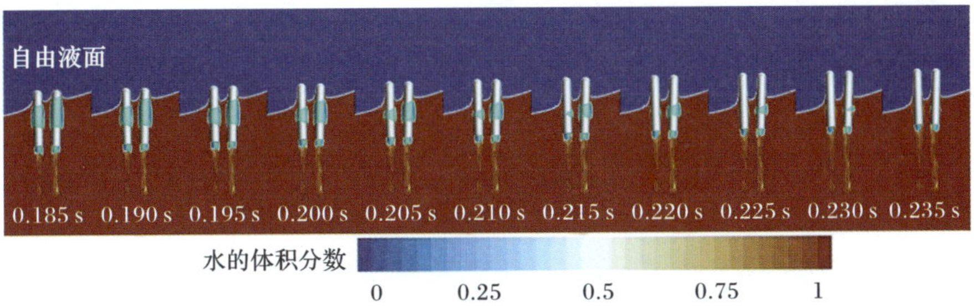


图 8-29　双体以峰前相位出水时的空泡形态演化

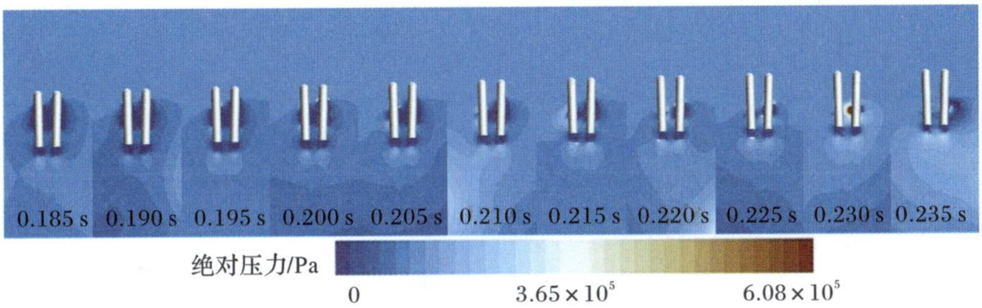


图 8-30　双体以峰前相位出水时的压力分布云图

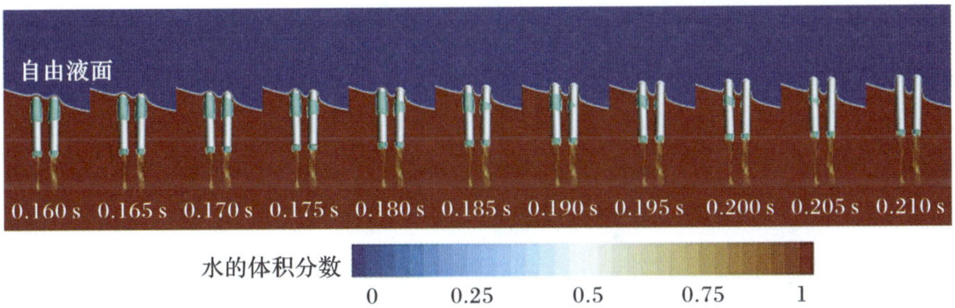


图 8-31　双体以峰后相位出水时的空泡形态演化

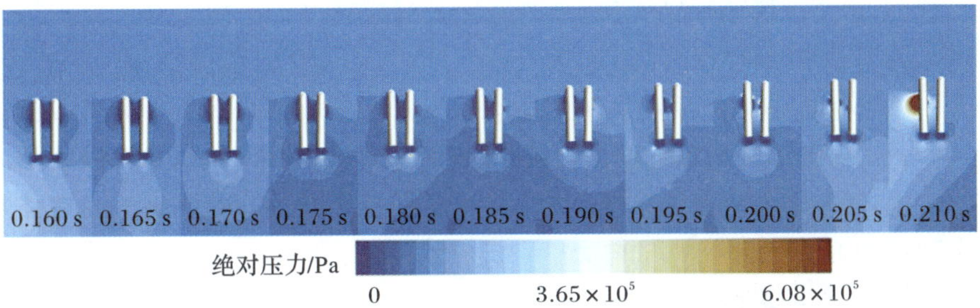


图 8-32　双体以峰后相位出水时的压力分布云图

由于受到横向的扰动较弱，所以航行器的出水过程非常接近于静水环境。在航行器出水前，由压力分布云图可以看出，航行器迎背流侧低压区近似对称，而相分布云图中空泡演化受狭长流域的影响，靠近内侧的空泡尺度略大于外侧，与静水环境出水具有相同的特征。值得注意的是，由于峰前和峰后相位波面与水平方向间存在倾角，所以不同于静水环境，双发航行器的空泡脱落溃灭过程仍存在明显差异。整体来看，当以峰前相位出水时，左侧航行器空泡首先开始溃灭，当以峰后相位出水时，右侧航行器空泡首先溃灭，率先发生空泡溃灭的航行器对另一个航行器的空泡稳定性能够起到积极作用，其空泡对称程度更高，同时可以看出，波陡是影响双发航行器空泡溃灭过程差异程度的重要因素。另外，当以中间相位出水时，空泡率先溃灭的航行器其迎背流面空泡也不是同步溃灭的，原因在于虽然中间波浪质点不具有水平速度，但随着航行器继续运动，水质点的水平速度分量会不断增大，对空泡的扰动作用也不断增强，进而加大了空泡的非对称程度，最终导致非对称溃灭。

### 8.4.2　运动与载荷

图 8-33～图 8-38 给出了当航行器以不同相位出水时的力与力矩的时变特性曲线，并进一步绘制了弹道曲线、偏转角曲线。下面通过与静水环境的力学特性与运动姿态进行对比，来研究不同出水相位对航行器运动与载荷特性的影响。

图 8-33 为当航行器以不同相位出水时 $x$ 方向的受力对比。与静水环境对比，当波浪环境的存在导致航行器横向受力发生明显变化。当波浪环境下的航行器出水时，会受到一对剧烈的交变峰值载荷作用，由于以不同相位出水时航行器头部到波面的距离不同，所以峰值载荷作用于航行器的时间也不同。交变的峰值载荷包括大小不同、方向相反的一对脉宽较窄、幅值较大的横向力，是由出水时航行器左、右两侧空泡溃灭压力叠加而成的，因此，空泡的溃灭过程对航行器的载荷起决定作用。当以波峰和波谷相位出水时，迎背流侧的空泡溃灭过程存在先后顺序，从而使得反向的峰值载荷作用在航行器表面出现时间差，且波峰、波谷相位的峰值载荷方向相反。通常情况下，空泡溃灭产生的载荷大小与空泡厚度呈正相关，而空泡尺度较小的一侧率先发生脱落与溃灭，因此一组交变载荷中先出现的载荷幅值相对较小。当以峰前和峰后相位出水时，反向峰值载荷作用的时间差较短，原因在于迎背流侧空泡形态保持基本对称分布，脱落与溃灭的时间也基本同步。同时，由于两侧空泡尺度相当，所以一对交变载荷中的两个横向力幅值也近似相等，如图 8-33 中峰前相位所示。

图 8-34 为航行器 $z$ 方向的受力对比，$z$ 方向载荷主要包括航行器的重力与流体的黏性力。曲线的发展趋势表明，波浪环境的存在导致航行器受到的最小轴向力增大。在水中航行阶段，随着航行器速度不断衰减，航行器所受的阻力不断震荡并逐渐降低。当航行器头部接触到自由液面时，轴向力达到极小值。航行器穿越水面的过程伴随着空泡溃灭、液体溅射等复杂多相过程，导致轴向力逐渐增大，该现象与机理有待于后续进一步分析挖掘。

图 8-35 为航行器的力矩对比，研究结果表明，航行器出水过程中会受到方向相反的力矩作用。静水环境下，反向力矩几乎同时作用在航行器表面，而波浪环境下，不同相位下两个反向力矩作用均存在时间差，时间差越大，对航行器运动姿态的影响越明显。如图 8-36 所示，航行器受到首次峰值载荷作用后横向速度偏移量不断增大，波峰与波谷相位、峰前与峰后相位速度方向相反。另外，速度曲线中的突变均来源于二次的峰值载荷，反向的作用力促使了横向速度衰减，但对航行器的运动姿态未产生大幅度的改变。

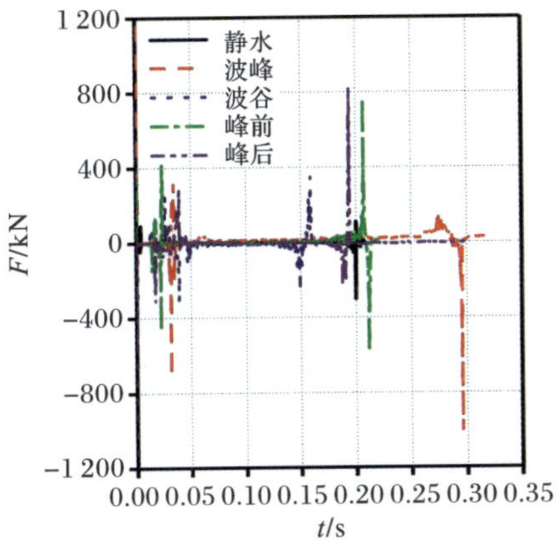


**图 8－33　航行器 *x* 方向的受力对比**

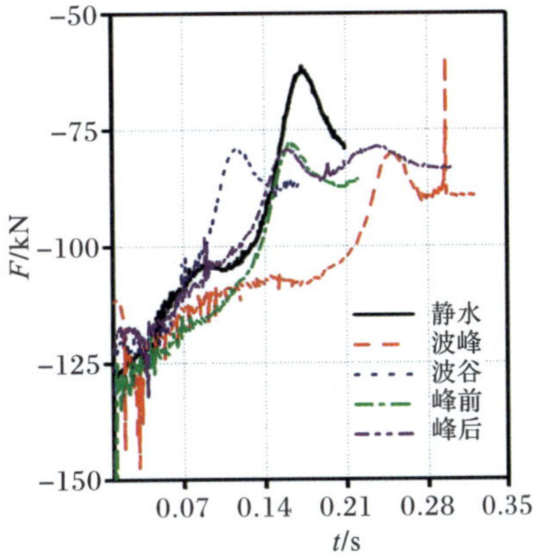


**图 8－34　航行器 *z* 方向的受力对比**

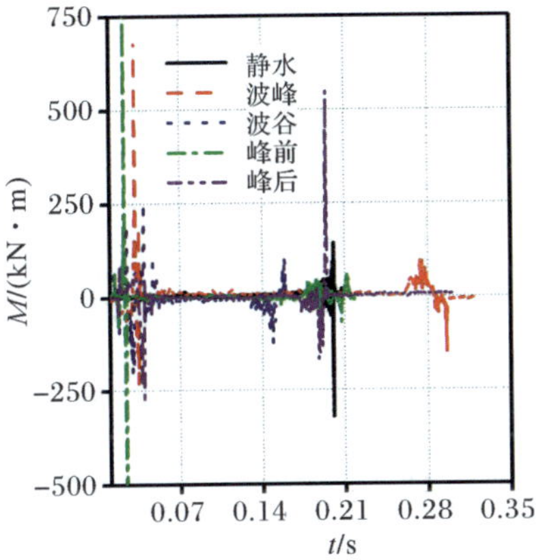


**图 8－35　航行器的力矩对比**

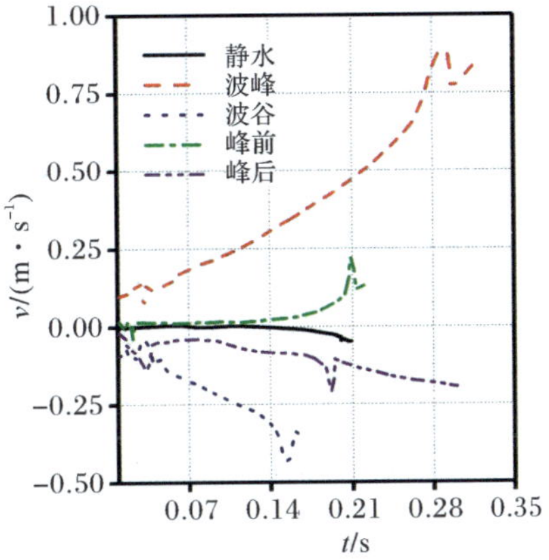


**图 8－36　航行器的横向速度对比**

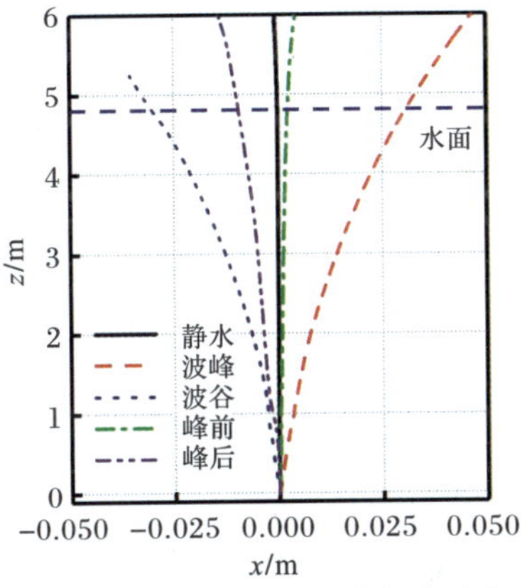


**图 8－37　航行器的弹道曲线对比**

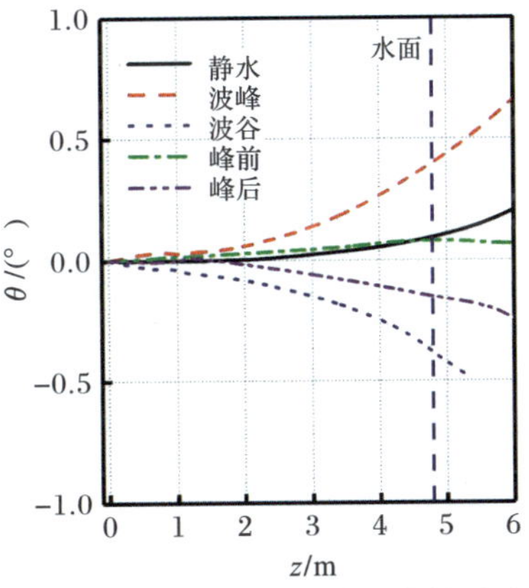


**图 8－38　航行器的偏转角曲线对比**

图 8－37 与图 8－38 分别为航行器的弹道曲线与偏转角曲线对比。结果表明，静水环境下航行器的运动姿态保持基本稳定，而当以波峰与波谷相位出水时，弹道均出现大幅偏转，且偏转方向相反。当以峰前与峰后相位出水时，航行器的运动特性更接近于静水环境，偏转幅度较小。存在偏转的原因一方面在于以航行器头部触及水面作为标准来确定航行器的规定相位出水，当航行器继续运动时不可避免地受到波浪的横向扰动；另

一方面，在航行器水下发射过程中，速度衰减的同时伴随着波浪的持续运动，要使航行器以预定相位出水需要提前将子域进行移动，通过数学方法估算出平移量，这一过程存在误差。因此，航行器难以完全按照理想状态出水。如果出水过程存在相位误差，则波面水质点便具有了横向的速度分量，从而影响了空泡的演化发展历程，最终对航行器的运动姿态产生干扰。

图 8-39 与图 8-40 为当双发航行器以不同相位出水时的横向载荷与力矩对比。整体来看，航行器以不同相位齐射水下发射的横向载荷演化过程包括初生不稳定空泡溃灭导致的横向扰动、水中航行阶段的微弱脉动以及出水大尺度空泡群同步溃灭带来的瞬时极端载荷。当以波谷相位出水时，横向力峰值出现最早，当以波峰相位出水时，横向力峰值出现最晚，而峰前和峰后两个中间相位则处于波峰与波谷之间，原因在于波峰相位下航行器的有效发射水深最大，出水过程历时最长，因此空泡溃灭也最晚发生。同时，出水时空泡溃灭会产生一对反向载荷施加于航行器壁面，而迎背流侧空泡的非同步溃灭会导致两个反向载荷的作用过程存在时间差。当双发航行器以波峰相位出水时，先受到正向载荷作用，且两个反向载荷幅值差异巨大，原因在于波浪的水平扰动使得空泡不断向背流面聚集，迎流面空泡尺度很小因此更早发生溃灭，背流侧聚集大尺度空泡群集中溃灭时产生了较大的横向载荷。而当以波谷相位及峰前、峰后两个中间相位出水时，双发航行器迎背流面的空泡尺度差异较小，因此溃灭过程产生的两个反向载荷幅值相近。另外，对于峰前相位出水而言，左侧航行器受到的反向载荷作用时间差大于右侧航行器，而当以峰后相位出水时，右侧航行器受到的反向载荷作用时间差更大。

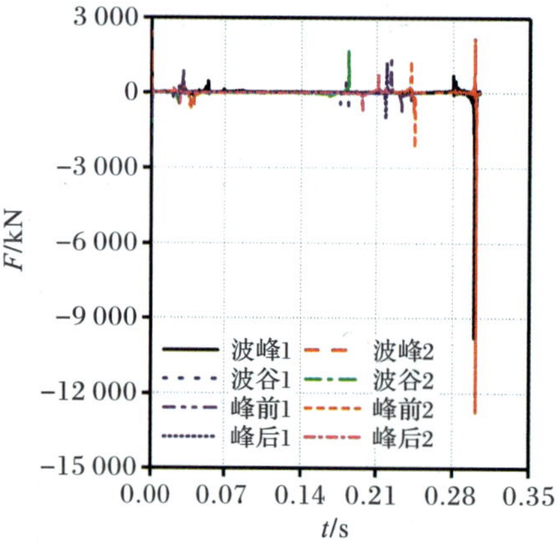


**图 8-39　双发航行器 $x$ 方向受力对比**

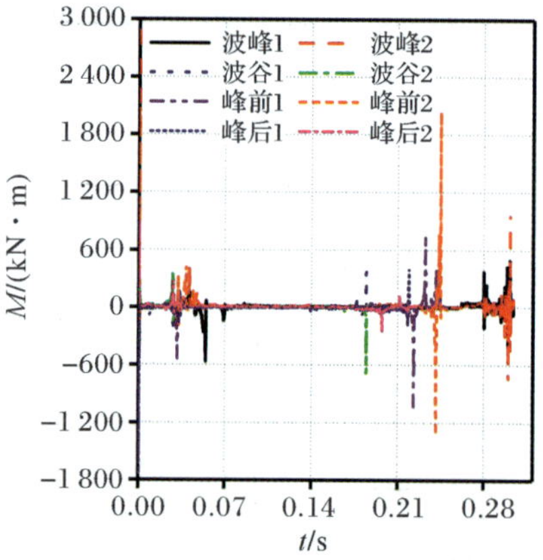


**图 8-40　双发航行器力矩对比**

图 8-41 与图 8-42 为双发航行器的轴向载荷对比及局部放大。可以发现，波谷相位下当双发航行器头部触及波面时，轴向载荷最先到达极小值。波峰与波谷相位下，双发航行器在整个水下发射阶段的轴向载荷大致相同。由于当以峰前与峰后相位出水时，波面存在倾角，双体头部接触自由液面存在先后顺序，所以轴向载荷极小值的作用也存在时间差。当空泡完全溃灭时，航行器的轴向载荷会产生瞬时突变。当以波谷、峰前和峰后相位出水时，瞬时的突变载荷较小，而以波峰相位出水的瞬时载荷幅值较大，且出现了高频的脉动过程，因此，当以波峰相位出水时，航行器的运动特性与载荷特性更容易受到影响。

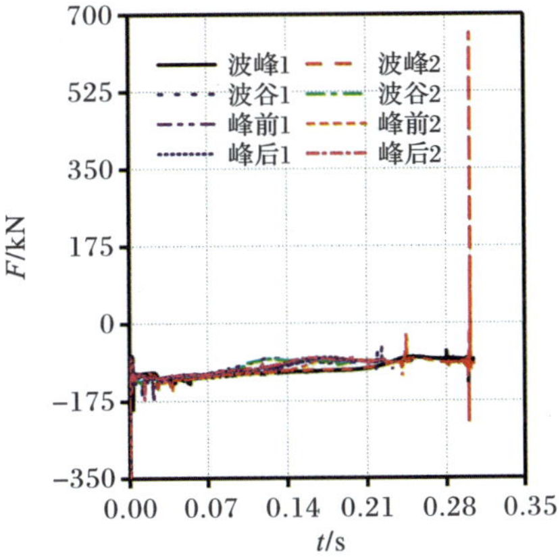


图 8-41　双发航行器 z 方向受力对比

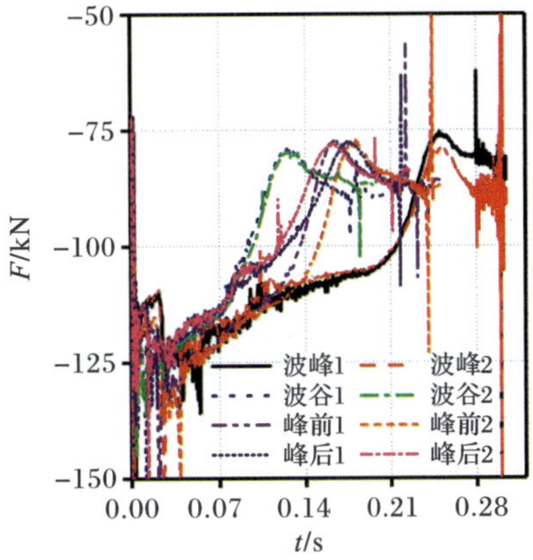


图 8-42　z 方向受力对比局部放大

图 8-43 为双发航行器以不同相位出水的 $x$ 方向速度对比。当以波峰相位出水时，在 0.07 s 以前由于波浪的扰动作用较弱，双体间的流动干扰对各自的运动特性起主要影响作用，所以左侧航行器的水平速度逐渐减小而右侧航行器速度逐渐增大。在航行器不断向水面运动的过程中，波浪的横向干扰逐渐强烈，双发航行器的水平速度不断增大。在出水前的任意时刻，左侧航行器的水平速度均高于右侧航行器，且右侧航行器的横向加速度更小。当以波谷相位出水时，双发航行器的水平速度与波浪传播方向相反，右侧航行器的水平速度幅值高于左侧航行器。当以峰前和峰后相位出水时，由于波浪质点的水平扰动较弱，所以双体的横向速度一般小于同一时刻的波峰和波谷相位。在出水空泡溃灭后，溃灭载荷作用在航行器表面使其横向速度发生突变。图 8-44 为不同相位下双发航行器出水的轴向速度对比，可以发现，当以波峰相位出水时，速度衰减最严重，而波谷相位下的速度衰减相对较小。

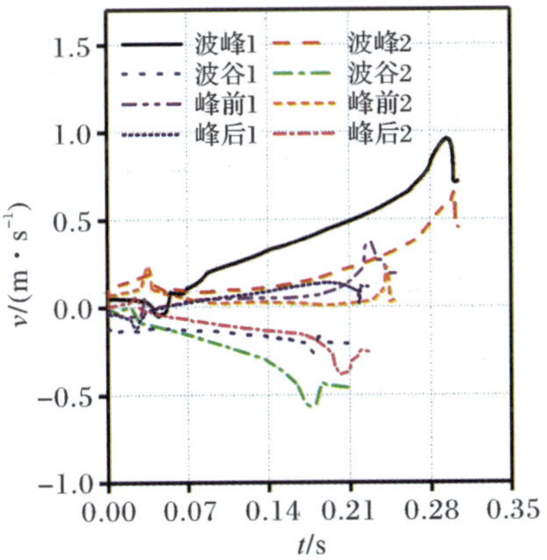


图 8-43　双发航行器 x 方向速度对比

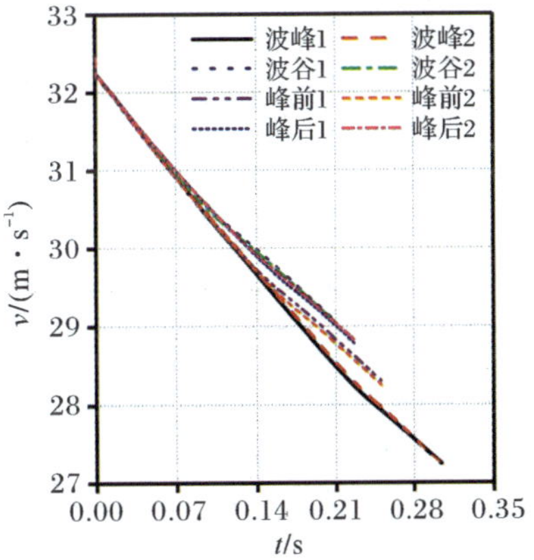


图 8-44　双发航行器 z 方向速度对比

图 8-45 为双发航行器以不同相位出水的弹道曲线对比。当双发航行器以波峰相位出水时，均会产生向右的横向偏移。在水中航行的初始阶段：左侧航行器在波浪扰动产生的右偏效应与双体流动干扰产生左偏效应的共同作用下，产生了较小幅度的横向偏移量；而右侧航行器受到两种效果的叠加影响，其偏移程度明显大于左侧航行器。在不断

靠近水面的过程中，波浪的横向扰动作用逐渐占据主导地位，因此左侧航行器的横向偏移量迅速增大；波浪的横向扰动经过左侧航行器的阻隔传递至背流侧时，扰动强度大大衰减，因此右侧航行器的横向偏移量小于左侧航行器。当以波谷相位出水时，波面质点的水平方向速度与波峰相位相反。在初始运动阶段，右侧航行器受到左侧航行器向右的流动干扰与波浪向左的干扰相互抵消，而左侧航行器则受到两种向左扰动的叠加影响，因此左侧航行器的向左偏移量大于右侧航行器。与波峰相位类似，越靠近自由液面，水质点的扰动作用越强。在波浪的剧烈扰动下，右侧航行器的偏移量迅速增大，同时又削弱了波浪对左侧航行器的影响，最终使得左侧航行器的偏移量相对较小。峰前和峰后相位下，当航行器头部触及波面时，水质点不具有水平方向的速度分量，但波浪在不断向右传播，航行器继续运动过程中不可避免地会受到横向的扰动作用。图 8-46 为不同相位下双发航行器的偏转角曲线对比。当以波峰相位出水时，左侧航行器向左偏转，而右侧航行器向右偏转，且右偏幅度大于左偏幅度，对于左侧航行器而言，说明波浪的扰动作用抵消了一部分双体流动干扰产生的偏转。同样的，当以波谷相位出水时，右侧航行器的右偏幅度小于左侧航行器的左偏幅度。当以峰前和峰后两个中间相位出水时，由于波浪的横向扰动作用相对较弱，所以双发航行器的偏转角曲线与静水环境类似，保持基本对称分布。对比不同相位影响下的航行器弹道曲线与偏转角曲线可以发现，波浪的扰动作用对航行器的横向偏移量影响更大，而双体间的流动干扰对航行器的偏转姿态起关键影响作用。

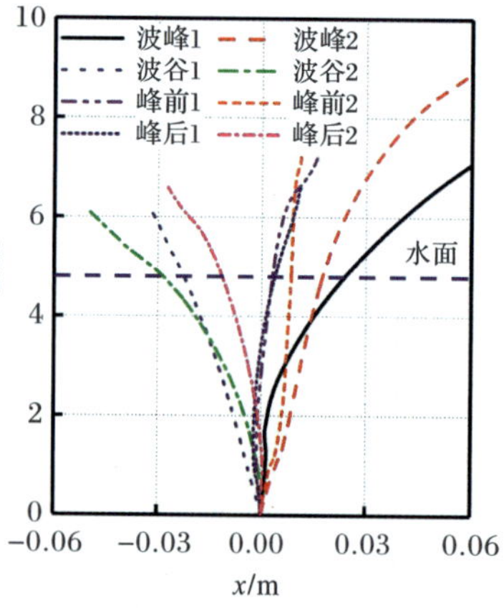


图 8-45 双发航行器弹道曲线对比

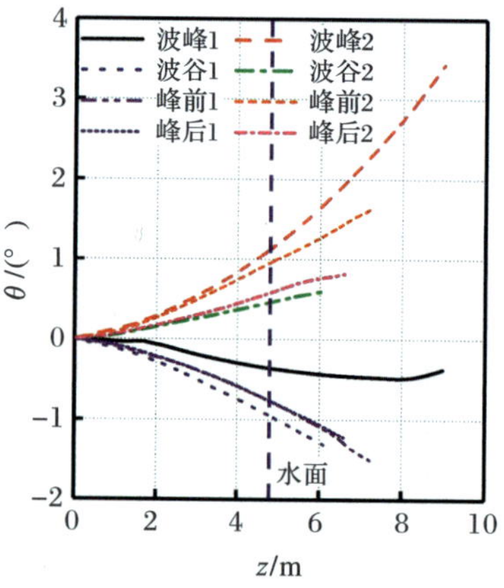


图 8-46 双发航行器偏转角曲线对比

### 8.4.3 压力分布

在航行器的水下发射过程中，由于其肩部附近的非定常多相空化流场演变及壁面附近流域中较大的湍流脉动强度，所以航行器壁面的脉动压力分布及演化特性变得非常复杂。本节主要对航行器水下发射过程中表面压力分布开展研究。由于航行器肩部空化区域附近的脉动压力比较剧烈与密集，所以主要在航行器左侧、右侧及后侧大量布置监测点来对脉动压力进行捕捉。相邻监测点之间的距离为 0.002$L$，具体分布情况如图

8－47 所示。

研究表明，波浪环境下空泡的溃灭能量主要集中于航行器的迎背流侧，因此通过在航行器迎背流侧布置压力监测点来提取其壁面压力，以探究不同出水相位对空泡溃灭压力的影响规律。图 8－48～图 8－55 为不同相位下航行器迎背流侧不同测点处的压力分布时变曲线。

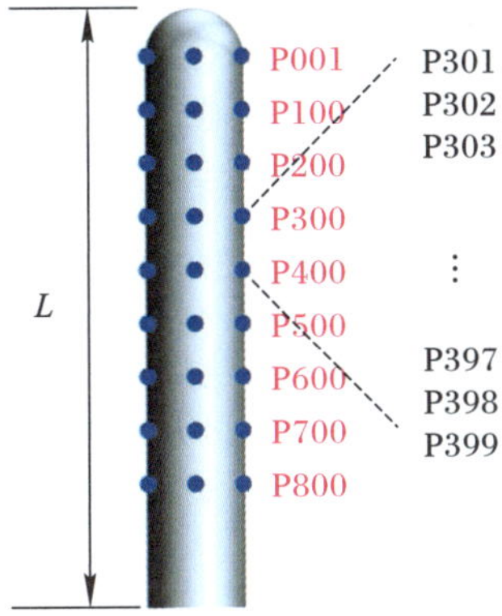


**图 8－47　压力监测点分布**

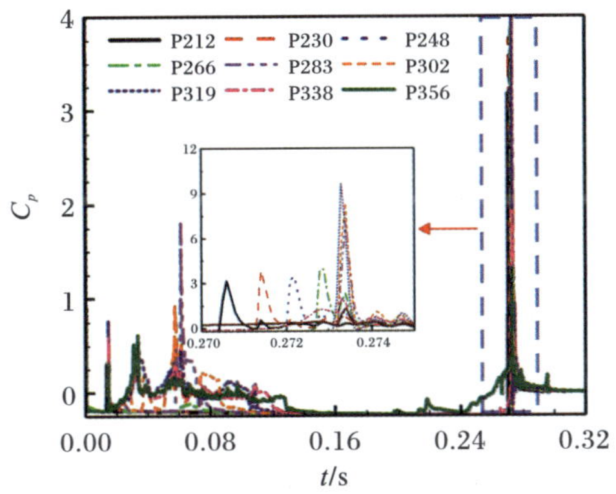


**图 8－48　波峰相位出水迎流侧压力分布时变曲线**

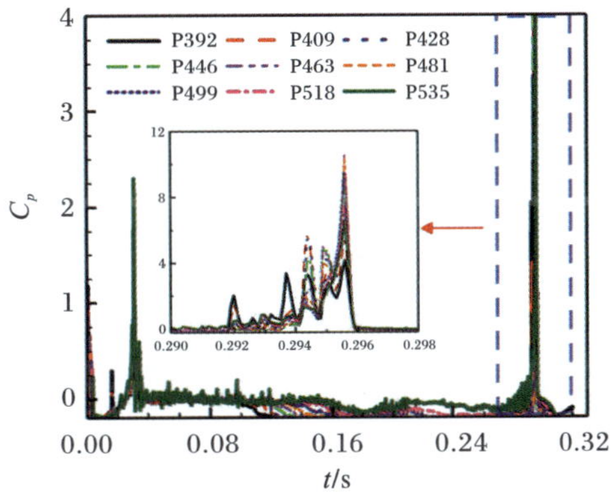


**图 8－49　波峰相位出水背流侧压力分布时变曲线**

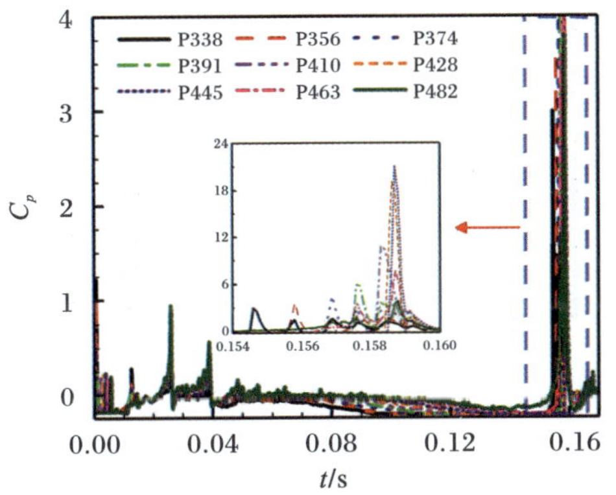


**图 8－50　波谷相位出水迎流侧压力分布时变曲线**

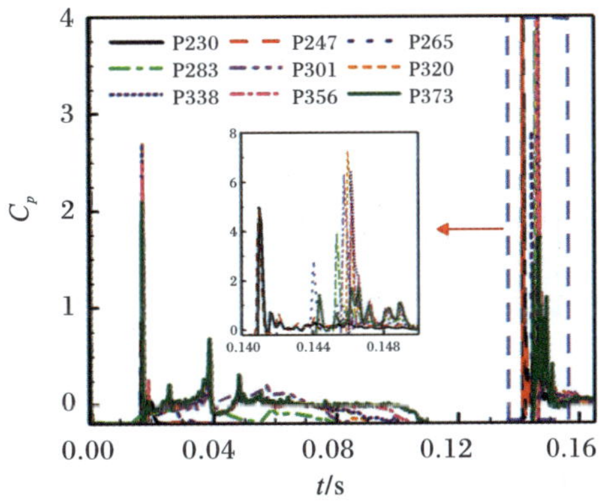


**图 8－51　波谷相位出水背流侧压力分布时变曲线**

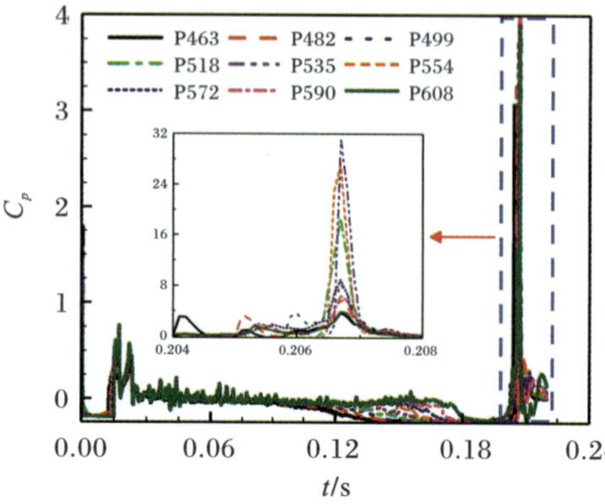


图 8-52　峰前相位出水迎流侧压力分布时变曲线

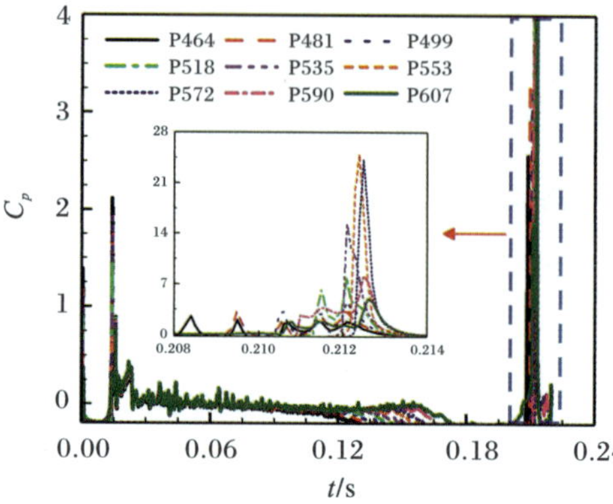


图 8-53　峰前相位出水背流侧压力分布时变曲线

如图 8-48 所示，当以波峰相位出水时，同一时刻迎流测溃灭压力分布较均匀，靠近空泡前缘的测点压力较小，随着测点接近空泡末端，溃灭压力不断增大，峰值压力 $C_p=9.9$。而背流侧空泡尺度远大于迎流侧，溃灭过程的非线性与随机性更高，因此不同测点的压力分为较为紊乱，峰值压力 $C_p=10.5$。对比波峰相位的迎背流侧压力分布可以发现，迎流侧压力分布较为分散，而背流侧出现了压力峰值叠加现象，如图 8-49 所示，当 $t=0.296$ s 时，多个压力测点的峰值集中出现。显然，迎背流侧压力数值相当，但根据图 8-52，背流侧横向载荷远大于迎流侧，因此，推测溃灭载荷峰值的量值并不能直接决定航行器所受载荷的大小，相较而言，同一时刻不同压力测点峰值载荷的集中程度影响作用更加明显。

图 8-50 与图 8-51 为当以波谷相位出水时迎背流侧压力分布时变曲线。根据前文分析结果，当以波谷相位出水时，迎流侧空泡尺度大于背流侧，由图可知，迎流侧 $C_p=21.1$，背流侧 $C_p=7.4$，即迎流侧的溃灭压力远大于背流侧，也验证了空泡溃灭压力与空泡厚度正相关这一结论。迎流侧与背流侧分别在 $t=0.159$ s、$t=0.147$ s 时出现了压力峰值叠加。

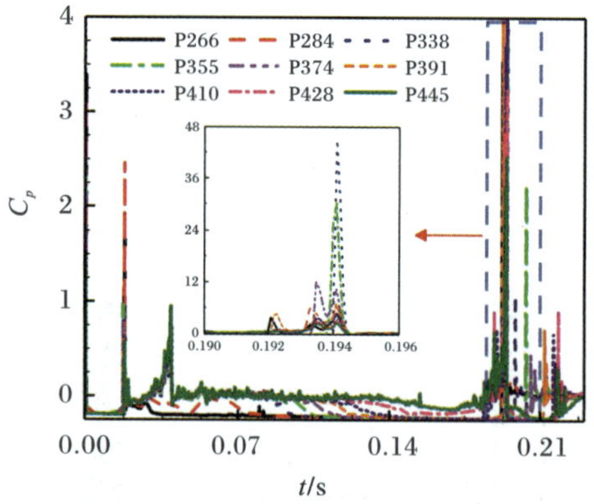


图 8-54　峰后相位出水迎流侧压力分布时变曲线

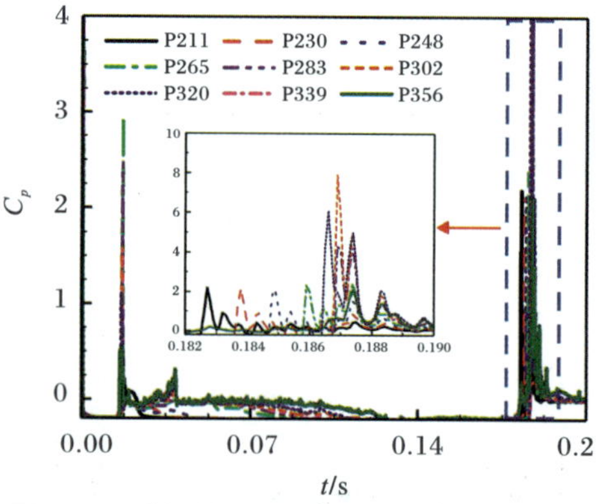


图 8-55　峰后相位出水背流侧压力分布时变曲线

图 8-52 与图 8-53 为峰前相位出水压力分布时变曲线，迎流侧峰值压力为 31.3，背流侧为 24.6，两侧峰值压力量值相当。迎背流侧分别于 $t=0.207$ s 与 $t=0.212$ s 出现了空泡的集中溃灭现象，同样在图 8-52 中也捕捉到了幅值相当且作用时间差极短的反

向载荷。图 8-54 与图 8-55 为峰后相位压力分布时变曲线，迎流侧压力为 45.5，背流侧为 7.8，迎背流侧峰值压力出现了明显差距，原因在于仿真过程的实际相位与理论相位存在一定误差，在航行器头部接触水面时受到倾斜波面与横向速度的共同作用，肩部空泡已经发生了非对称演化，导致迎背流侧的溃灭压力产生较大差异。

## 8.5　发射间距对齐射空化水动力干扰影响

8.4 节主要对波浪环境不同出水相位下双发航行器的齐射出水过程中多相流场结构演变、运动与载荷特性及空泡的溃灭特性进行了研究。在分析过程中我们发现，不同相位下当航行器以 $2d$ 的横向间距发射时，双体之间具有明显的流动干扰现象，双体之间的干扰与波浪环境带来的扰动或彼此叠加或相互抵消，最终导致双体出水过程中具有复杂的水动力学行为。本节在上文分析讨论的基础上，进一步研究波浪环境下航行器以不同的横向发射间距从不同相位出水时其空泡演化及运动与载荷特性的变化过程，获取不同横向发射间距对航行器齐射出水水动力特性的影响规律。

### 8.5.1　空泡流场

图 8-56 为不同横向发射间距下航行器以波峰相位齐射出水时的相分布云图。波峰相位下，航行器迎流侧低压区范围明显小于背流侧，且右侧航行器迎背流面肩部低压区差异大于左侧航行器。

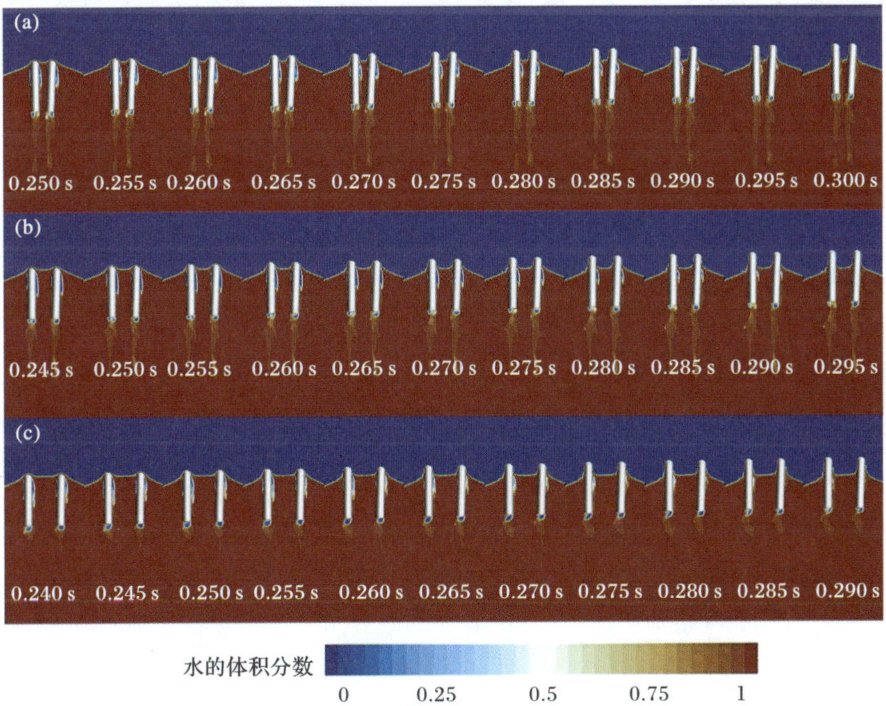


**图 8-56　不同横向发射间距下航行器以波峰相位齐射出水时的相分布云图**

当横向发射间距为 2 倍航行器直径时，出水前双体间的低压区出现了融合，随着发射间距逐渐增大，双体间的流动干扰效应逐渐减弱，各自的低压区轮廓更加清晰。在波浪的影响下，右侧航行器的迎流面低压区面积一般小于迎流侧，而其背流面低压区面积明显大于迎流侧。当发射间距为 3 倍航行器直径时，注意到右侧航行器的背流面低压区已与左侧航行器等长，而当发射间距增大至 4 倍航行器直径时，右侧航行器的背流面低压区明显短于左侧航行器。对于右侧航行器而言，其不仅受到波浪的横向扰动作用，还受到左侧航行器的流动干扰，两种干扰效应相互叠加，因此右侧航行器肩部低压区受到扰动更加显著。但随着横向发射间距的不断增大，双体间的流动干扰效应逐渐减弱，右侧航行器的背流面压力分布逐渐恢复至波峰相位单体出水的状态。当横向发射间距为 2 倍航行器直径时，从相分布云图中可以明显看出航行器出水时空泡末端产生的回射流沿航行器表面的推进过程，空泡在自由液面与回射流的共同作用下被切断进而脱落溃灭。当横向发射间距为 4 倍航行器直径时，航行器背流侧空泡末端气液掺混剧烈，回射流强度较高。

图 8 - 57 为不同横向发射间距下双体以波谷相位出水时的相分布云图。

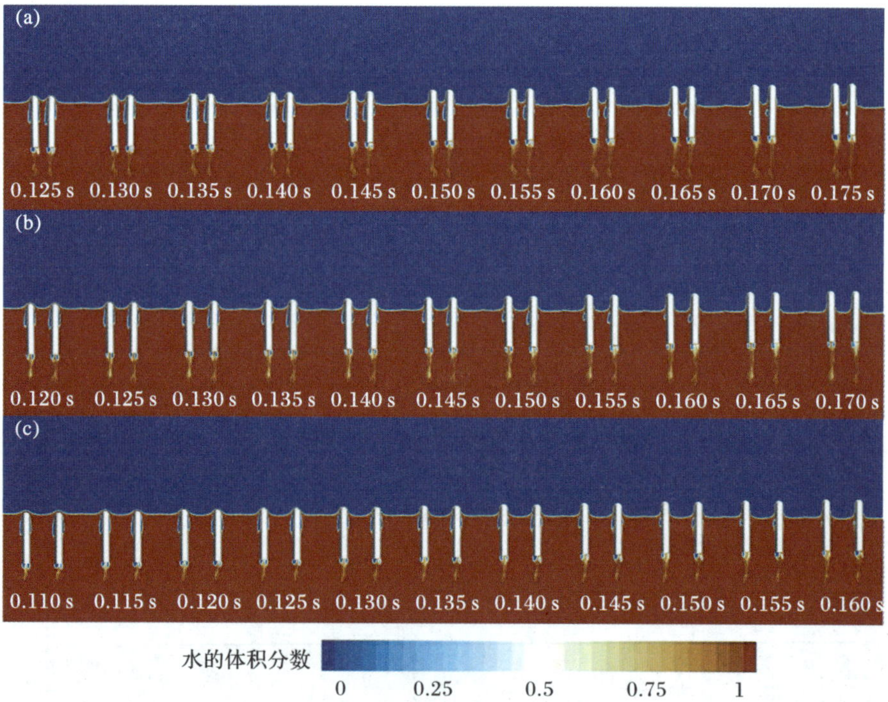


**图 8 - 57　不同横向发射间距下双体以波谷相位出水时的相分布云图**

总体来看，与波峰相位对比，当以波谷相位出水时，空泡形态的非对称演化特征较弱，根据压力分布云图可以看出，航行器迎背流侧低压区分布大致相同，迎流侧低压区略长于背流侧，且仅在空泡溃灭时表现出的迎背流面压力分布差异较大。当横向发射间距增大至 4 倍航行器直径时，双发航行器肩部周围的压力分布已大致相同，说明双体间的流动干扰已基本消失，双发航行器均受到波浪质点的扰动从而产生了相似的空化流场特征。根据相分布云图可以看出，左侧航行器的迎背流侧空泡尺度差异明显小于右侧航行器。随着横向发射间距的增大，左侧航行器的迎流面肩空泡有减小的趋势，原因在于双体间的干扰强度随着横向间距的增大而减小，当横向间距足够大时，航行器主要受到波浪的横向扰动作用，因此空泡的偏移程度逐渐减小。同时，右侧航行器迎背流面空泡差异也在减小，当横向发射间距较小时，双发航行器间的低压区相互融合，产生的狭长流域有助于内侧空泡的生长，随着发射间距不断增大，狭长流域的影响基本消失，迎背流侧双发航行器的空泡形态基本相同。

图 8-58 与图 8-59 分别为双发航行器以峰前和峰后相位出水时的相分布云图随横向发射间距变化的演化过程。一方面，航行器以峰前相位出水时空泡长度明显大于峰后相位，原因在于峰前相位波面质点具有水平向上的速度分量，航行器以峰前相位出水时有效空化数更小。另一方面，航行器头部触及水面瞬间，其肩部空泡的长度随着横向发射间距的逐渐增大而不断缩短，原因与波峰波谷出水相同，即双体间的狭长流域有助于空泡的充分发展，而增大的横向间距使得狭长流域的影响作用减弱。同时可以注意到，当航行器以峰前相位出水时，随着发射间距的增大，双发航行器的迎背流面空泡差异逐渐增大，原因在于当航行器恰好以中间相位出水时，其受到的横向扰动作用很弱，但当横向发射间距逐渐增大时，双发航行器逐渐远离中间相位而不断接近波峰与波谷，因此波浪质点的横向扰动作用愈发强烈，空泡的非对称程度也在逐渐增大。

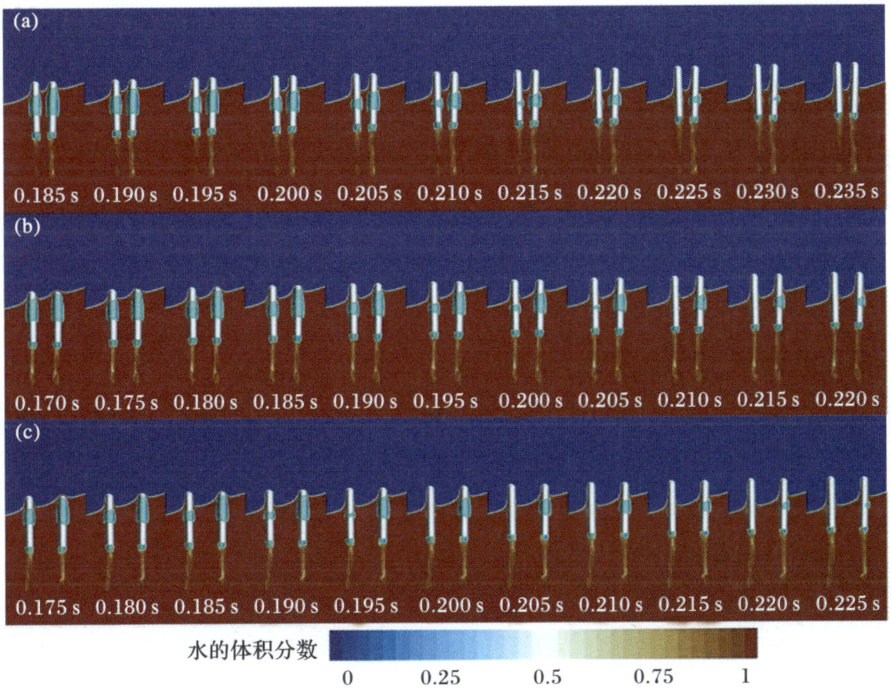


**图 8-58　不同横向发射间距下双发航行器以峰前相位出水时的相分布云图**

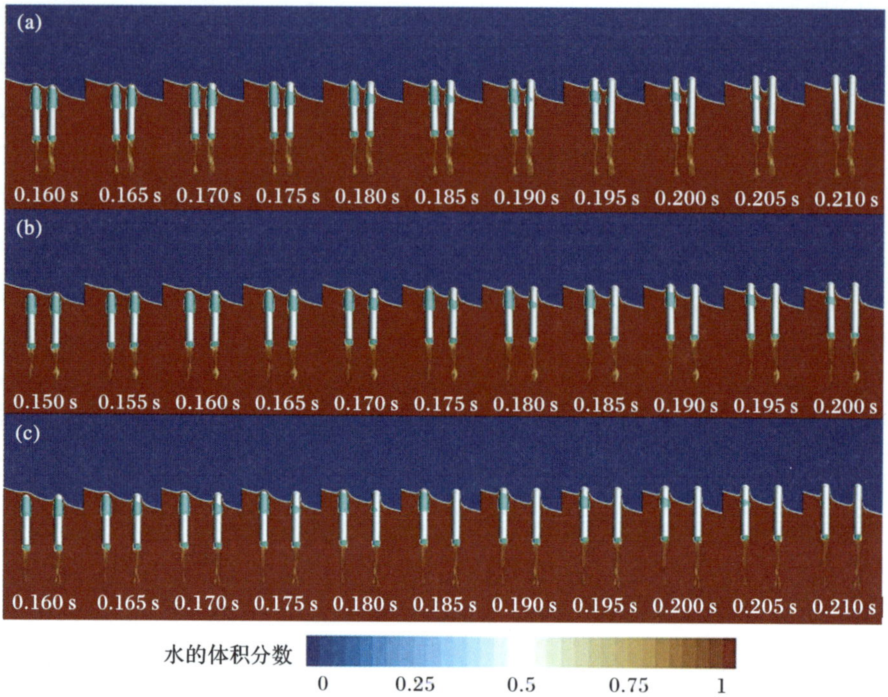


**图 8-59　不同横向发射间距下双发航行器以峰后相位出水时的相分布云图**

## 8.5.2　运动与载荷

8.5.1 节中分析了双体的空泡形态演化及周围流场的压力分布随横向发射间距的变化趋势，本节通过提取多自由度航行器的运动参数，从运动与载荷角度对航行器的出水过程进行讨论。图 8-60～图 8-67 分别为双发航行器以波峰、波谷、峰前与峰后四种相位出水时的横向载荷与偏转力矩对比。

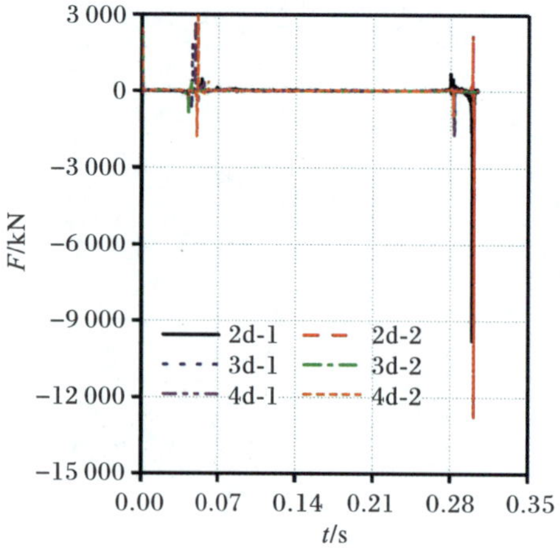


**图 8-60　波峰相位 $x$ 方向受力对比**

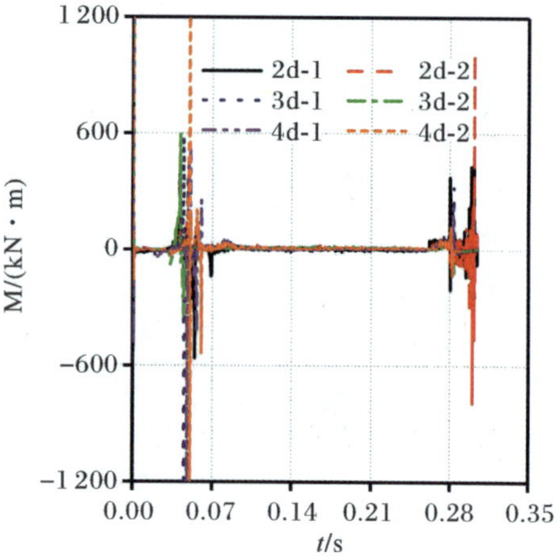


**图 8-61　波峰相位偏转力矩对比**

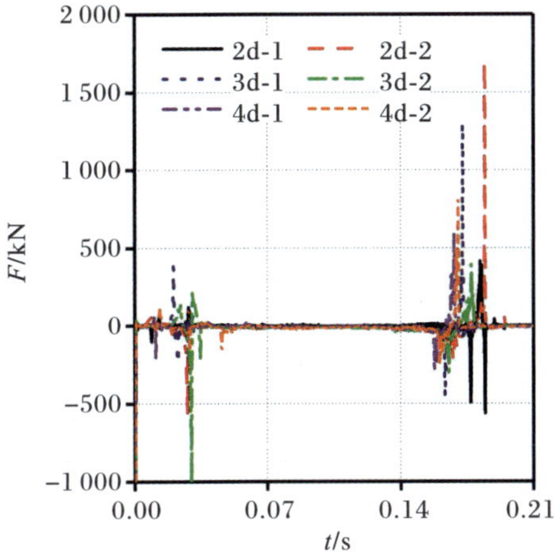


图 8－62　波谷相位 $x$ 方向受力对比

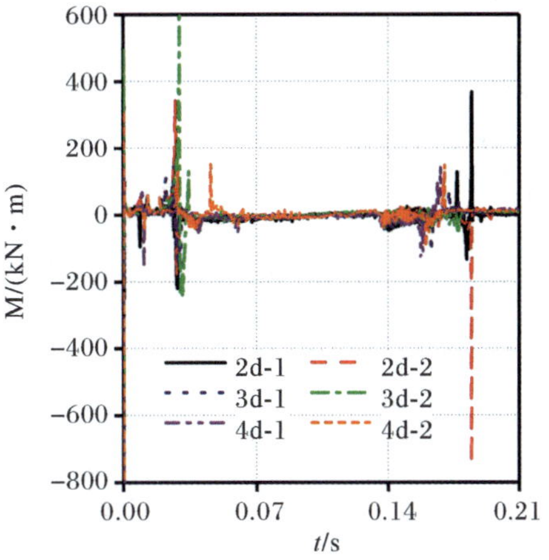


图 8－63　波谷相位偏转力矩对比

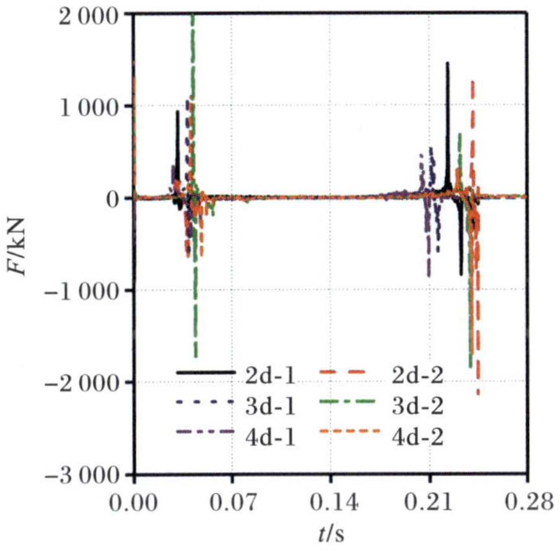


图 8－64　峰前相位 $x$ 方向受力对比

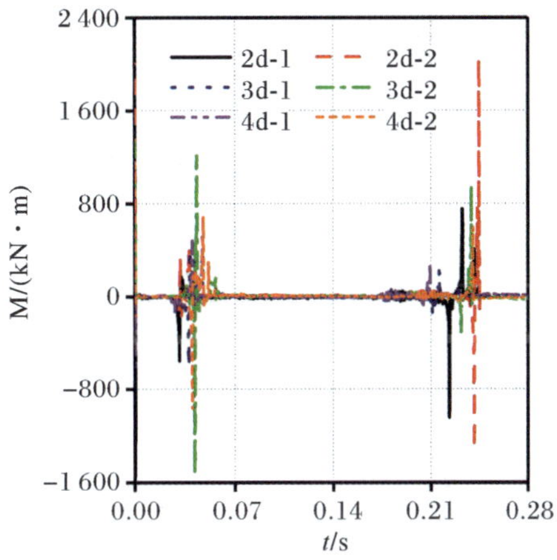


图 8－65　峰前相位偏转力矩对比

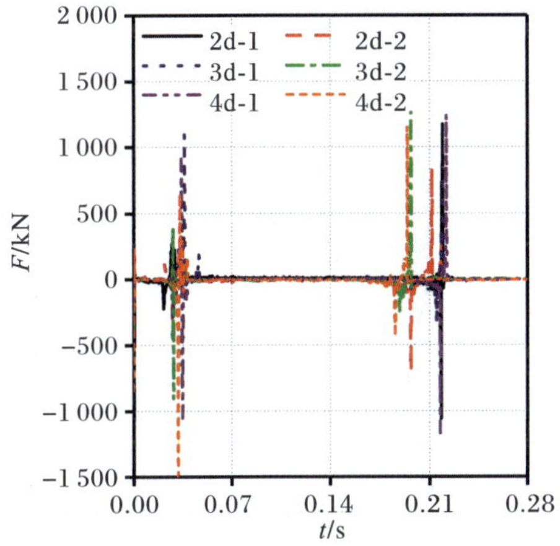


图 8－66　峰后相位 $x$ 方向受力对比

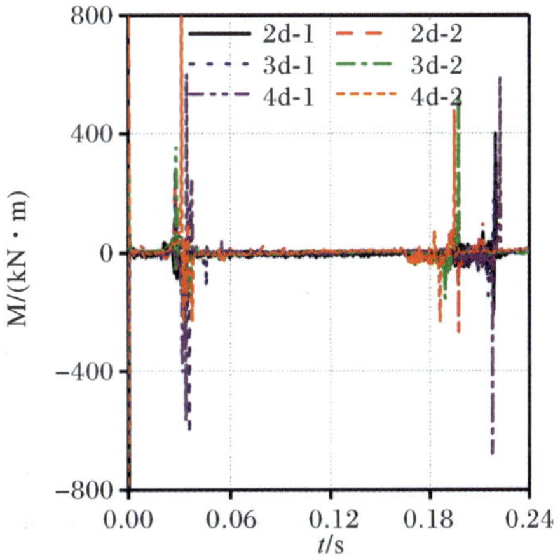


图 8－67　峰后相位偏转力矩对比

整体来看：当以波峰相位出水时，航行器受到的反向载荷远大于正向载荷；当以波谷出水时，正向载荷远大于反向载荷；而当以峰前和峰后相位出水时，正反方向载荷幅值相当。根据前文的分析可知，航行器受到的横向载荷大小主要与出水时溃灭空泡的厚度相关，波浪相位、横向发射间距等多种因素通常是通过影响空泡形态的演化最终对航行器的载荷产生影响的。当双发航行器以波峰相位出水时，随着横向发射间距的增大，航行器所受到的 $x$ 方向载荷有减小的趋势，同时，高频的脉动力矩也在逐渐减弱，当发射间距增大至 3 倍或 4 倍航行器直径时，航行器受到的横向载荷已基本保持不变，但力矩的幅值仍在减小。

当以波谷相位出水时，发射间距的增大使得航行器出现横向载荷峰值的时间不断提前，且载荷峰值也有减小的趋势，说明当航行器以波谷出水时，增大发射间距会导致空泡提前发生溃灭，另外，当横向发射间距为 4 倍航行器直径时，双发航行器的力矩分布保持基本相同。而当航行器以峰前和峰后相位出水时，发射间距的增大导致峰前相位左侧航行器出水时间提前，右侧航行器出水时间滞后，峰后相位则相反，因此使得空泡溃灭产生的载荷峰值与力矩峰值作用时间发生变化，同时峰前相位下载荷峰值有变小的趋势。

由图 8－68～图 8－71 中航行器的轴向载荷演化曲线可以看出：在水中航行阶段，航行器所受的轴向载荷出现高频波动特征；在出水阶段，当航行器头部触水时，载荷达到极小值，继续运动过程中，载荷又逐渐增大；在空泡完全溃灭后，航行器受到了瞬时脉动载荷。当以波峰相位出水时，随着横向间距的增大，航行器在水中航行阶段的所受的载荷逐渐增大，且峰值载荷的极小值也有增大的趋势，空泡完全溃灭产生的瞬时载荷峰值逐渐减小。当以波谷相位出水时，水中航行阶段轴向载荷随着发射间距增大而增大，但航行器头部触水时的载荷极小值有减小的趋势。当以峰前和峰后相位出水时，轴向载荷的作用过程表现出明显的先后顺序。发射间距的增大使得双发航行器出现载荷极小值的时间差逐渐增大，载荷极小值的幅值有增大趋势，同时，空泡完全溃灭产生的瞬时载荷波动在逐渐减小。

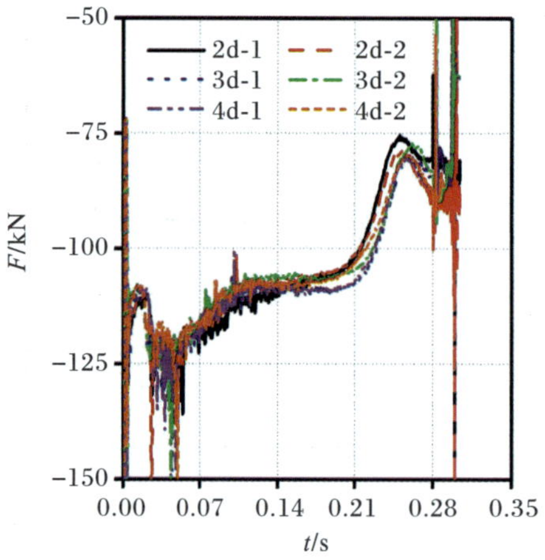


**图 8－68　波峰相位 z 方向受力对比**

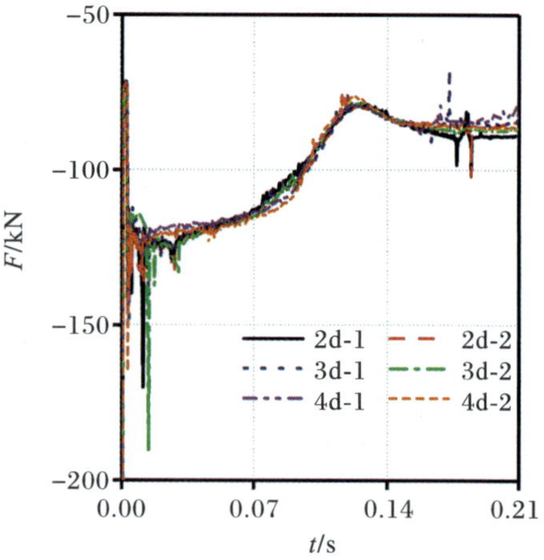


**图 8－69　波谷相位 z 方向受力对比**

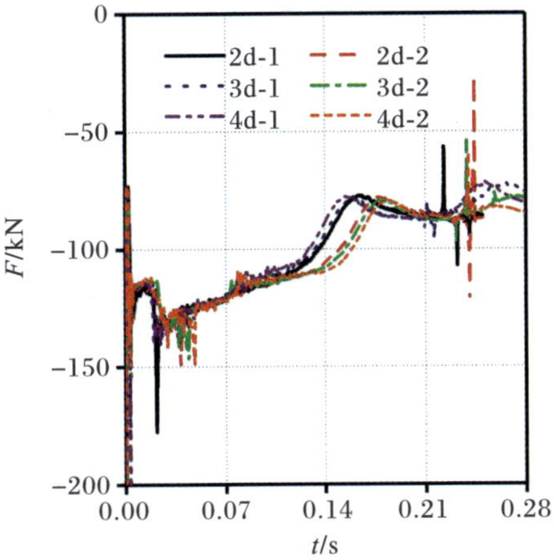


图 8－70　峰前相位 z 方向受力对比

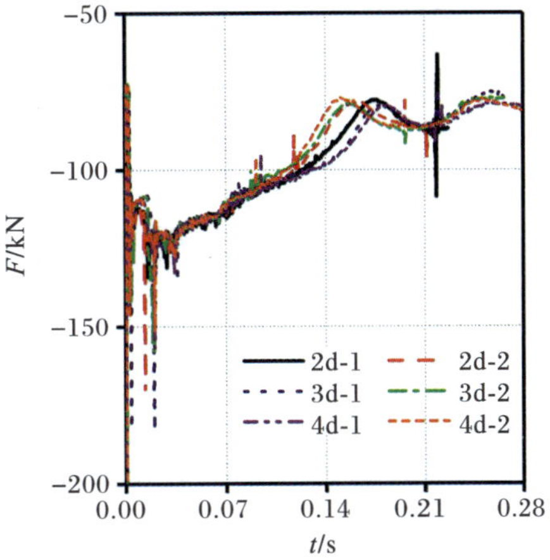


图 8－71　峰后相位 z 方向受力对比

图 8－72～图 8－75 为不同横向发射间距下双发航行器以不同相位出水时的横向速度对比。当以波峰相位出水时，航行器均具有与波浪传播方向相同的正向速度。同时，左侧航行器的横向速度均大于背流侧，原因在于波面质点对左侧航行器直接施加波浪力，而右侧航行器受到的波浪力受到左侧航行器的阻隔，其强度逐渐衰减，且与波浪环境相比，双体流动干扰产生的横向速度相对较小。随着横向发射间距的逐渐增大，双体的横向速度也表现出不同程度的增大。可以注意到，双发航行器之间的横向速度差随着横向间距的增大在逐渐减小，说明横向间距增大弱化了双体间的流动干扰，当横向间距继续增大，使得双体间基本无干扰作用时，双发航行器的横向速度会趋于一致。

如图 8－73 所示，当航行器以波谷相位出水时，首先，双发航行器均具有与波浪传播方向相反的横向速度；其次，左侧航行器的横向速度幅值均小于右侧航行器，对于右侧航行器而言，波浪的扰动使其产生向左的速度，而双体的干扰使其具有向右的速度，但右侧航行器表现出向左的运动趋势，以上两点均可说明波浪的扰动作用显著强于双体间的流动干扰。随着横向间距的增大，空泡溃灭产生的横向速度波动的时间不断提前。与波峰相位相同，当以波谷相位出水时，迎右侧航行器间的横向速度差随着发射间距的增大在逐渐缩小，但不同的是，波峰相位下航行器具有的水平速度幅值明显大于波谷相位，同时，联系前文中波谷相位航行器迎背流侧空泡形态差异也小于波峰，可以说明波谷相位水质点的横向扰动作用相对较弱。图 8－74 为峰前相位下航行器出水的横向速度，双发航行器的横向速度幅值差异较小。随着横向发射间距的增大，横向速度的幅值以及空泡溃灭产生速度波动出现的时刻也在发生变化。如图 8－75 所示，当航行器以峰后相位出水时，可以看出双发航行器的横向速度分布具有明显不同的特征。左侧航行器的速度均为正而右侧航行器速度均为负。随着横向发射间距逐渐增大，双体间的速度差异逐渐缩小，另外，左侧航行器出现速度脉动的时刻推迟，而右侧航行器提前出现了横向速度的波动。

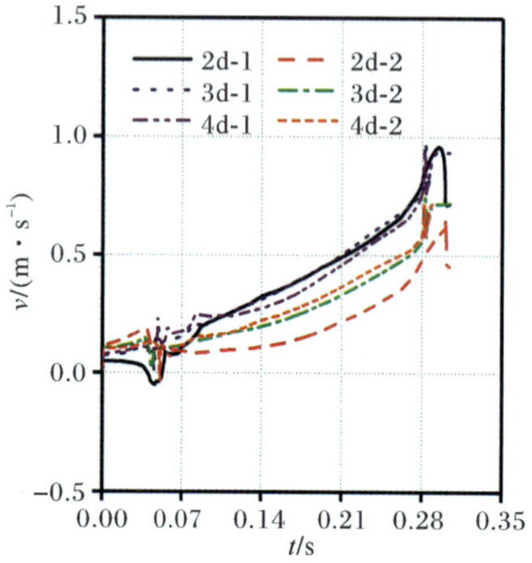

图 8-72 波峰相位 $x$ 方向速度对比

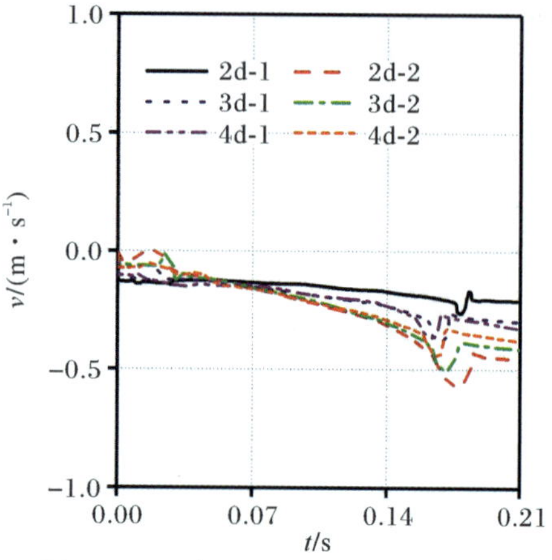

图 8-73 波谷相位 $x$ 方向速度对比

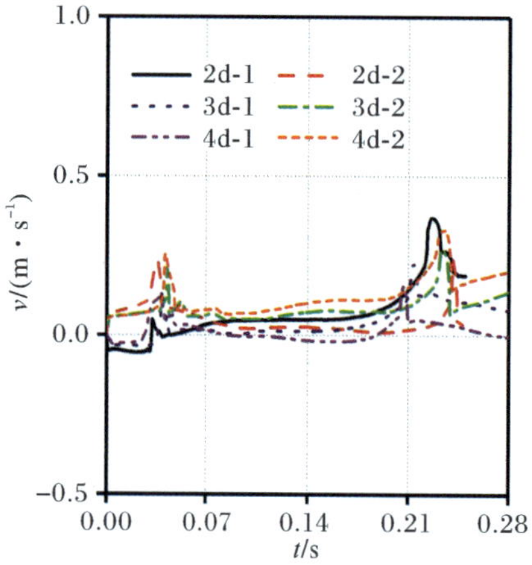

图 8-74 峰前相位 $x$ 方向速度对比

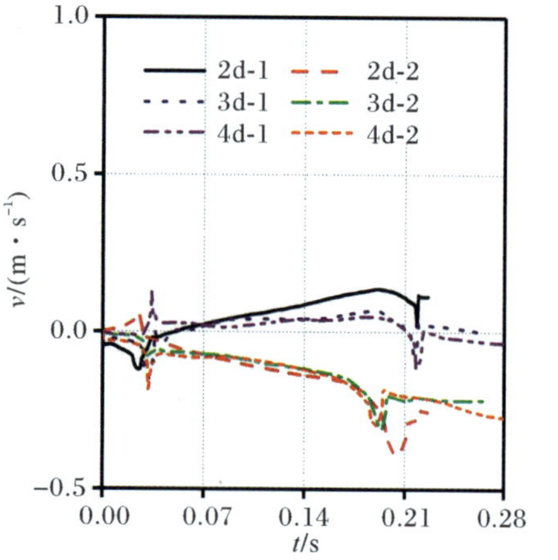

图 8-75 峰后相位 $x$ 方向速度对比

图 8-76～图 8-79 分别为航行器以不同相位出水时的轴向速度对比。

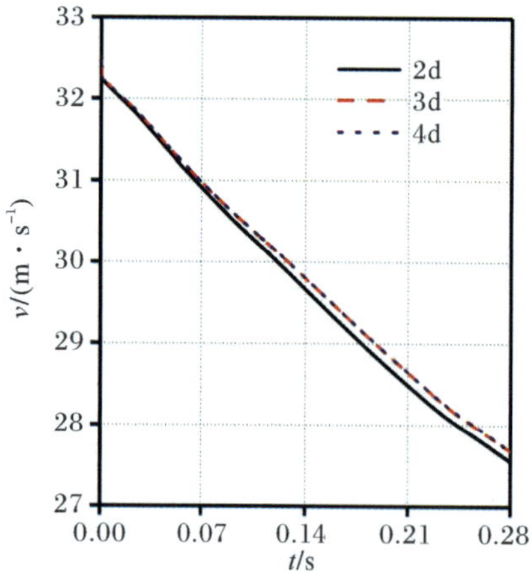

图 8-76 波峰相位 $z$ 方向速度对比

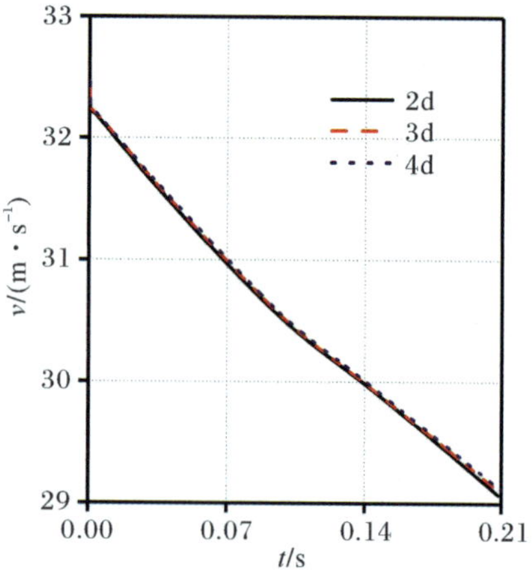

图 8-77 波谷相位 $z$ 方向速度对比

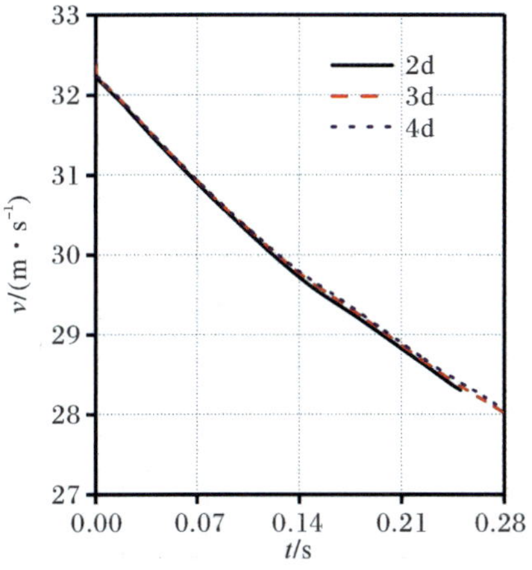


图 8－78 峰前相位 z 方向速度对比

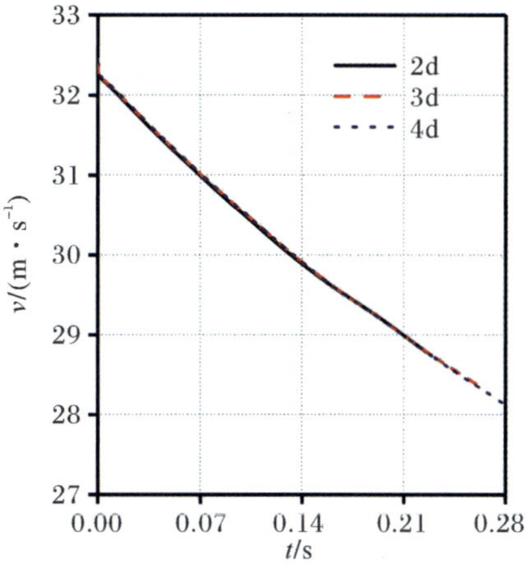


图 8－79 峰后相位 z 方向速度对比

可以发现，波峰相位下轴向速度衰减幅度最大，波谷相位衰减最小，而峰前和峰后相位介于两者之间。随着横向发射间距的增大，出水过程中航行器的速度衰减明显得到改善，说明空泡的溃灭过程不仅对航行器产生了横向的流体作用力，在轴向同样对其运动过程产生影响，增大航行器的横向发射间距能在一定程度上减小航行器的轴向速度衰减量。

图 8－80～图 8－83 分别为航行器以不同相位出水时的弹道曲线对比。当以波峰相位出水时，双体均会产生向右的横向偏移。在水下发射的初始阶段，左侧航行器在波浪扰动产生的右偏效应与双体流动干扰产生的左偏效应相互抵消，因此其横向偏移量较小。右侧航行器在两种干扰的共同影响下，其横向偏移量明显大于迎流侧。离自由液面越近，波浪的扰动作用越占据主导地位，在波浪的影响下，航行器横向偏移量快速增大。对于右侧航行器而言，波浪产生的横向扰动受到左侧航行器的阻隔，扰动强度大大衰减，因此右侧航行器的横向偏移量一般小于迎流侧。随着横向发射间距的增大，双发航行器的横向偏移量也有增大的趋势，同时，双体间的偏移量差异逐渐缩小。

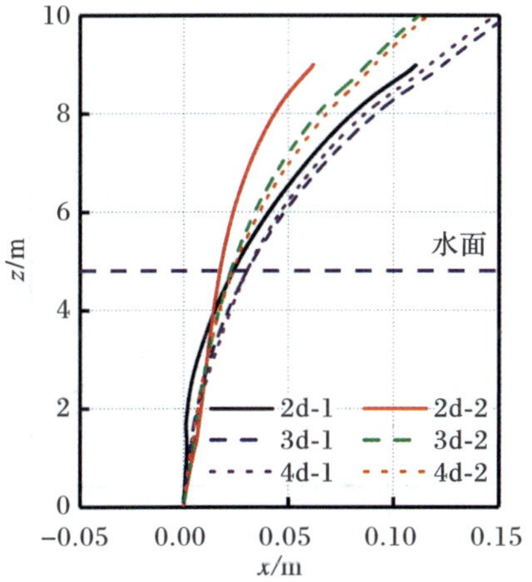


图 8－80 波峰相位弹道曲线对比

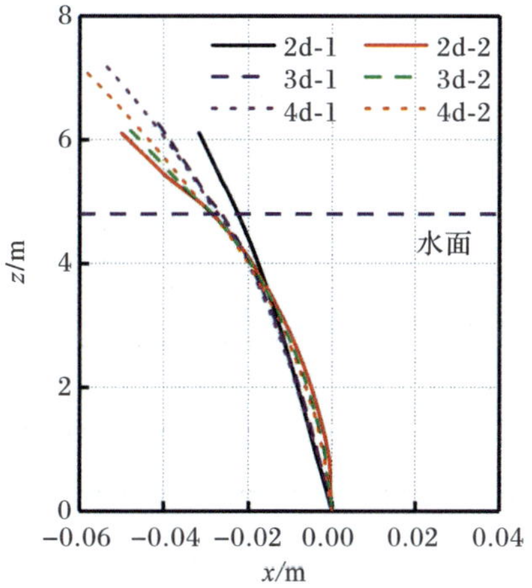


图 8－81 波谷相位弹道曲线对比

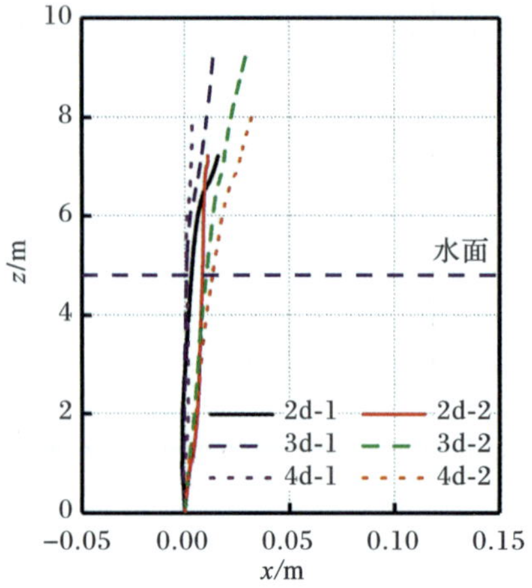


图 8－82　峰前相位弹道曲线对比

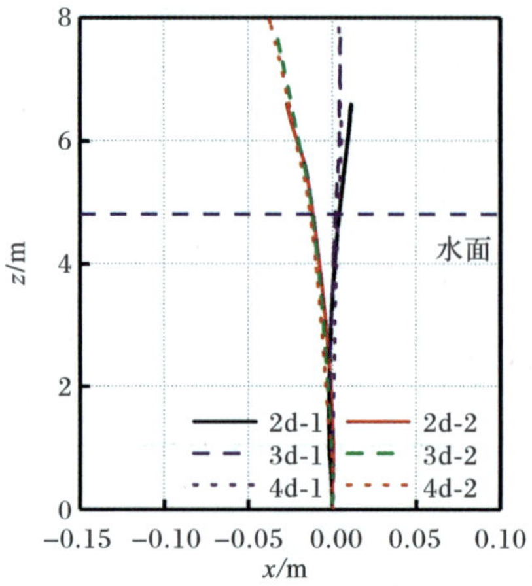


图 8－83　峰后相位弹道曲线对比

当以波谷相位出水时，航行器的偏移方向与波峰相位相反。随着横向发射间距的逐渐增大，左侧航行器的偏移量逐渐增大，右侧航行器的偏移量逐渐缩小，双发航行器出水时的横向偏移差距也在逐步缩小。而当以峰前和峰后相位出水时，由于随着横向间距的增大，双体到中间相位的距离逐渐增大，所以受到的横向波浪扰动作用也逐渐变强，航行器出水时的横向偏移量随横向发射间距的增大而增大。

图 8－84～图 8－87 分别为航行器以不同相位出水的偏转角曲线对比。整体来看，当以波峰相位出水时，右侧航行器偏转程度更大，当以波谷相位出水时，左侧航行器偏转更剧烈，而当以峰前和峰后两个中间相位出水时，双发航行器的偏转角曲线基本保持对称分布。随着横向发射间距的逐渐增大，双发航行器的偏转角均逐渐缩小。通过与上文的分析进行对比可以发现，波浪效应对航行器出水时的横向偏移量更大，而双体间的流动干扰对航行器的偏转角影响更大。

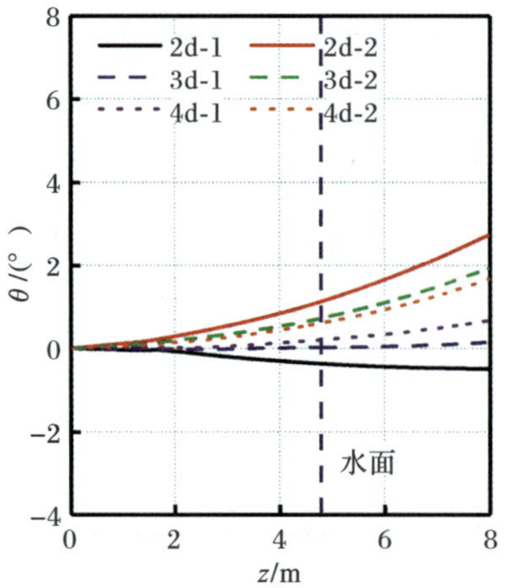


图 8－84　波峰相位偏转角曲线对比

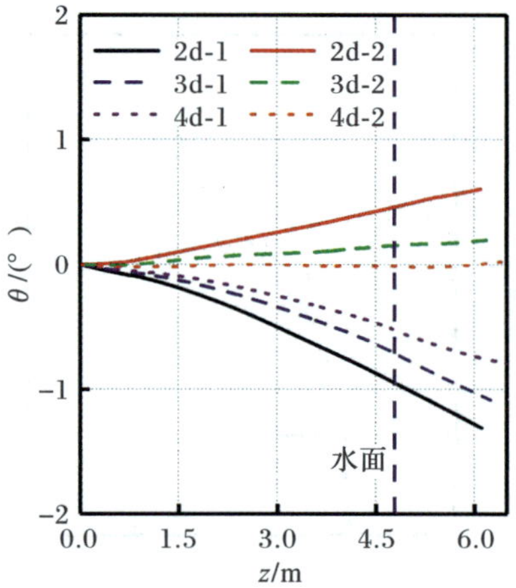


图 8－85　波谷相位偏转角曲线对比

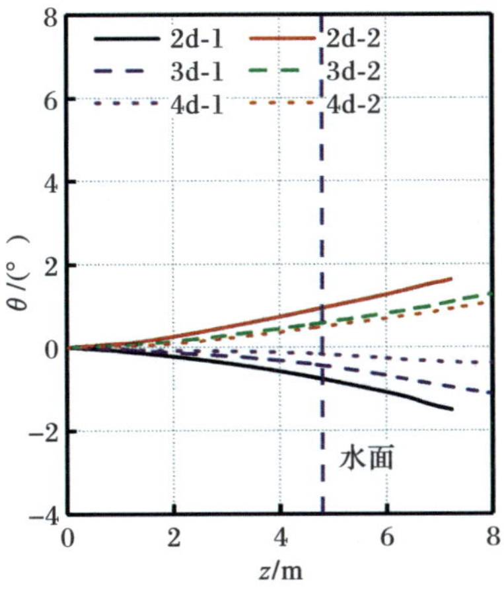


图 8-86　峰前相位偏转角曲线对比

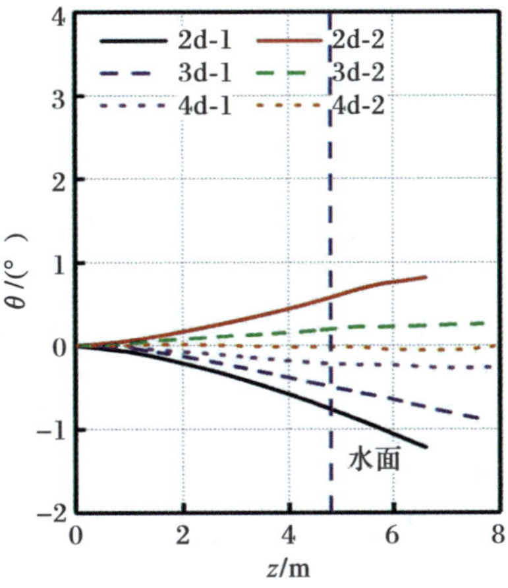


图 8-87　峰后相位偏转角曲线对比

第9章

# 未来研究发展方向展望

9

## 9.1 齐射出水过程复杂流固耦合问题研究

航行器在水下齐射过程中，极易发生空化现象，空泡由生长到溃灭的非定常演变使航行体受到强随机性、高非线性载荷冲击，以致表面产生振荡的应力应变和弹塑性变形，同时，结构变形反作用于空化流场，二者相互耦合影响，增加了流场发展的复杂性以及航行器弹道变化、载荷分布和结构响应的不确定性。当前的研究主要集中于水下齐射过程的流场分析，考虑流固耦合效应的研究对象多是单个缩比模型，齐射非常少见，同时简化的仿真方法忽略了流体可压缩性以及结构变形的影响。为了更好地模拟水下齐射，对标单筒多弹齐射技术的发展，因此亟须开展齐射出水过程流固耦合特性研究。

国内外学者针对单体水下发射关键技术难题开展了一系列深入研究，建立了空化模拟、载荷响应和流固耦合的理论模型，比较了不同工况下单发航行器出水过程，获取了多因素下复杂空化流场、运动姿态及力学特性的变化规律，初步探索了单体发射时流体与结构的相互作用机制，同时开展了多体齐射出水空化流动干扰、载荷特性以及运动不稳定性等研究，并结合缩比试验验证了数值方法的有效性。上述理论解析存在较多约束条件，并不适用于复杂工程问题的求解；而试验测试花费高、周期长、潜在影响多，以致试验可重复性差、分析难度大。相较于上述方法，数值模拟可以实现多变量仿真和多信息采集，具有低成本、高效率的优势，成为研究水下发射问题的重要手段，然而就仿真研究现状而言依然存在部分局限性：

(1)水下发射非定常空化研究通常不考虑流体的可压缩性，因此难以全面获取空泡不稳定发展的内在原因和主导因素，同时导致计算得到的空泡溃灭压力可能与实际结果存在一定偏差，影响对真实情况模拟的准确性。

(2)水下发射非线性载荷研究大多采用单一 CFD/CSD 软件仿真，比如通过 CFD 软件计算刚性航行器所受的流场载荷或是基于有限元软件求解带有附连水质量的航行器结构响应,忽略了流体与结构相互作用的时效性和动态性,所得结论仅适用于宏观现象的把握,具有一定局限性。

(3)水下发射流固耦合效应研究一般采用单向耦合方法,仅仅计算流场变化对刚体结构振动的干扰或是对弹性体结构变形的影响,不关注结构变形对流场演变的反作用,同时在少数使用双向耦合方法的研究中还是对模型进行了简化,比如限制运动自由度、不考虑自然空化等,此外,针对多体发射流固耦合效应的仿真分析还处于摸索阶段。

因此,有关出水过程空化流场与结构响应之间的相互作用机制和影响规律还有待进一步探索和研究。为此后续将通过建立考虑流体可压缩性的多相流场与结构响应协同求解的数值计算模型,对不同条件下多体齐射出水过程的空化及载荷特性进行仿真分析,重点关注空化流场、水动力干扰、空泡溃灭载荷以及结构动态响应的变化,获取不同参数对空化演变、水动力学及载荷响应特性的影响规律,为水下齐射技术的进步提供一定的基础性支撑和参考。该领域的突破不仅能够探明航行器齐射出水过程流固耦合作用机制,而且能够优化航行器的总体结构设计布局,提升跨介质航行器的整体作战效能。

## 9.2　浮冰对航行器齐射出水过程的影响研究

随着极地作战和海洋开发任务的增多,跨介质航行器在复杂冰区条件下的作战需求日益凸显。浮冰的存在给航行器的出水过程带来了诸多挑战,其中冰块的形状、大小、厚度、分布及运动状态等均会对航行器的出水过程产生重大影响。在突破浮冰层时,航行器不仅可能与冰块发生直接碰撞,从而导致结构损伤或姿态偏移,还可能因冰层的存在而改变周围流场,进而导致不规则的水动力特性,从而影响航行器的运动轨迹。此外,浮冰的温度和力学特性在极地环境中表现出较大的不确定性,不同环境下冰体运动规律的探究也亟须深入研究。特别是在浮冰层较厚或分布密集的情况下,航行器的出水路径和流场干扰更加显著,因此航行器必须具备更强的抗冰能力与姿态调整能力。目前关于浮冰环境下齐射出水相关研究基本处于空白阶段,亟须开展相关基础研究和关键技术突破。

未来的研究应重点关注浮冰对航行器出水过程的动态干扰机制,结合高精度数值模拟与实地冰区环境实验,深入研究不同类型和规模浮冰对航行器性能的影响。尤其应探索在不同冰况条件下的航行器出水姿态控制策略,为设计更具适应性的发射系统提供指导。此外,航行器的抗冰能力亟须进一步增强,既要通过优化外形设计以减少冰层对航行器的直接干扰,也须开发先进的冰区探测技术,通过雷达、声呐等手段实时监测冰层分布,提前规划出水路径,确保航行器能够在复杂冰区环境中顺利完成水下发射任务。这一研究不仅对极地军事作战具有重要意义,还有助于提升航行器在未来可能面临的其他极端海洋环境中的适应性。

## 9.3 水下航行器通气空泡技术研究

水下航行器的通气空泡技术研究是提升跨介质航行器水下航行性能的关键。通气空泡技术通过在航行器表面形成气体空泡，显著减少水体对航行器的摩擦阻力，从而提高其航行速度。这一技术在航行器水下高速航行阶段尤为重要，能够帮助航行器在敌方水域快速穿越并隐蔽航行，从而在较短时间内完成攻击任务。然而，空泡生成的稳定性和持续性是当前技术面临的主要挑战。在高速航行过程中，空泡形态的不稳定会导致流动分离现象，进而影响航行器的姿态控制和水下航行轨迹。此外，空泡与航行器外形之间的相互作用也是当前技术难点之一，不同外形设计会影响空泡的生成效率和形态变化，因此，航行器设计的外形与空泡技术必须进行协同优化。关于通气条件下齐射出水相关研究，课题组已经开展了部分研究工作，主要有：①被动排气下单/双体齐射出水过程气泡融合技术研究；②主动通气下单/双体齐射出水降载增稳技术研究，但还需要进一步进行探究。

未来的研究应专注于优化空泡生成技术，探讨在不同航行速度、航行深度和航行器外形条件下空泡的生成与维持机制。通过深入研究空泡动力学，分析气液界面在高速航行时的行为，在此基础上开发更加稳定的空泡生成系统。同时，结合先进的流体控制技术，实现对空泡形态的实时调控，以确保空泡在高速航行过程中的稳定性。通过对空泡技术的深入研究，跨介质航行器在水下航行时的综合性能将得到显著提升，这将为未来高速水下武器的发展奠定重要的技术基础。

# 参考文献


[1] 张义忠,倪火才.潜载导弹水下共架垂直发射方案探讨[J].舰船科学技术,2005,27(5):56-61.

[2] 倪火才.潜载细长体水下发射技术的发展趋势分析[J].舰载武器,2001,1(1):11-19.

[3] 程栋,何国强,胡仁海,等.发射筒口燃气压力波数值模拟及实验验证[J].西北工业大学学报,2011,29(3):497-502.

[4] 王汉平,余文辉,魏建峰.潜射模拟弹筒口压力场仿真[J].兵工学报,2009,30(8):1009-1013.

[5] 傅德彬,于殿君,张志勇.潜射细长体离筒后海水倒灌效应数值分析[J].固体火箭技术,2012,35(2):19-22.

[6] 刘筠乔,鲁传敬,李杰,等.导弹垂直发射出筒过程中通气空泡流研究[J].水动力学研究与进展(A辑),2007,22(5):25-30.

[7] BRENNEN C E. Cavitation and bubble dynamics[M]. Oxford:Oxford University Press,1995.

[8] KNAPP R T,DAILY J W,HAMMITT F G. Cavitation[M]. New York:McGraw-Hill,1970.

[9] FRANC J P,SENOCAK I,SHYY W,et al. Fundamentals of cavitation[M]. Berlin:Springer,2004.

[10] WANG G,SENOCAK I,SHYY W,et al. Dynamics of attached turbulent cavitating flows[J]. Progress in Aerospace Sciences,2001,37(6):551-581.

[11] WU Y T. Cavity and wake flows[J]. Annual Review of Fluid Mechanics,1972,4(1):243-284.

[12] WU Y T. A wake model for free-streamline flow theory part 1. fully and partially developed wake flows past an oblique flat plate[J]. Journal of Fluid Mechanics, 1962,13(2):161-181.

[13] WU Y T,WANG D P. A wake model for free-streamline flow theory. part 2. cavity flows past obstacles of arbitrary profile[J]. Journal of Fluid Mechanics,1964,18(1):65-93.

[14] TULIN M P. Supercavitating flows-small perturbation theory[J]. Journal of Ship Research,1963(3):16-37.

[15] WANG G,OSTOJA-STARZEWSKI M. Large eddy simulation of a sheet cloud cavitation on a NACA0015 hydrofoil[J]. Applied Mathematical Modelling,2007,31(3):417-447.

[16] ZHANG A M,LI S M,CUI P,et al. A unified theory for bubble dynamics[J]. Physics of Fluids,2023(35):033323.

[17] RAYLEIGH L. On the pressure developed in a liquid during the collapse of a spherical-cavity[J]. Philosophical Magazine and Journal of Science,1917,34(200):94-98.

[18] PLESSET M S,PROSPERETTI A. Bubble dynamics and cavitation[J]. Annual Review of Fluid Mechanics,1977,9(1):145-185.

[19] SINGHAL A K,ATHAVALE M M,LI H,et al. Mathematical basis and validation of the full cavitation model[J]. Journal of Fluids Engineering-Transactions of the ASME,2002,124(3):617-624.

[20] SCHNERR G H,SAUER J. Physica and numerical modeling of unsteady cavitation dynamics[C]//Proceedings of the 4th International Conference on Multiphase Flow. New Orleans:[s. n. ],2001:10-13.

[21] ZWART P J,GERBER A G,BELAMRI T. A two-phase flow model for predicting cavitation dynamics[C]//Proceedings of the 5th International Conference on Multiphase Flow. Yokohama:[s. n. ],2004:10-15.

[22] LI H,KELECY F J,EGELJA-MARUSZEWSKI A,et al. Advanced computational modeling of steady and unsteady cavitating flows[C]//Proceedings of the ASME International Mechanical Engineering Congress and Exposition. Massachusetts:[s. n. ],2008:413-423.

[23] 薛瑞,张淼,许战军,等. 对不同空化模型的比较研究[J]. 西北水电,2014(2):85-89.

[24] 孙铁志. 热力学敏感流体空化流动三维数值模拟研究[D]. 哈尔滨:哈尔滨工业大学,2017.

[25] 洪锋. 非线性空化模型在水力机械空化数值计算中的应用[D]. 南京:江苏大

学,2016.
[26] 王福军. 计算流体动力学分析:CFD 软件原理与应用[M]. 北京:清华大学出版社,2004.
[27] 杨帆,陈伟政,唐学林. 空化流动研究进展[J]. 流体机械,2009,37(11):36－41.
[28] COUTIER-DELGOSHA O, FORTES-PATELLA R, REBOUD J L, et al. Numerical simulation of cavitating flow in 2D and 3D inducer geometries[J]. International Journal for Numerical Methods in Fluids, 2005, 48(2):135－167.
[29] SMAGORINSKY J. General circulation experiments with the primitive equations: I. the basic experiment[J]. Monthly Weather Review, 1963, 91(3):99－164.
[30] JI B, LUO X W, ARNDT R E A, et al. Large eddy simulation and theoretical investigations of the transient cavitating vortical flow structure around a NACA66 hydrofoil[J]. International Journal of Multiphase Flow, 2015(68):121－134.
[31] JI B, LUO X W, PENG X X, et al. Three-dimensional large eddy simulation and vorticity analysis of unsteady cavitating flow around a twisted hydrofoil[J]. Journal of Hydrodynamics, 2013, 25(4):510－519.
[32] LU N X, BENSOW R E, BARK G. Large eddy simulation of cavitation development on highly skewed propellers[J]. Journal of Marine Science and Technology, 2014, 19(2):197－214.
[33] LONG Y, LONG X P, JI B, et al. Verification and validation of large eddy simulation of attached cavitating flow around a Clark-Y hydrofoil[J]. International Journal of Multiphase Flow, 2019(115):93－107.
[34] ZHENG W L, YAN C, LIU H K, et al. Comparative assessment of SAS and DES turbulence modeling for massively separated flows[J]. Acta Mechanica Sinica, 2016, 32(1):12－21.
[35] SEDLAR M, JI B, KRATKY T, et al. Numerical and experimental investigation of three-dimensional cavitating flow around the straight NACA2412 hydrofoil[J]. Ocean Engineering, 2016(123):357－382.
[36] HUANG B, WANG G Y, YU Z Y, et al. Detached-eddy simulation for time-dependent turbulent cavitating flows[J]. Chinese Journal of Mechanical Engineering, 2012, 25(3):484－490.
[37] 马文星,王佳欣,刘春宝. 液力变矩器流动数值模拟的发展与应用[J]. 液压与气动, 2019(5):1－8.
[38] LIU C, BU W, XU D, et al. Application of hybrid RANS/LES turbulence models in rotor-stator fluid machinery: a comparative study[J]. International Journal of Numerical Methods for Heat and Fluid Flow, 2017, 27(12):2717－2743.

[39] 路丽睿，魏英杰，王聪，等. 不同头型射弹低速倾斜入水空泡及弹道特性试验研究[J]. 兵工学报，2018，39(7)：1364－1371.
[40] 路中磊，魏英杰，王聪，等. 基于高速摄像实验的开放腔体圆柱壳入水空泡流动研究[J]. 物理学报，2016，65(1)：014704.
[41] 黄彪，王国玉，权晓波，等. 轴对称体空化水动力脉动特性的实验研究[J]. 工程力学，2012，29(2)：239－244.
[42] 刘涛，王江安，宗思光，等. 激光空泡在近自由液面运动特性的实验研究[J]. 光学学报，2012，32(7)：154－160.
[43] 李帅，张阿漫，王诗平. 气泡引起的皇冠型水冢实验与数值研究[J]. 物理学报，2013，62(19)：300－310.
[44] 曹彦涛，彭晓星，张国平，等. 绕三维扭曲水翼云空化形成及演化的试验研究[J]. 船舶力学，2014，18(5)：485－491.
[45] 龙新平，王炯，左丹，等. 文丘里管不同空化阶段空化不稳定特性的试验研究[J]. 机械工程学报，2018，54(2)：209－215.
[46] 施瑶，鲁杰文，高山，等. 筒口泄气影响下齐射出水运动干扰特性试验研究[J]. 华中科技大学学报(自然科学版)，2023，51(4)：18－23.
[47] KAWANAMI Y. Mechanism and control of cloud cavitation[J]. Journal of Fluids Engineering，1997，236(4)：788－794.
[48] 黄彪，王国玉，权晓波，等. 绕平头回转体非定常空化流体动力特性研究[J]. 实验流体力学，2011，25(2)：22－28.
[49] REUTER F，GONZALEZ-AVILA S R，METTIN R，et al. Flow fields and vortex dynamics of bubbles collapsing near a solid boundary[J]. Physical Review Fluids，2017，2(6)：064202.
[50] MAKIHARJU S，ELBING B R，WIGGINS A，et al. Perturbed partial cavity drag reduction at high Reynolds numbers[C]//Proc 28th Symposium on Naval Hydrodynamics. Pasadena：[s. n. ]，2010：10－15.
[51] GOPALAN S，KATZ J. Flow structure and modeling issues in the closure region of attached cavitation[J]. Physics of Fluids，2000，12(4)：895－911.
[52] KUBOTA A，HOLLANDER A，YAMAGUCHI H，et al. Unsteady structure measurement of cloud cavitation on a foil section using conditional sampling technique[J]. Journal of Fluids Engineering，1989，111(2)：204－210.
[53] DULAR M，BACHERT R，SCHAAD C，et al. Investigation of a re-entrant jet reflection at an inclined cavity closure line[J]. European Journal of Mechanics－B Fluids，2007，26(5)：688－705.
[54] GOPALAN S，KATZ J. Flow structure and modeling issues in the closure region

of attached cavitation[J]. Physics of Fluids,2000,12(4):895－911.

[55] HUANG B,WANG G,ZHAO Y. Numerical simulation unsteady cloud cavitating flow with a filter-based density correction model[J]. Journal of Hydrodynamics, 2014,26(1):26－36.

[56] LI X,WANG G,ZHANG M,et al. Structures of supercavitating multiphase flows [J]. International Journal of Thermal Sciences,2008,47(10):1263－1275.

[57] 鲁君瑞,张敏弟,王国玉,等. 超空化水翼流场的 DPIV 试验研究[J]. 水动力学研究与进展, 2007,22(5):529－535.

[58] GOPALAN S,KATZ J. Flow structure and modeling issues in the closure region of attached cavitation[J]. Physics of Fluids,2000,12(4):895－911.

[59] 占梁梁. 水力机械空化数值计算与试验研究[D]. 武汉:华中科技大学,2008.

[60] 许彬,王浩,沈熙,等. 绕水翼空化流固耦合特性研究现状与展望[J]. 排灌机械工程学报,2023,41(8):809－817.

[61] 黄彪,黄瀚锐,刘涛涛,等. 通气空泡流动特性研究现状及进展[J]. 空气动力学学报, 2020,38(4):724－745.

[62] 黄彪,王国玉,王复峰,等. 绕水翼非定常空化流场的实验研究[J]. 兵工学报,2012, 33(4):401－407.

[63] 张晓嵩,和康健,万德成. 船海结构物水气泡混合流机理及数值模拟方法研究进展[J]. 中国舰船研究,2022,17(3):1－28.

[64] 钱昱同,赵晓涛,程怀玉,等. 大攻角下仿生水翼非一致流场及空化数值分析[J]. 水动力学研究与进展(A 辑),2022,37(4):492－500.

[65] 刘玉文,徐良浩,宋明太,等. 水翼叶梢涡空化实验研究进展[J]. 实验流体力学, 2020,34(5):1－11.

[66] 王超. 螺旋桨水动力性能空泡及噪声性能的数值预报研究[D]. 哈尔滨:哈尔滨工程大学,2010.

[67] 王传宇. 基于改进延迟分离涡的船舶螺旋桨空化性能研究[D]. 大连:大连海洋大学,2022.

[68] 朱文才. 仿生船舶螺旋桨特性的数值模拟研究[D]. 大连:大连海事大学,2020.

[69] 王永帅,王鑫程,程怀玉,等. 考虑气核生长溃灭效应的螺旋桨梢涡空化初生数值模拟研究[J]. 力学学报,2023,55(7):1417－1427.

[70] 张彬,张志荣. 螺旋桨梢涡空化数值模拟的网格策略研究[J]. 船舶力学,2022,26(10):1464－1472.

[71] 何朝晖,韩承灶,季斌,等. 非均匀流下桨叶侧斜对螺旋桨空化和压力脉动的影响[J]. 水动力学研究与进展(A 辑),2022,37(2):152－158.

[72] 王有江,刘正浩,余龙. 船舶螺旋桨空化噪声的数值预测方法分析[J]. 船舶工程,

2023,45(3):20－31.
[73] CHENG H Y,BAI X R,LONG X P,et al. Large eddy simulation of the tip-eakage cavitating flow with an insight on how cavitation influences vorticity and turbulence[J]. Applied Mathematical Modelling,2020(77):788－809.
[74] HUANG B,WANG G Y,ZHAO Y. Numerical simulation unsteady cloud cavitating flow with a filter-based density correction model[J]. Journal of Hydrodynamics,2014,26(1):26－36.
[75] 杨龙,胡常莉,罗倩. 不同攻角下绕平头回转体初生空化流动特性研究[J]. 兵工学报,2020,41(4):711－719.
[76] 王瑞,党建军,姚忠. 不同外形空化器绕回转体超空化特性试验研究[J]. 水下无人系统学报,2019,27(1):20－24.
[77] 胡常莉,王国玉,陈广豪,等. 绕平头回转体初生空化的实验与数值研究[J]. 船舶力学,2014,18(增刊):19－27.
[78] 黄彪,王国玉,胡常莉,等. 绕回转体初生空化流场特性的实验及数值研究[J]. 工程力学,2012,29(6):320－325.
[79] 王一伟,黄晨光,方新,等. 水下回转航行体的云状空化回射流运动特征研究[J]. 水动力学研究与进展(A 辑),2013,28(1):23－29.
[80] 刘桦,朱世权,何友声,等. 系列头体的空泡试验研究:初生空泡与发展空泡形态[J]. 中国造船,1995(1):1－10.
[81] WEI H P,FU S,WU Q,et al. Experimental and numerical research on cavitating flows around axisymmetric bodies[J]. Journal of Mechanical Science and Technology,2014(28):4527－4537.
[82] 权晓波,李岩,魏海鹏,等. 大攻角下轴对称航行体空化流动特性试验研究[J]. 水动力学研究与进展(A 辑),2008(6):662－667.
[83] 颜开,王宝寿. 出水空泡流动的一些研究进展[C]//第二十一届全国水动力研讨会暨第八届全国水动力学学术会议. 成都:[s. n. ],2008:9－16.
[84] 王一伟,黄晨光. 高速航行体水下发射水动力学研究进展[J]. 力学进展,2018,48(10):259－298.
[85] 王一伟. 高速航行体水动力特征与机理研究[D]. 北京:中国科学院大学,2013.
[86] WANG Y W,LIAO L J,DU T Z,et al. A study on the collapse of cavitation bubbles surrounding the underwater-launched projectile and its fluid-structure coupling effects[J]. Ocean Engineering,2014(84):228－236.
[87] 周景军,董春鹏,尹韶平,等. 通气超空泡多相流场数值仿真方法[J]. 鱼雷技术,2013,21(3):165－170.
[88] 张耐民,赵阳,魏海鹏,等. 水下垂直发射航行体多孔排气气泡融合特性研究[J]. 船

舶力学,2018,22(2):135－143.
[89] 马贵辉,陈浮,俞建阳.气孔排数对带排气航行体绕流流动影响研究[J].工程热物理学报,2018,39(9):1945－1951.
[90] 王一伟,黄晨光,吴小翠,等.航行体水下垂直发射空泡脱落条件研究[J].工程力学,2015,32(11):33－39.
[91] ZHANG G Y,YOU C,WEI H P. Experimental study on the effects of brash ice on the water-exit dynamics of an underwater vehicle[J]. Applied Ocean Research,2021(117):102948.
[92] 刘涛涛.绕回转体通气空化多相流流态特征与空泡脱落特性研究[D].北京:北京理工大学,2018.
[93] 程少华,权晓波,于海涛,等.小攻角下航行体三维非定常空泡形态理论预示方法[J].船舶力学,2015,19(8):889－895.
[94] 高山.多弹体水下垂直齐射过程流动干扰特性研究[D].西安:西北工业大学,2020.
[95] PLESSET M S,CHAPMAN R B. Collapse of an initially spherical vapour cavity in the neighbourhood of a solid boundary[J]. Journal of Fluid Mechanics,1971,47(2):283－290.
[96] PLESSET M S,PROSPERETTI A. Bubble dynamics and cavitation[J]. Annual Review of Fluid Mechanics,1977,9(1):145－185.
[97] SEO J H,LELE S K,TRYGGVASON G. Investigation and modeling of bubble-bubble interaction effect in homogeneous bubbly flows[J]. Physics of Fluids,2010,22(6):063302.
[98] 杜特专,黄晨光,王一伟,等.有限水域内球形气泡振动特性及影响参数研究[J].水动力学研究与进展(A辑),2015,30(1):8.
[99] 姚熊亮,刘文韬,张阿漫,等.水下爆炸气泡及其对结构毁伤研究综述[J].中国舰船研究,2016,11(1):36－45.
[100] 李帅,张阿漫,韩蕊.水中高压脉动气泡水射流形成机理及载荷特性研究[J].力学学报,2019,51(6):1666－1681.
[101] 王一伟,黄晨光,杜特专,等.航行体垂直出水载荷与空泡溃灭机理分析[J].力学学报,2012,44(1):39－48.
[102] 任泽宇,孙龙泉,李志鹏,等.水下航行体空泡发展及出水溃灭特性实验研究[J].宇航总体技术,2021,5(1):42－49.
[103] 吕海波,岳之光,武龙龙,等.水下发射航行体出水过程瞬态响应的谱分析方法[J].宇航总体技术,2017,1(2):42－45.
[104] 陈玮琪.大气对水面空泡溃灭影响的研究[J].船舶力学,2017,21(5):528－532.
[105] 陈玮琪,王宝寿,颜开,等.空化器出水非定常垂直空泡的研究[J].力学学报,2013,

45(1):76－82.

[106] 胡影影,朱克勤,席葆树.半无限长柱体出水数值模拟[J].清华大学学报(自然科学版),2002,42(2):235－238.

[107] 权晓波,李岩,魏海鹏,等.航行体出水过程空泡溃灭特性研究[J].船舶力学,2008,12(4):545－549.

[108] 尤天庆,张嘉钟,王聪,等.航行体出水过程头部流场载荷特性分析[J].北京航空航天大学学报,2011,37(5):610－614.

[109] 施红辉,胡俊辉,周浩磊.完全超空泡出水的实验研究及理论分析[J].空气动力学学报,2014,32(4):544－550.

[110] GAO S,SHI Y,PAN G,et al. A study on the performance of the cavitating flows structure and load characteristics of the projectile launched underwater[J]. Physics of Fluids,2022(34):125108.

[111] GAO S,SHI Y,PAN G,et al. A study on the cavitation vortex dynamics and loads of water-exiting axisymmetric projectile[J]. Physics of Fluids,2023(35):085112.

[112] PARK J,KIM M,MIYATA H. Fully non-linear free-surface simulations by a 3D viscous numerical wave tank[J]. International Journal for Numerical Methods in Fluids,2015,29(6):685－703.

[113] BIHS H,KAMATH A,CHELLA M A,et al. A new level set numerical wave tank with improved density interpolation for complex wave hydrodynamics[J]. Computers & Fluids,2016(140):191－208.

[114] MACHADO F M M,LOPES A M G,FERREIRA A D. Numerical simulation of regular waves: optimization of a numerical wave tank[J]. Ocean Engineering,2018(170):89－99.

[115] TIAN X,WANG Q,LIU G,et al. Numerical and experimental studies on a three-dimensional numerical wave tank[J]. IEEE Access,2018(6):6585－6593.

[116] HU Z,ZHANG X,LI Y,et al. Numerical simulations of super rogue waves in a numerical wave tank[J]. Ocean Engineering,2021(229):108929.

[117] LIU J,TENG B. A modified approach to wavemaker modeling for high-order spectral numerical wave tanks[J]. Wave Motion,2022(109):102850.

[118] PENG N N,CHOW K W. A numerical wave tank with large eddy simulation for wave breaking[J]. Ocean Engineering,2022(3):112555.

[119] 谷良贤,李军政.海浪对运载器姿态的影响研究[J].西北工业大学学报,1997,15(4):1－5.

[120] 邹志利,王大国.波浪水槽中非线性浅水波传播特性与模拟[J].海洋工程,2005(3):23－30.

[121] 刘加梅,杨永全,张洪雨,等.二维数值水槽波浪生成过程及波浪形态分析[J].四川大学学报,2004(6):28-31.
[122] 王亚东,袁绪龙,张宇文,等.波浪对导弹垂直发射水弹道影响研究[J].兵工学报,2012(5):630-635.
[123] 王巧莎,李明海,张凌云.超重环境下数值波浪水槽消波方法研究[J].水动力学研究与进展(A辑),2017,32(6):688-695.
[124] 徐青发,张建康,胡定健,等.基于推板的二阶规则波造波方法与数值计算研究[J].中国水运(下半月),2020,20(9):1-3.
[125] 曾诚,尹雨然,周婕,等.基于二阶规则波模拟的数值波浪水槽优化[J].河海大学学报(自然科学版),2022(5):1-16.
[126] 王瑞臣.海浪对导弹出水姿态影响数值分析[J].青岛大学学报,2010(1):28-31.
[127] 权晓波,孔德才,李岩.波浪模拟及其对水下航行体出水过程影响[J].哈尔滨工业大学学报,2011,43(3):140-144.
[128] 史崇镔,张桂勇,孙铁志,等.跨介质航行器波浪环境入水流场演变和运动特性研究[J].宇航总体技术,2020,4(3):34-44.
[129] 杨晓光,党建军,王鹏,等.波浪对航行体高速入水载荷特性影响[J].兵工学报,2022,43(2):355-362.
[130] 杨继锋,刘勇志,刘丙杰,等.海浪对水下垂直运动航行体出水姿态的影响分析[J].海洋技术学报,2015,34(2):59-63.
[131] 杨继锋,陈捷,刘丙杰,等.波浪影响下的潜射导弹出水姿态扰动分析[J].兵器装备工程学报,2020,41(9):115-119.
[132] 周敬国,权晓波,程少华.海浪环境对航行体出水特性影响研究[J].导弹与航天运载技术,2016(3):44-49.
[133] 马亮,杨小小,杨继锋,等.潜射弹道导弹水中段航行姿态优化仿真研究[J].计算机仿真,2016,33(6):5-8.
[134] 李智生,阎肖鹏,李钊.波浪扰动对水下航行体垂直出水运动影响研究[J].无线电工程,2017,47(4):65-68.
[135] 王之海,刘可,李智生.水下航行体在非规则波中出水运动数值仿真研究[J].舰船电子工程,2018,38(7):76-79.
[136] 郭张霞,罗鹏,范光明,等.基于数值波浪的回转体斜侵入水研究[J].火炮发射与控制学报,2020,41(1):29-32.
[137] 赵庆新,丁忠军.波浪条件下空投 AUV 入水数值模拟[J].华中科技大学学报(自然科学版),2021,49(1):128-132.
[138] 马如相,洪亮,刘新月,等.不同海况等级对某水下航行体发射影响的仿真分析[J].兵器装备工程学报,2022,43(7):203-208.

[139] 蔡晓伟，宣建明，王宝寿，等. 细长体穿越冰-水混合物的出水流场数值模拟[J]. 兵工学报，2020，41(增刊1)：79－90.

[140] 岳军政，吴先前，黄晨光. 航行体出水破冰的多场耦合效应与相似律[J]. 力学学报，2021，53(7)：1930－1939.

[141] 王英霖，王健，诸庆生. 高速弹体侵彻冰材料过程数值模拟研究[J]. 兵器装备工程学报，2021，42(4)：62－67.

[142] 闫允鹤，石玉云，李志富. 极地碎冰航道内潜艇上浮冰载荷特性研究[J]. 中国造船，2023，64(2)：164－174.

[143] 姬贺港，张健，李越. 基于黏聚单元法的冰-柱碰撞流固耦合计算方法研究[J]. 振动与冲击，2023，42(11)：42－47.

[144] ZHANG G，YOU C，WEI H，et al. Experimental study on the effects of brash ice on the water-exit dynamics of an underwater vehicle[J]. Applied Ocean Research，2021，117(5)：102948.

[145] 汪春辉，王嘉安，王超，等. 基于 S-ALE 方法的圆柱体垂直出水破冰研究[J]. 力学学报，2021，53(11)：3110－3123.

[146] 张健宇. 航行体冰环境约束出水空泡演化及载荷特性研究[D]. 大连：大连理工大学，2022.

[147] 曾一非，朱继懋. 水下运动物体间相互作用力的计算探讨[J]. 海洋工程，1994(2)：40－48.

[148] 程丽，张亮，吴德铭，等. 无升力双体水动力干扰计算[J]. 哈尔滨工程大学学报，2005，26(1)：1－6.

[149] 程丽. 双体流体动力干扰的研究[D]. 哈尔滨：哈尔滨工程大学，2006.

[150] 金大桥，王聪，魏英杰，等. 水下轴向串列双圆柱体带空泡绕流研究[J]. 哈尔滨：哈尔滨工程大学学报，2010，31(10)：1329－1334.

[151] 何春涛. 典型运动体入水过程多相流动特性研究[D]. 哈尔滨：哈尔滨工业大学，2012.

[152] 宋武超，魏英杰，路丽睿，等. 基于势流理论的回转体并联入水双空泡演化动力学研究[J]. 物理学报，2018，67(22)：224702.

[153] 卢佳兴. 潜射航行体齐射出水流场结构与流体动力特性研究[D]. 哈尔滨：哈尔滨工业大学，2018.

[154] 卢佳兴，王聪，魏英杰，等. 轴线间距对圆柱体低速并联入水空泡演化影响试验研究[J]. 振动与冲击，2020，39(12)：272－280.

[155] 卢佳兴，魏英杰，王聪，等. 圆柱体并联入水过程空泡演化特性实验研究[J]. 力学学报，2019，51(2)：450－461.

[156] LU J X，BI D F，WANG C，et al. Research on the interference characteristics of

successively launched underwater projectiles[J]. Physics of Fluids, 2022, 34(6): 10 - 15.

[157] LU J X, WANG C, WEI Y J, et al. Experimental and theoretical investigation of the cavity dynamics of underwater launched projectiles[J]. Ocean Engineering, 2022(254): 111291.

[158] 姜翼冲. 水下航行体齐射过程流场结构及弹道特性数值研究[D]. 哈尔滨：哈尔滨工业大学，2019.

[159] 毕凤阳，赵世平，卢丙举，等. 考虑横向流影响的水下齐射载荷特性研究[J]. 水动力学研究与进展(A辑)，2021，36(2)：173 - 179.

[160] 毕凤阳，卢丙举，赵世平，等. 水下齐射扰动特性[J]. 航空动力学报，2020，35(7)：1345 - 1352.

[161] XU H, WEI Y J, WANG C, et al. On wake vortex encounter of axial-symmetric projectiles launched successively underwater[J]. Ocean Engineering, 2019 (189): 106382.

[162] 施瑶，高山，潘光. 双发回转体水下齐射流体动力特性数值仿真[J]. 水下无人系统学报，2021，29(5)：524 - 532.

[163] GAO S, SHI Y, PAN G, et al. A study on the flow interference characteristics of projectiles successively launched underwater[J]. International Journal of Multiphase Flow, 2022(151): 104066.

[164] GAO S, SHI Y, PAN G, et al. The transient vortex structure in the wake of an axial-symmetric projectile launched underwater[J]. Physics of Fluids, 2022 (34): 065109.

[165] GAO S, SHI Y, PAN G, et al. Research on the effect of asymmetric bubbles on the load characteristics of projectiles during an underwater salvo[J]. Applied Ocean Research, 2022(124): 103212.

[166] SHI Y, GAO S, PAN G, et al. Simulation of the wake vortex and trajectory characteristics of successively launched multiple projectiles[J]. Ocean Engineering, 2022(249): 110962.

[167] 高山，施瑶，潘光，等. 不同通气量下双发航行体水下齐射降载增稳特性研究[J]. 工程力学，2023(3)：1 - 11.

[168] 高山，施瑶，潘光，等. 水下发射航行体尾涡不稳定性分析[J]. 力学学报，2022，54(9)：2435 - 2445.

[169] SPALART P R, DECK S, SHUR M L, et al. A new version of detached-eddy simulation, resistant to ambiguous grid densities[J]. Theoretical & Computational Fluid Dynamics, 2006, 20(3): 181.

[170] STRELETS M. Detached eddy simulation of massively separated flows[C]//AIAA Fluid Dynamics Conference & Exhibit. [S. l. :s. n. ],2001:10 - 15.

[171] GRITSKEVICH M S, GARBARUK A V, SCHUTZE J, et al. Development of DDES and IDDES formulations for the $k-\omega$ shear stress transport model[J]. Flow Turbul Combust, 2012, 88(3): 431 - 449.

[172] MENTER F R. Two-equation eddy-viscosity turbulence models for engineering applications[J]. AIAA Journal, 1994, 32(8): 1598 - 1605.

[173] SHUR M L, SPALART P R, STRELETS M K, et al. A hybrid RANS-LES approach with delayed-DES and wall-modelled LES capabilities[J]. International Journal of Heat and Fluid Flow, 2008, 29(6): 1638 - 1649.

[174] GRITSKEVICH M S, GARBARUK A V, SCHÜTZE J, et al. Development of DDES and IDDES formulations for the $k-\omega$ shear stress transport model[J]. Flow Turbulence and Combustion, 2012, 88(3): 431.

[175] LONG X, CHENG H, JI B, et al. Numerical investigation of attached cavitation shedding dynamics around the Clark-Y hydrofoil with the FBDCM and an integral method[J]. Ocean Engineering, 2017(137): 247 - 261.

[176] HUANG B, YOUNG Y L, WANG G, et al. Combined experimental and computational investigation of unsteady structure of sheet/cloud cavitation[J]. Journal of Fluids Engineering, Transactions of the ASME, 2013, 135(7): 071301.

[177] HUNT J, WRAY A, MOIN P. Eddies, streams, and convergence zones in turbulent flows[R]. [S. l. ]: Center for Turbulance Research Proceedings of the Summer Program, 1988: 193.

[178] JEONG J, HUSSAIN F. On the identification of a vortex[J]. Physics of Fluids A: Fluid Dynamics, 1990, 2(5): 765 - 777.

[179] LIU C Q, WANG Y Q, YANG Y, et al. New omega vortex identification method [J]. Science China Physics, Mechanics & Astronomy, 2016, 59(8): 684711.

[180] SKJELBREIA L, HENDRICKSON J. Fifth order gravity wave theory[J]. Coastal Engineering Proceedings, 1960 (7): 10.

[181] FENTON J D. A fifth-order stokes theory for steady waves[J]. Journal of Waterway Port Coastal and Ocean Engineering, 1985, 111(2): 216 - 234.